Дела Јована Дучића

Дела Јована Дучића

Уређивачки одбор

НОВИЦА ПЕТКОВИЋ, председник
СЛАВКО ЛЕОВАЦ
ГОЈКО ЂОГО
НОВИЦА ТАДИЋ
РАЈКО ПЕТРОВ НОГО

Други том
ГРАДОВИ И ХИМЕРЕ

Приредио
ГОЈКО ЂОГО

ЈОВАН ДУЧИЋ

ГРАДОВИ И ХИМЕРЕ

ИЗДАВАЧКО
ПРЕДУЗЕЋЕ
РАД

ОКТОИХ

ДУЧИЋЕВЕ
ВЕЧЕРИ
ПОЕЗИЈЕ

ПРВО ПИСМО ИЗ ШВАЈЦАРСКЕ

Овде јутра освићу хитро и вечери закашњавају. Сати пролазе спори и неопажени; време се не даје мерити ничим, јер се овде ништа не догађа. Самоће и тишине алпијске су непроходније него либијске пустаре. Онамо светлост прави чудеса, и један исти предео постаје и нестаје сто пута дневно. Сунце зида градове по небу, тврђаве по облацима, химеричне вртове по земљи, и све је онамо живот и цветање. Овде сви сати пролазе или високо у небу или дубоко под земљом, не остављајући ничег ни у оку, ни у слуху, ни у успомени. Само док човек корача, ствари се крену и пролазе поред њега; задржи ли се на којој стрмени, све се окамени и све занеми. Кончић који веже људску душу за ову земљу прекине се, и на том месту заболи, и падне кап крви.

Тихи кристал глечера на Јунгфрау и на Блимлисалпима стоји у самом зениту као сребрн зид између два света. У разређеном ваздуху прође писак птице која се не види; зачује се меланхолично звоњење говеди из долина које се само наслућују. У долини се пружају ланци љубичастих и ваздушастих брегова који наличе на митолошка брда чије легенде више нико не памти. Све изгледа сјајно, али ефемерно, противуречно, ташто. Тамо је Тунска равница обасјана зеленом светлошћу, и Тунско језеро које, као душа, рефлектује сваког тренутка све што се догађа у небу. Све друго око мене је светло и огромно, али све непомично и равнодушно. Тај блиски и стални додир с великим и мирним стварима даје телу неку грубу материјалност и живци се разилазе по њему као укочени конци од челика. Не волим алпијску лепоту. Ми утичемо на ствари мењајући њихове форме, али ствари мењају нас својим насилничким утиском. Чини ми се овде да данас већ не желим оно што сам јуче желео свом снагом. Свима мојим жељама видим сада границе, као овом хоризонту; сви моји снови свршавају недалеко од мене, као овај путељак што понире у амбис; све моје намере стоје преда мном решене као модри зидови ових планина; ја се овде осећам везан за дрво или прикован за стену.

Сваки низ ових брегова изгледа да је стао између нас и нечег бољег и нежнијег. Све је огромно и све хладно; и све је или веома тамно или веома светло. Ти контрасти тиште душу и спутавају мисао. Ако сиђем у долине које су овде тако дубоке, мени се чини да сам утонуо; а ако сам на висини брегова, чини ми се да се више нећу умети да вратим кући. Ове невероватне импресије из Алпа избезуме првих дана човека с југа. Осећам да ће ме ове студене тамне ствари изменити из основе. Престаћу бити добар и нежан; омрзнућу музику и стихове; нећу се вратити некој жени коју сам волео, и поћи ћу за другом без љубави. Нећу више умети да се дивим осим оном што је страшно; ни разумети лепоту у којој нема горчине; ни узбудити се за нечим у чему нема одрицања и бола.

Станујем у једном хотелу при брегу обученом у тамну шуму четинара кроз коју су се размилеле стазе и раштркале труле клупе. Ту живи са мном разнолик свет као на каквој трансатлантичкој лађи. Једна млада Американка с болесним мужем, љубоморним као Полифем, који спава затворених очију али отворених ушију, или затворених ушију али отворених очију. Неколико Руса с титулама, и Француза с црвеним розетама у рупици капута. Неки Немци који међу собом говоре француски да би изгледали отменији и из бољег света. Један је од њих немачки професор, који – као сви немачки професори – пише трећи део *Фауста*. Још неки стари ермит без народности, и један млади пар који се није ником представио. Једна млада руска генералица с младежом, чији се муж бије по Манџурији. Један наш политичар, партијски мудрац, типичан: сав начелан и сав неучтив; говори с охолошћу као да је први проговорио, и гледа на све сигурно као да је први прогледао; и суди као да је последњи који треба да пресуди; и пошто је с вама говорио четврт сата, изгледа да ће вам сутрадан послати рачун, као лекар или адвокат. Био је у својој земљи и министар, као што је магаре у Јудеји сматрано за пророка. – Затим, један господин с госпођом, и једна госпођа с господином. После један Бугарин с каљачама, и један социјалист с баритоном. Најзад један Американац из Канаде, који се тужи да није више могуће путовати по европским земљама, јер су га у Француској држали за немачког шпиона, у Немачкој за француског, у Аустрији за руског, у Русији за свачијег, док није најзад у Италији затворен као шпион Свете столице.

Рат у Манџурији држи цело друштво у грозници. Траже се брзојавне вести из Париза: извештаји о дисциплини, саобраћајним средствима, врстама оружја. Чудна психологија људства које живи у бојовној ватри на хиљаде миља далеко од боја. Сад се кладе на једног генерала у Манџурији као пре неки дан на једног коња у Довилу или Лоншану, или на једног бика у Ниму или Светом Себастијану.

Енглези су најчуднији свет по овим алпијским летњим насељима. Поред њих, нарочито поред Енглескиња с луткастим лицем и зачуђеним очима, сви се ми осећамо блазираним и старим. Они се свему чуде и свему смеју. Код Енглеза је смех и радост ствар васпитања и доброг тона; ми се смејемо људима и идејама, а они стварима. Непристојно је ћутати, неуљудно бити тужан, глупо бити замишљен. Енглези се смеју чим вас ослове, не зато што је нешто смешно, него да сусрет учине радосним; на смешно се и не знају да смеју. Спортови их чине да остају увек деца. Ових дана је неки поротни суд у Енглеској осудио на смрт једног пса што је ујео три човека, а варош је тражила касацију пресуде. Смех и радост су без сумње ствари једне више цивилизације и хуманости. Цивилизације, пошто је један научник тражио код дивљака у Перуу жену која уме да се насмеје, али је није нашао; а хуманости, јер у Сједињеним Државама Америчким пише по дућанима: Смејте се! – Један руски писац каже: треба се чувати човека од чијег осмеха његово лице поружња. Ово је истина. Рђави људи не умеју да се смеју; а од смеха лице постане човечанскије и лепше јер постане светлије.

Одиста, ја ћу се овог лета дуго сећати по каламбурима и духовитим доскочицама неколицине Француза, али исто тако, и исто толико пријатно, по здравом и благородном смеху неколицине ових Енглеза који се ни са ким нису упознали целог лета. Енглез је рођени сепаратист. – Енглез се смеје, али је тужан; он је лепо обучен, али је несрећан; он је богат, али је циција; он је паметан, али је мутав; и добар, али индиферентан; и племенит, али несрдачан. Енглез сматра Енглеску, ако не засебном планетом, а оно извесно шестим континентом. Међутим, себе сматра првим Европљанином, често пута с пуно разлога. Између једног Енглеза и једног Француза, и у њиховим личним односима, постоји дубоки Ламанш, који се даје пребродити и надлетети, али не даје исушити. Свашта сам на свету видео, али не видех Француза и Енглеза да су били интимни другови. – Највећа разлика међу људима се види по њиховом смеху. Енглези се смеју без повода, а Јапанци се смеју и у најжалоснијим случајевима. Значи да се смех не односи увек на оно што је одиста смешно.

Европски народи изгледа да имају своја доба живота различна једна од других: Словени су младићи од двадесет година; Немци су мудраци од тридесет; Талијани су комедијаши од четрдесет; Грци љубе и ратују као чиче од педесет; Енглези се чуде и смеју као деца од петнаест. – Треба народе учити да се смеју. Ничим се човек не може толико допасти колико лепим смехом. Жене се најрадије дају људима који умеју да их засмејавају, који све окрећу на смешно, – не зато што оне понижавају цену ствари, него што су рођене епикурејке, и што воле радост живота изнад свега у животу. Од тренутка откад један човек постане за њу појава која носи весеље, она му се сва напушта, као што таквим људима сва деца трче у сусрет и падају у наручја. Смех је знак здравља, али и знак прогреса једног друштва. Најбољи доказ да је смех ствар прогреса људског друштва јесте то што се човек не смеје кад је сам, него само кад је у друштву, и што смех не постоји међу расама које нису још постале друштвом.

Али ако многи од нас изгледамо намргођени и заверенички мучаљиви поред Енглеза, исто тако поред Руса изгледамо увек недовољно добри и срдачни. Ја сам руско друштво познао само на страни. Французе сам волео увек свом памећу, али Русе свим срцем. Рус је простодушан као дете, али и компликован као дете. И кад је најкултурнији, он је међу другим неуравнотежен и нешто медвед. То су идеални јунаци и благородни лудаци. Кад се заљуби у Петрограду, оде да прокоцка своје имање у Монте Карлу, и убије се у Гуадарами. Нико није у исто време толико и дете, и човек, и жена: има детињу љубав да живи играјући се свачим на свету; има женски укус за емоције; има мушки бес и снагу да све покуша и увек све рискира. Љубопитство које иде дотле да окуша све, чак и злочин; неосећање вредности свог живота, ни цене своје личне среће. – Руски тип добричине не постоји нигде другде на свету. Њихова фамилијарност у односима има разлога да буде можда за западњака сасвим несносна. Намећу своју интимност и причају своје породичне ствари. Не остављају ничије раме да га не потапшу. Кад вас не нађе код куће, пријатељ Рус вас чека изваљен на ваш диван или рчући на вашој постељи. Кад се најзад растанете занавек, он продужава још десет година да вам пише писма о свему што је негде видео и чуо, шаље поклоне, ретке књиге, илустроване новине. – Брани идеје које су одавно тријумфовале, обара оне које су одавна сахрањене. Никад ведар идеолог, него увек мутан утопист. Над сваким од њих изгледа да лебди нешто трагично: као да ће погинути у пожару каквог позоришта, или у судару возова, или се сасушити у неком казамату. Нико нема толико укуса за несрећу и поштовања за сузе.

Вечери овде имају лепоту која је неразумљива човеку са југа. Мрак се ухвати наједном. Мрак не пада овде само из неба, него извире из земље, покуља из понора, проспе се са грања. Рађање уштапа међу овим бреговима има перипетије читавог једног катаклизма. Све смркне и направи се страшним, као да мора да пропадне пола света да се под Јунгфрау роди нова звезда. Затим уштап изиђе на сасвим другом месту него на оном на којем сте га очекивали, крупан као аждаја. Брзо запали полу неба, и затим остане сам у целом космосу. Ничег другог што би се видело у овим провалијама. Све су ствари поцрнеле једна од друге. – Али док тај месец није изишао, и док је био мрак и по земљи и по небу, глечери Јунгфрау и Блимлисалпа стајали су дуго ватрени и наранчасти у самом companyзениту. Тако неколико вечерњих сунчаних зракова остане увек заборављено и разливено по леденацима, и тај призор је можда најчудније и најлепше чега има у епопеји алпијског сунца.

Шуме под мојим прозорима су дању пуне јастребова. Ноћу се одатле на најмањи шум подигне граја престрављених птица које у безумној врисци и лепршању попадају куд које, или се растуре у небу, или, ослепљене мраком, оборе у какав понор. А одмах затим настане цинична и језива тишина црних алпијских шума, у које изгледа да су се згомилале све сенке овог света. – Не знам зашто и после једног дана често пута дионизијски веселог падне ноћ овако пуна горчине и тегобе. Песници су увек осећали ово насиље алпијске лепоте над душом човековом. Гете је три пута пролазио овуда. Први пут се дивио Алпима, али без уверења, или бар без усхићења, можда чак више престрављен него узбуђен. Други пут је као прави алпинист прошао цео овај бернски Оберланд, и из Женеве ишао на леденаке у Шамони, по дубоком снегу и мећави, дивећи се више својој снази него алпијском чуду. Трећи пут је био на Сен Готхарду, али не ни као песник, ни као турист, него као минералог, сав занесен геолошким сензацијама. Гете је у природи био увек више природњак него песник. Њега нису преиначили високи Алпи, него је он постао другим човеком тек када је видео стари Рим. – Шатобријан је из Алпа побегао разочаран. – У Шелијевим најлепшим песмама испеваним овој природи осећа се више инспирација са благих рељефа из околине Женеве где је живео, него Алпа куда је само пролазио. – Мицкјевич је овде испевао најтужније стихове своје љубави; нигде му није била печалнија успомена на једну љубљену жену него кад је почео да му се овде по глечерима привиђа њен прогонилачки фантом. – Од стотине песника који су видели Алпе, не знам никог који се у њих заљубио. Овде се живи одиста у страху од мрака, у борби душе с огромним и тешким предметима око себе, у јези од понора, у ужасу од студени на ледењацима, у очајању од магле, у избезумљењу од киша.

Међутим, има један песник који је у Алпе био истински заљубљен, и то какав велики песник: Жан-Жак Русо. Он није волео благе обале женевског језера где се родио, иако каже да његово срце није никад престајало да их обилази. Он је волео ову природу високих Алпа, сву од самих контраста, поприште земљиних катастрофа, стравични предео у којем нема ничег спиритуалног ни хуманог. Русо је био једини у своме времену који је волео такозвану дивљу природу, усамљену, непорочну, неоскврњену, сакривену од обожавалаца – природу сукоба и вртоглавица.

Римљани су волели природу и сваки богаташ је имао, као и цезар, по више летњиковаца. Али то, углавном, није била љубав за пејзаж него за агрикултуру. Они су у природи сами орали и копали, а не само ишли да гледају залазак сунца или излазак месеца. Камило и Цинцинато су са орања ишли у сенат, а стари Брут и стари Катон су се бавили воћарством. – У смислу XVIII века идеја о природи била је сва сконцентрисана у лепоту геометријских вртова, као што су их сликали Вато и Патер. То су вртови који одговарају памети а не срцу: линија, поредак, закон, пропорција. Све измерено концем и срезано маказама. Воде у великим басенима, пребројане у литре и узапћене у камене оквире. Зелене катедрале и побусани салони. Нимфе и фауни усађени на свом месту математички прецизном. Версај и Шантији, Луј XIV и дука д'Омал, све господство интелектуализирано, и поноситост великог порекла: моћ која је изражена свугде линијама, тачкама и границама према целом свету.

Русо је, међутим, објављујући лепоту дивље природе био проналазач новог света. Не из његовог урођеног укуса за противуречност и полемику, него одиста из осећања човека, у основи примитивног и сенсуалног, Русо је то објавио снагом коју дотле није нико имао, и пробудио један интерес према природи потпуно нов за светску литературу. Ствари у природи гледао је с таквим усхићењем пре тога само писац *Химне сунцу,* светац из Асизе; и само својевољни пустињак из Воклизе, Петрарка, у своме *De vita solitaria,* претходио је овој екстази писца *Promenades d'un solitaire.* Русо је само кроз природу познао Бога, осетио љубав за жену, добио смисао за живот. Своју Нову Хелоизу доводи на женевско језеро, и то на његов мрачни и дивљи део, код Вевеја, у предео који он сматра за најлепши део света. Не усхићује се ни раскошном околином Париза, ни сјајним лепотама Турене где је живео годинама, него језером Вевеја где је живео свега неколико дана. Хамлет је рекао да је лепо само оно што је страшно; то је рекао затим и Русо, јер је волео само ону природу од које га је хватао мрачан страх.

Тако је овај велики мистик – толико упоређиван с Лутером и Калвином – био несумњиво творац не само данашње мисли, него и творац модерног сензибилитета. Свој смисао за поредак у друштву носио је Русо можда из своје Женеве оног доба, али своје парадоксе о слободи добио је из своје рано зачете френезије у природи. На страну његова апотеоза природног човека, и теорија о урођеној доброти, и мржња за цивилизацију; то је његова реакција против друштва оног доба које је умирало у собном ваздуху, у салонским конвенцијама, и у социјалној неправди и хипокризији. Али његова дубока, искрена, безумна љубав за природу, неоспорно је спасла књижевност од сухог рационализма, и иставила осећање и слободу као извор најдубљих ствари у човеку. Она је дала доцнијим романтичарима читаву велику клавијатуру до тада непознатих унутрашњих вредности. Русо је оборио француске овештале друштвене традиције, и уопште обновио форме француске мисли. И створио је духовни космополитизам, тако да су га Кант и Гете сматрали својим учитељем, а Бајрон и Валтер Скот својим инспиратором. Као Јулије Цезар, он је створио нове границе и ново царство.

Бог је Алпе створио у пијанству и лудилу; песник Русо их је објавио у једној еротичној екстази. Он је од овог предела, близу којег се родио, и од предела у којем је љубио једну жену, направио завичај пејзажа у књижевности. Он је на женевско језеро довео срце човеково онда кад је оно, исушено и измучено логиком и дијалектиком, дошло било на право беспуће.

Одавде, с једног окомка Сен-Беатенберга, види се у долинама сјајно огледало Тунског језера. Бродови бели и весели секу његову тешку воду од Туна до Интерлакена, али се на њему више ништа не догађа. Тунско језеро је најмирнија вода на земљи. Одавде гледано, на њему не постоји ништа нити на њему живи ико. Али сунце пали по њему ватре велике као планине. На једном другом крају је Интерлакен, швајцарски Монте Карло, летње место за светске пустолове, старе полигаме, талијанске кесароше, и Јевреје на свадбеном путу. У Интерлакену је увек више жена него људи; овде Сабињанке отимљу Римљане.

Одавде сам једног ведрог јутра кренуо да се пењем на Јунгфрау.

Између тамнозелених масива, једним тамним ходником, иде сребрн пут. Одозго са леденика долази и један хладан и хучан поток, и брзо промиче испод тог пута доле у неко језеро. Пут завршава у Лаутербруну, где чека једна од највећих сензација које се могу имати на свету: велика падина Јунгфрау која скоро из зенита пада до земље, заслепљујући очи блеском свог сребра, док по зе-

мљи стоји просуто цвеће каквог флорентинског проле-
ћа. Ту са једног високог брега руши се у село тежак стуб
воде који се у паду сав раствори у водену прашину и ни
кап његова не стигне до земље. Ту је на свом другом пу-
товању заноћио Гете и опевао „дух вода" у једној слав-
ној песми. Четрдесет година доцније ту је заноћио и Бај-
рон, који тај исти дух вода помиње у свом *Манфреду*.

Са мном путује једна мала Пољкиња, пријатељица
из заједничке клупе на Женевском универзитету. Њу
прати њена тетка, која пише књигу о привиђењима све-
те Катарине из Сијене. Тетку прати један стари и отме-
ни Женевљанин, који се каже далеким рођаком Еразма,
и који има манију да скупља старе новце, и то једног је-
диног римског императора, Флоријана, о коме нико не
зна ништа.

Ако не путујете сами, онда путујте само са женом
коју волите. То је једини начин да се све уочи и све до-
бија стоструку цену. Жена остаје увек дете, јер уме да се
изненађује. Платон даје ову дефиницију: младост, то је
моћи се чудити. – Ово даровито девојче прави целим пу-
тем рефлексије које би занимале и једног хришћанског
философа као и каквог блазираног дендија. Сваки дан
изгледа импресионирана као да је тек тога јутра прогле-
дала. Ништа још није записано на чистим страницама
тог младог живота. Блажена душа која још није патила
од болова непотребних; ни познала успеха којих се доц-
није гнуша; ни знала за осећања од којих се најзад црве-
ни; ни за пријатељства којих се после кајемо. Није још
ништа познала од свега што постоји. Али нема ничег
што не погађа. Са безазленошћу њених шеснаест годи-
на помешао се већ коварни инстинкт вечне жене која
има стотину очију, стотину ушију, стотину рука, и хоће
све да види, све да чује, и свега да се маши. Све је лепо,
све сјајно, све ново, све њено; али осећа да има још не-

што недогледано, недочувено, неискушано. Њене сиве очи изгледају два мала северна језера пуна рибе, која непрестано светлуца по дну, игра се на површини, бацака у сунцу. За свим још нерешеним и загонетним трче та два широка млада ока, жбирски, разбојнички, с трагањем и мучењем. Њена су изненађења по стотину на дан, и сва напрасна и пуна жестине. Нема ствари која јој не натера млаз крви у телу и мисли. Ништа лепше од њених запиткивања за човека чија мудрост одиста није у скептицизму ни у *nihil admirare*, него, напротив, који и сам верује да још има пуно новог и невиђеног, и, још више: да је све ново и увек невиђено и недогледано. А нарочито да су увек нове очи у човека који зна да мисли и који уме да види. Људи који се више не чуде, и ни у што не загледају по сто пута, то су несрећници који никад нису стварно ни видели ништа на овом свету.

Имао сам само још једног пријатеља који је имао ту драгоцену моћ изненађивања пред свачим. О путу око своје куће могао је испричати колико и Васко де Гама о путу око Африке. Има и тих ретких људи који сав свој унутрашњи живот носе у оку. Њихове су очи увек отворене, њима гледају, слушају, осећају, пипају, траже, роне, буше; они се никад не смирују, и у све се упијају као пијавице. Оне су жедне, гладне, неспокојне, крилате. Једним погледом такав човек опази све пред собом: и поље, и реку у пољу, и мост на реци, и зрачак на води, и ваздух, и муху која је у тај мах пролетела здесна налево. Све то спази брзо, напречац, халапљиво. Такви људи прате очима сваки покрет до краја његове линије; знају све чега има, у граду, у цркви, у кући, на столу, на човеку, под земљом, под водом. Тако поред обичне гомиле људске, у којој већина иду погурене главе и оборених очију, гледајући или изнад ствари или испод ствари, – ови други, напротив, носе цео свет на својим зеницама, и умру тек пошто су све на овој земљи видели и пребројали.

Овај туризам, који се види по Алпима, даје лажну илузију о томе да је људство најзад почело да осећа истински за лепоту у природи. Међутим, истина је само да се у природу иде само лети, у дане беспосличења, за време прибирања нове снаге за обесна уживања у градском животу. Нико не зна да довољно осети дубоко поље осуто цвећем, небо обливено светлошћу, шуме помрчале у сенкама. Нико не види колико једна стаза којом пролазимо сваки дан изгледа друкчија сваки пут; и да никад једно јутро није слично другом. Нико више не уме пратити живот биљке од њене клице до последње сухе гране, ни одгојити животињу да би познао чар њеног детињства, бес њене младости, снагу њеног плођења. Предају своју земљу у закуп другом да је сами не обделавају у дивљењу и срећи која клија из сваке бразде и пада са сваке гране. Беже од најлепших догађаја на свету: од сунца, од кише, од ветра, од звезда, од магле. Има људи који су у свом животу видели свега неколико залазака сунца, а још мање има људи који су видели свитање и оргије сунчевог изласка. – Обожавају природу само деца и лудаци; само они говоре с биљкама по путу и с камењем у пољу. На супротној тачци од њих стоје још философи и песници, који се детињски усхићују и лудачки диве свему ономе чему су други окренули леђа. Мржња оног мог поменутог пријатеља за такав свет била је крволочна онолико колико је његова љубав за природу била дивљачка. У једној безазленој пантеистичкој екстази узвикнуо ми је једном: „Кад сам видео једну ноћ на Крфу, осетио сам да више не волим своју жену!“

Пењање путем на Јунгфрау узело је цело преподне.

Мала Пољкиња је имала у покрету главе нечег тичјег, и у кретању тела нечег мачјег; а у целом животу физичком, ничег човечјег. Пољкиње имају једну нарочиту чар коју неће достићи можда ниједна словенска жена. Оне имају сенсуалне покрете Шпањолке, духовиту кокетерију Францускиње, чисто срце и топлоту Рускиње, носталгију Скандинавке, наивност Енглескиње, и, што је извесно, ничег од Немице. Уз све то, носе нешто од трагичности своје расе: једно неспокојство да увек иду да виде шта је иза брега, да пређу с оне стране реке, да свугде где уђу отворе прозор, и завире под сваку завесу. Францускиња не уме да буде оволико приступачна тузи и сновима, нити је Рускиња икад овако чедно брбљива. Ниједна жена на свету није овако лакома на нове емоције, нити има онолико завођачког у свом гласу, у сваком погледу и у свакој речи. Глас јој је млак и подмукао; стисак руке нежан али испитивачки; свако обећање ствар каприца и задње намере. За Рускињу је љубав херојство, а за Пољкињу је љубав интрига. Формула њена за фину љубав: мало перверсије у чедности, али много чедности у перверсији! Свугде пуно стила, укуса, рафинерије; јер жена која није лепа, она је смешна; ако није грациозна, она је вулгарна. Пољкињу омрзнете најзад зато што сте је и одвећ волели; затим је опет заволите, јер сте је пре тога срдачно мрзели, – али тако у бескрајност. – Она никад прва не напушта плен своје лудости и своје сплетке. Увек држи човека оним ефемерним у својим жељама и детињастим у својим страстима. Она је најженскија од свих жена, а то је најјаче оружје којим иду жене у бој на мушкост.

На једном путу за Јунгфрау овакве су жене драгоценост, јер су духовите. А духовита жена чини сталан притисак на човеков ум и таленат; никад у друштву духовите жене човек не пада у духовну леност ни телесну лабавост: зато он поред њих све боље види и лепше каже него у друштву човека. Он, поред ње, надмаши и већег од себе, чак и себе самог. Обично кажемо онолико колико знамо и како умемо; а поред духовите жене кажемо више него што знамо и лепше него што умемо. Само је додир са женом направио француског човека најречитијим и најбодријим од свих људи. Напор да се допадне само духом, он је постигао у том врхунац сјаја; као што се Грк хоће да допадне парама, и у свакој земљи постане први банкар; или као што је лав хтео да се допадне лавици и дошао до своје гриве, а петлић до своје румене кресте.

Никад нећу заборавити ову малу духовиту женицу која никад није заборавила да буде и жена од спола, и која је та два елемента својих седамнаест година утапала у једној грацији што беше савршенство оваквог једног алпијског дана. Никад нећу заборавити те веселе вечери на планини, под зеленим сводом, где смо слушали како целокупно небо швајцарских анђела пева за богате Енглезе у Гринденвалду. Али никад нећу више ни моћи видети сјајну алпијску ноћ а да се не сетим свих оних понора које сам тада видео у њеним широким очима, иако се сада овде отвараху као два црна и влажна и тужна ноћна цвета.

Од Лаутербруна се пење до Шајдега једним електричним возом. А оданде, иде се пешице до ледењака. Дан је био јасан.

Небо је било нешто млечно, као приморски свод у месецу августу када се Велики медвед спусти до крова кућа и пролази улицама. Поред нас у даљини лебди један пејзаж Сегантинија. Али непосредно око нас почиње предео смрти, земља на којој умире и последња клица живота. Једва се понегде зелени ретка трава, ситна као прашина, кроз коју вијуга једна бедна путања што води у ледењаке и у смрт. Пролазе широка и студена платна ветра.

Али оно што овде пренерази и скамени, то је тешка хука из глечара, хука отопљеног снега што у мутним потоцима срља у амбисе који се отварају на сваком кораку. Од њих се пролама цео овај мртви предео. Али се ухо затим брзо навикне, и ужасни хук узевши облик апсолутне монотоније, најзад дадне утисак апсолутне тишине. Можда осећање тоталне самоће на овим висинама дадне и ово чудно осећање дубоког мира. Изгледало ми је понекад све тихо у том пределу где је све било укочено, јер се овде живи само видом и можда стога сва друга чула остану у страви.

Лед ових глечара издалека сјаји као сребрно море; а овде горе је снег таман од прашинасте земље којим су га ветрови засули. Пред овим пределом вечитих катастрофа видик нема краја; један поглед изгледа довољан да обухвати целу нашу планету. Дубоко у долинама испод нас, све је у магли; потоци се обарају сад пред нама у поноре у које је ужас погледати. Моја сапутница, брбљива као ласта, полагано губи у гласу свој тучни акценат. Осећам у својој руци њену ручицу сву залеђену од страха. Њене очи које су се отварале пред свачим у широка сива огледала, тумарају сад расејано. Мала уста која изгледа да су отворена само да кажу да љубе, беху се скупила у мали румени грч, као у врућу кап крви. Жене пред великим догађајима у природи имају потребу да плачу.

На леђењацима нас је ухватио први сутон, а то нисмо ни осетили. Затим се и небо није више разазнавало. Све се било изгубило једно у другом, и наш повратак је задавао бриге. Душа се била преситила ових горких лепота, и ми смо позвали вође да нас брзо са ових небеса врате к земљи. Ледени зидови што су висили над провалијама, изгледало је да ће се порушити ако мрак буде мало тежи, или ветар мало бржи. Страх је долазио од свега што се назирало. Ваљало се бојати да се магле из долина не подигну на путе по висинама и не одвоје нас од свега осталог. Срећом, вече се брзо рашчистило; неколико звезда изиђе из леда; свод се забеле. Месец ће изићи тек после поноћи.

Када смо после два сата силажења једним добрим путем, и без вође, срели у мраку неког човека, рече нам да смо променили правац и да тај пут силази на Менлихен, где ћемо стићи баш кад буде изишао месец. Сасвим свеједно, уосталом. У Менлихену има велики шале за преноћиште. То значи ипак провести ноћ на самом хрбату Јунгфрау, што значи једна прича за потомство: за страх оних који су се пели само на црквени торањ, или на дуд у свом дворишту.

Хиљаду слатких катастрофа на том силажењу и бројању корачаји по невидљивом путу, који изгледа да нигде не води него да се обрће око самог себе. Машта отвара бездане и онде где их није било. Мала Пољкиња дрхти на мом длану као смрзло птиче; морам да је загревам својим дахом и својом крвљу. Она је благосиљала добру руску степу и афрички песак; о бродоломима код Добре наде и Фокланда говорила је вечерас као о каквој позоришној представи; и већ носила у џепу огртача једну пету своје ципелице! Остатак друштва ишао је за нама у ноћи или пропао у понорима.

Али, најзад, ноћ у Менлихену била је тиха и блага. Ваздух је био наједном топао, и као да је у њему било мириса јоргована из Женеве и љубичица из Парме. Сва су чула била попустила; престрављене сиве очи моје сапутнице изгледале су жељне не да виде сунце него да угледају човека. Целим путем, где год угледа нешто усправно, њој изгледа неки човек. Те пепељасте очи које гледају увек у даљину, замишљено и нешто напрегнуто, као да она гледа кроз маглу да прозре, или успомену да се нечег сети, изгледале су сада малаксале. Само се види како се у тим широким зеницама нешто пали, па гаси, па опет пали, и опет угаси, – лепи, мирни и учестани пламенови који говоре место крви и место речи. Кад се раздани, те ће очи бити налик на мирни морски затон, сав окружен црним чемпресима, у заветрини. – Али је она сад уморна и сурвана. Ови доживљаји, који су направљени од самих чудеса, превазилазе моћ њене упечатљивости. Осећао сам да је имала потребу да је узмем у наручје, и да је тешим, дуго и благо, и да се закунем да је више нећу овако мучити, него да ћемо провести живот само на веранди, и у варошким парковима, и гледати Алпе, заваљени у столице, и са догледом у руци.

После уштапа, који су те ноћи видели људи на леденацима, бледог као сабласт, изишло је јутрос сунце, крваво као какво апокалиптичко страшило. Врхови Јунгфрау су се зажарили. Високи пламенови су посуктали из земљине утробе, затим се одвојили од земље, па као огњено острво почели да лутају празним небом. Дан ипак неће још потпуно сванути. Борба између светлости и тмине нигде нема овај изглед очајне борбе у природи, овог хватања у коштац свих елемената и свих привиђења. Јер овде не изгледа да се сада рађа нов дан, него да се из хаоса издваја нов свет. Провала светлости у небу, кроз ове сенке теже од брегова, и ове тишине дубље од свих бездана, траје дуго. Затим, наједном, настаје брзо размицање румених глечера, њихово дизање све више, и протезање све даље. А цео овај покрет висина које изгубе све линије, претворе се у крупне огњене масе, које носи ветар десно и лево. То су свакодневне епопеје светлости ових Алпа који не задивљују него запрепашћују за цео живот. Рађање сунца на Јунгфрау, то је највећи догађај у космосу, и нешто што човекову судбину на земљи учини најбеднијим случајем међу свима стварима. Овде се не дају ни замислити среће и несреће, него само наизменичне мирне катастрофе и мирни тријумфи огња и ноћи. Светлости и тмине изгледају једино што постоји, једини живот у времену, једино постојање и нестајање, обнављање и развијање. Све је у гашењу тих свеобимних огњева на Јунгфрау; ван тога ништа није стварност и бивање, него обмана и негација. Сунце, али ово огромно и крваво сунце из пустиње Јунгфрау, то је дефиниција космоса, обест и хармонија елемената, интрига и истина, прва и задња реч лепоте и ужаса. Питагористи су се бацали на земљу пред изласком сунца; то је чинио и Сократ, противник питагориста.

Три дана доцније гледао сам са својих прозора са Сен-Беатенберга ове брегове на мирном подневном грејању. Изгледало ми је тад да је мој живот наједном пресечен надвоје: пре и после мог дана на глечерима Јунгфрау. Тај дан је био прво пренеражење свих мојих чула, можда почетак извесног нереда у свима мојим мислима. Моја дотадања слутња о невероватном, добила је сад своју потврду и горак печат. Све што сам дотле видео, било је сићушно, тескобно, делимично. Знао сам за лепоте радосне или трагичне, лепоте створене за човечје срце и мисао. Али нисам знао за лепоте којих се ужасавамо јер немају ништа са човеком, јер га оборе и смрве, и јер постоје само за себе; и која су свирепа решења среће или несреће самог космоса. По талијанским равницама или нашим брежуљцима, Бог изгледа музичар и лиричар; овде изгледа непријатељ, судија и убица: јер је овде на сваком кораку замка, бусија, и провалија. Свугде на другом месту нешто живи, дише, пева и цвета; онамо горе на висинама постоји само смрт и лудило.

Јутрос је овде на Сен-Беатенбергу једно благо сунце имало сав блесак прве љубави. Долине око мене изгледале су ми сада мирне и љупке као тихи пејзажи око Сијене и Асизе. Магле су лежале сребрне у понорима. Одоздо звоне недељна звона, можда из каквог сеоца на рубу језера где је пуно јабланова, и где по цео дан иде врева из пчелињака и голубињака. Ово треперење светлости у долинама траје цео један чаробни сат: то је лепа скаска о змајевима сунца који један другог прождиру. Јер магла се најзад у једном часу повуче, и као река улије у дубине земље, или отече у неке даље долине. Недељно јутро на оваквом брегу, то је празник који се не види на људима него на стварима. И оно што је најситније на земљи, постане видљиво и сонорно, афирмација и снага, воља и песма.

Како се ипак грубо намеће разлика између ове природе и ових швајцарских људи. Мрачни Цвингли, у дане реформе, када се купило по хришћанским земљама злато за катедралу Светог Петра, показао је поносно и пркосно на беле Алпе и бунтовно узвикнуо да је то једино место где човечанство треба да гледа лице Вечитога на његовом престолу од леда. Швајцарци су одиста остали да гледају лице Божје на његовом престолу од леда, и нису дали новац за божанске престоле од злата, али у тој својој контемплацији нису оставили речи ни у стиху, ни у слици, ни у музици. Никад ни у једном од ових ситних и срећних градова није се родила ниједна уметност, и на овим небеским језерима није зачета ниједна легенда, ниједно предање. Из ове земље у којој Бог седи тако на престолу од леда, Швајцарци су ишли као најамници у туђе земље и ратовали за ђавола. Њихово је оружје светлило по ходницима и степеницама најодвратнијих краљева и папа; они су гинули по предсобљима чувајући прагове за којима су чињена насиља и вршен блуд. За време Шарла VIII били су у служби отмичара најхрабрији војници; за време Франсоа I били су најкукавнији – и својом паником проузроковали, код Павије, највећи пораз у француској историји, и одвођење француског краља у мадридску тамницу. Историја храброг и доброг швајцарског народа у то доба била је само горка прича о витештву које се продавало за новац. Нечег тако најамничког и служитељског има и данас у његовој судбини. Швајцарска је фатално постала друмска гостионица, и једна прикривена мржња за странца избија из сваког додира с њима. Странац није овде ни противник, ни савезник; ни једномишљеник, ни разномишљеник; он је муштерија и кирајџија. Никакви осећаји не постоје у том сусрету него измене хладних речи, недељних рачуна, добро проверене монете. Све је овде срачунато и узакоњено само с обзиром на ситну срећу малог човека, тако да кад одавде гледате на историју, изгледа вам да су велики подвизи само лудачке авантуре, а велике намере само манита пустоловства. За целу епопеју довољна је прича о Виљему Телу, једној јабуци и једној стрели.

Срећом, све добро швајцарско није у песмама. Јер Бог, изабравши ову лепу земљу за свој престо, није хтео да људска срећа овде буде у књигама. Швајцарска је и без својих књига и без своје музике ипак остварила идеал највећег унутрашњег спокојства, и тај њен мир, то је њена слава. На сваком углу жандарм, на сваком ћошку фењер, у сваком кварту један пастор, у свакој улици по једна бабица, у свакој породици традиција о једном посланику кантоналном или саветнику муниципалном! Закони на хартији, то су они који ратују против закона у крви и инстинкту. Да су, уосталом, имали генија, такви би генији ову земљу разорили; а овако су ови мали људи успели да направе велике ствари: израдили широке путеве, засадили сјајне вртове, дигли високе палате. Овде је срећа у половности, осредњости, свакидашњости, ослобођењу од свега што је крупно, расно, духовно, свега што је и стваралачко и рушилачко у људском инстинкту. Једини геније којег је родила ова земља био је Русо, најпре протеран и уцењен, затим признат и слављен. Да је Русо овде остао, њега би изгорели на гломачи у Женеви, као некад Мигела де Сервет, који је оставио науци закон о циркулацији људске крви. Јер ова земља није никад ни присвајала за себе амбицију каквог крупног духовног средишта. Кажу да су овде Русо и Волтер били под утицајем средине, и да је Француска револуција зачета у Женеви. Међутим, Француска револуција је дело јакобинизма који је, напротив, највећи контраст са женевским пуританством и калвинизмом. И када је у Паризу донесена Шарта о правима човека, још се у Женеви пушила гломача вештице госпође де Шадроне.

У Швајцарској је идеја о животу увек била уска, сујетна, себична и плашљива. У реформи, ова се земља обележила само мрачном искључивошћу и верским цинизмом; у цркву је унела што више могућно страха од славе и поезије, и што више неповерења и мржње за човека. Лутер је био песник и витез; а Калвин је изгледао апсанција и исповедник зликоваца. Овде реформа није дошла као реакција на раскош и разврат папа, и као потреба за ослобођењем људске савести, него као реакција на талијански духовни хеленизам, и на раскош и блесак у којем је човечанство тада замишљало свог Бога.

ДРУГО ПИСМО ИЗ ШВАЈЦАРСКЕ

ЖЕНЕВА, децембра 19**

Има градова који имају своју душу; то су они градови који имају своју прошлост. У томе су градови слични људима.

Таква су многа талијанска места, и Париз, и наш Дубровник. Те градове с душом треба први пут видети у извесни месец и извесни сат дана. У Венецију треба доћи октобра, у тренутку када по старој води почне да пада црно цвеће мрака. У Фиренцу треба доћи у априлско јутро, када пролетње сунце по старим тротоарима везе своје сребрне бајке, и у платна старих зидова уткива своје арабеске од усијаног бакра. У Париз дођите ма у које доба године, али вечером; јер све оно што у Паризу стоји ноћу у поноситом ћутању, изгледа споменик и апотеоза, а све што се крене, изгледа приказа или бусија. У Сијену уђите у блага јесења поподна, која постоје само за кајање и молитву. А у наш стари Дубровник уђите у сумрак, када црна звона запевају чемерни напев о смркавању ствари и људи. – Треба ићи за тим великим сатима, као што се преко мора и кроз пустињу иде за великим звездама.

То су тренуци када се духовно одваја од материјалног, и везује за нашу мисао, и утапа са нашом душом у заједничку ефемерну судбину. Тада се осећа душа града како иде поред вас, пред вама, узастопце за вама. Та мирна, етерична и мучаљива фигура има боју ствари на које падне. У таквим градовима су опсесије једини доживљаји. Ништа не разумете од живота и хуке таквог града ако нисте ништа разумели од ћутања и смрти те спиритуалне истине и лепоте. Јер екстатички део града није у лепоти старих ствари него у лепоти старих прича; његова је тајна у евокацијама и сугестијама које живе само у тренутном лудилу срца: у оном што није назидано на земљи и подигнуто у ваздуху, него изграђено у машти и у души. Градови, то су унутрашње истине. Ако нису најпре унутрашње истине, онда су то само гомиле људи и камења, али нису градови. На једном порушеном граду где није остало више ни трага од живота, порасту читаве прашуме маштања, разлију се читава мора душевних лепота и величина, и покажу простране сунчане палате, само ако је тај град имао некад и душу која је била стваралачка. Постоји увек град и прича о њему; један град је велик само по његовој легенди.

Све је, одиста, у речима, речима које су ипак највеће лепоте људске. Има народа који су били завојевачи и победиоци, али су нестали, јер за собом нису оставили крупне и лепе речи. Народи и цивилизације живе од некадашњих речи. Нестају велики подвизи, ретки људи, крупна дела сваке врсте, али остају велике речи. Све нестаје осим оно о чему су речене крупне речи. Оно што је антички грчки геније дао у скулптури и у архитектури, то је све само пластика његове сјајне речи која је била његов највиши израз.

У тим старим градовима, који у себи чувају душу једног времена, ми не верујемо у опште расуло, и смрт изгледа највећа утопија човекова. Има нешто савршеније од лепоте ствари у природи: то је све оно што је људска мисао додирнула и људска лепота осветлила. То је људско употпуњавање божјег дела. Стварање човеково је једино што га приближује божанству, и оно је постојано као и божје; а бесмртност душе се афирмира само у непрекидном остваривању њених небројних лепота. За човека од душе и духа, ниједно дело у природи није толико чудо колико су велика неколика чуда у историји људског стварања. А такво је чудо и Венеција. Један венецијански сат има више усхићења него ма какав сат проведен у најлепшем пределу света. Венеција ће нестати једног дана, као што нестане фатаморгана са видика. Јер се тај град не даје ни поправити, ни преправити, ни изнова створити. Све на свету има нешто на што личи; једино Венеција није налик ни на што. Изменити макар што у њој, значило би нагрдити је и унаказити, профанисати и одвести у смешно. Ничег овде нема, као другде, од дела божјег; све је овде само човеково. Све је у том граду измишљено, импровизирано, и одсвирано као музички комад на великој црквеној оргуљи.

Сретао сам душу Венеције, мирну и меланхоличну, као неку високу госпођу из племена Дездемоне, са зажареним смарагдима у прстену и ушима. Гледао сам је како излази из цркве где је клечала пред мраморним саркофагом свог претка који је био дужд и адмирал, који је судио људима на земљи, палио туђе галије по морима, освајао Левант и Грчку, и најзад легао у Сан Ђовани и Паоло да проживи и вечити живот у мрамору Донатела и Пијетра Ломбарди. Виђао сам је како прође преко пијаце, мине преко каквог мостића, и изгуби се у неком предграђу где потомство њених предака умире сад од глади и епидемије, док се у њене старе палате усељавају пробисвети и пустолови. Оставите је у једном крају града, да је опет угледате на другом крају, увек дубоко сетну и мучаљиву. Јер су овде све ствари завршене, и нигде смрт није поставила своје тврђе печате. Овај град, ово чудо, које је направљено од злата и отрова и крви, иструнуће нечујно од своје воде, и распашће се од свог ваздуха.

Остали градови имају душу која је калуђерица, или просјакиња, или блудница.

Женева нема душу.

Она је изгубила своју душу са својим мистицизмом XVI века, који је био студен и језив, али и победнички, и проширио се одавде до Шкотске и Мађарске. Сад нема овде више ни трага од тих времена у којима се спасење душе тражило у мортификацији и пропасти тела. Женева је од некадашње цркве постала данас друмска гостионица. Далеко су времена кад су се овде тукли мегдани вере и мисли. Сад овде живи ситни свет паланчана, радећи без одмора и плодећи се без разлога. Около катедрале Светог Петра ћуте у својој каменој тишини неколико хиљадугодишњих улица по којима је прошао и Шарлмањ, водећи војску на Ломбарде; и папа Мартин V, који је ту проживео више месеци; и силни кнез савојски Петар и толики други... На овом истом брегу је била престоница бургундских краљева чим су ти варвари дошли са Балтијског мора да запоседну обе стране планине Жире, која и сад трепери, вечно млада и сва чивитаста, у сјајном женевском небу. Овде је краљевао и Шилдерик.

Женева је један од неколико градова на свету којем се не знају дани порекла у дубини векова. На женевском језеру становало је људство још у доба неолитичко, на рачвама и у крошњама изнад воде светлог језера; значи пре него су неке земље европске уопште и знале за човека. Јулије Цезар, долазећи овамо на путу за освајање Галије, нашао је већ ту на левој обали галско племе Албароже, који су представљали последњи булевар римске државе, а на десној обали племе Хелвете, које је покорено с пуно муке. Још тад је овај крај задивљавао својом лепотом. Тај велики римски војсковођа и латински писац могао је тада видети целу ову женевску провинцију посејану друидским споменицима и пренасељену у лепим селима, која су се скоро додиривала. Сва је била ишарана путевима који се и сада виде: путевима вијугавим келтским, насупрот путевима римским који су по правилу били прави као стрела. Такву веселу Женеву и њену околину могао је затећи и Шарлмањ у осмом веку. Али у XV веку, папа Мартин V могао је Женеву наћи само опустошену феудалним борбама, а наскоро и сасвим расељену услед верских ратова. Женевска околина, која својим радосним сунцем и бојом Леманског језера и мирних подножја нема такмаца у свету, била је од XII до XVI века бојиште свих истина и заблуда, свих сујета и лудости које је имало тада људско срце.

Одувек се овде била битка за Бога и његово место међу људима. Свагда је овај народ био очајно упоран у тој борби; и Женева је један свештени град као што је то Јерусалим, или Рим, или Вирцбург. Јер за једно дуго време овај град је био центар ужасне верске борбе. Можда то није никад ни престајао да бива. За галске друидске споменике био је везан до уочи саме Француске револуције! Калвин је морао палити гломаче да уништи тај стари култ, као што су се против њега борили још Римљани у корист свог политеизма. Женева је пре свега стари келтски град. Келтске сујевере нестале су овде тек кад су за старо свештено камење нови људи везали своје нове свештене хришћанске обреде. Чак су од келтских жртвеника правили хришћанске олтаре. Значи да се једна љубав не потире друкче него замењујући је другом љубављу. Једна се вера не прима него у вези са вером која је већ постојала међу тим истим људима. Хришћанство је обарало паганске идоле, али је ипак од паганства примило велики део култа и обреда, а кад је већ из основа било изменило садржину људског дотадашњег веровања, спољне форме и трансформисани култови стојали су још и даље живи на овом месту.

Старе улице у некадашњој женевској тврђави имају данас врло мало потпуно старинског, али у атмосфери се осећа средњи век и онде где су израсли зидови новијих времена. Зато је и данас ово једини део града интересантан. Али ипак туда више не тумара уклета душа оног доба тираније и туге. Сада својим равномерним тешким кораком пролази овуд подадули кантонални жандар, или у тријумфалном маршу, као победничка војска од Аустерлица, прођу туда фанфаре женевских ватрогасаца, којих има довољно за целу једну провинцију. Тумарају поворке туриста из белог света који не разумеју што им се каже нити виде у што гледају. У то неколико мемљивих улица око катедрале закопано је све што је очувано од славе те калвинистичке престонице и ћабе. Стоје свега два-три споменика велике женевске прошлости који још нису продани странцима.

Стоји женевска катедрала Светог Петра увек црна и страшна, као клетва. То је најтужнија силуета на најведријем комаду неба. То је меланхолични споменик насиља и верске лудости. Цела историја једног људства и једне вере везана је за то мрачно камење. Та катедрала је била најпре католичка црква и затим силом постала калвинистичком базиликом. Ниједна црква на земљи није од ове студенија ни богомрскија. Њено је камење чађаво, њене линије ледене и опоре, и оштре као сечиво. Изгледа да у њој Бог не живи него да је ту жив узидан. – Међутим, оно што је римска црква Светог Петра за римско хришћанство, ова је женевска црква Светог Петра за калвинистичко хришћанство. Још овде под сводом, студеним као мртвачки покров, пада по зидовима сенка сухе руке првог њеног пастора Калвина, и одбија се од камених стубова његова реч, суха и тврда, која је тражила од човека унижење пред Богом, и унакажење пред природом. Две стотине проповеди годишње изговарао је овај велики ученик хуманизма да стане на пут ширењу тог истог хуманизма; и да убије ренесансу у њеном полету, и да отрује ону животну радост која је долазила из талијанског хеленизма.

Лутер је био ученик светог Августина, који је био и сâм покајник, али који је бар увек остављао један прозор отворен на срећу и радост овог света; а Калвин је био ученик Сенеке, који је сâм себе искључивао из среће, јер је стоицизам, пре свега афирмативног, једна доктрина самоодрицања. Леден и вампирски сув, Калвин, да је живео у Шпанији, био би други Торквемада. Овде у Женеви, био је други Савонарола, али који није био свештеник него полицајац; не залуђени трибун цркве, него цинични завереник олтара. Осим шпанског народа, само је француски народ могао дати овако мрачног фанатика. Увек се говори само о Француској револуцији, ослободилачкој и човекољубивој, али се не говори о француском верском фанатизму. Међутим, не треба заборавити да можда ни Филип II није пролио онолико јеретичке крви колико Анри II, ни починио већа насиља него љупки Луј XIV. Француска Вартоломејска ноћ и прогони и отимачине Краља Сунце по провинцијама, спадају међу најтужније злочине црквене повести. Филип II је посматрао своје аутодафе с побожношћу мистика и са горчином божјег осветника; а Краљ Сунце се није ни сећао страшних верских насиља почињених у свом краљевству дуже него какве версајске пасторале.

А овај Калвин, јурист и догматик, што није сагорео на гломачи, он је окаменио у души овог женевског народа. Он је унео верску тугу и побожно самоодрицање у ове домове, још и данас испуњене том студени и мраком; и посејао овде мржњу на радост и усхићење; и проклео декретом песму и музику. Као политичар и тиран на челу републике, наметнуо је, као окове, своје гвоздене законе за живот у држави, и чак прописао и осећања у породици. Од свих фигура које је дала реформа,

Калвин је можда најокорелија фигура бунтовника, и његова библија је најжалоснији уџбеник за живот. Италија је дала три највећа човека за враћање хришћанства Христу; то су били Григорије Велики, Арнаулдо из Брешије и Франческо из Асизе. Колико у ова три лепа имена има величине, морала и нежности! Калвин није међутим ни био нови хришћански апостол који је хтео да своју веру обнови у њеној примитивној чистоти, наивности и благости, онаквој каква је она поникла из назаретске параболе. Напротив, ово је био евангелист човекомрзац. То је аријски аскет који је, кидајући с Римом, прекинуо и са љубављу, основним начелом догме. Направио је овде један народ озбиљан, и пун врлине, али и пун мржње на живот и пун неповерења у срећу. Ни горчије вере, ни страшнијег пророка. Од Женевљана је направио паралитичаре заувек неспособне за свако усхићење. Нема народа на свету којем је његова вера направила више зла и пустоши.

Калвин је био одличан црквени писац, чак важан за чистоту француског језика онолико колико је и за немачки језик био важан Лутер, преводилац Библије. Али је Калвин био и творац теокрације која није била мање лична и диктаторска него што је била папина монархија! Под изговором да ослобађа духовну личност човекову, он је грађанску личност његову понизио до најцрњег ропства. Он је замутио свет, али није разведрио живот. Много је променио, али није ништа усавршио и ништа допринео. На скоро триста година после њега, Стендал је још видео у Женеви како млад човек и млада девојка разговарају само о пастору, и његовој последњој проповеди, и како из тих пасторских проповеди чак знају цела места наизуст.

На многим раскршћима историје народи мењају своју веру према својој доброј и лошој судбини, према напретку или назатку своје културе и моралног смисла. Је ли католичка Женева одиста постала срећнијом што је пристала уз реформу на коју нису пристали ни најпросвећенији градови Фиренца и Париз? Ко зна шта би Женева могла дати да није провела три последње века утонула у такву своју верску меланхолију. – Нарочито, каквим је ужасним начиним избила реформа у овом граду! Цвингли је у Берну већ био проширио ту јерес. У Женеви се она јавља већ пре Калвина, дакле као копија, и шири се нехришћанским и најсвирепијим насиљем. Познајете ли старо дело Антонија Фромана, једног од реформатора, дело наручено сутрадан после тријумфа шизме? Фроман је простак, наиван, некултуран, једва писмен. Његово дело се чита са отужношћу. Међутим, био је земљак Гијома Фарела, који је стварно први у Женеви покренуо реформу, и његов друг с предикаонице. Ни Фарел није отменији дух. Човек се не може да начуди какви су безначајни и мало интересантни духови овде бацили основе једне нове вере. Тек за њима је требао да дође Калвин, ако не да створи нову истину и догму, а оно нову јерес и нову утопију. Калвин је из Италије, где се нагледао тираније и видео снагу отрова, дошао у Женеву, млад Француз, више огорчен на клир него на безбожност.

Најзад, никад вера није долазила од мудраца, него је увек Бог говорио кроз омађијане и илуминиране. Мудраци Солон и Ликург су правили законе и стварали државе; мудрац Питагора је створио науку, а не веру; и Сократ је створио логику, а не мистику. Буда је пустињак и песник, а Христос је дете и сањалица. Тек после илуминираних долазе философи да те снове објасне, и долазе свети оци да их протумаче, и, најзад, свештеници да их испевају у црквене химне. – У Женеви је реформа избила конфузно, и била кренута од неколико људи који нису имали ни изглед божјих мисионара, ни илуминираних људи, ни мудраца, ни песника. То су били више теолози него и теофили, више полемичари него доктринари, и више доктринари него догматичари. Највише бунтовници, испуњени гневом против римских црквених поглавара; али свакако најмање светитељи испуњени божијим духом! И Фарел, и Фроман, и Калвин, сва тројица Французи, два из Дофине а трећи из Пикардије, били би по целој природи својој одлични јакобинци, да су живели у доба Робеспјера. Изгрдили би цео свет, порушили цело друштво, оборили званичну веру, срушили вековну монархију, и затим блажено сва тројица умрли на гијотини.

Стоји женевска катедрала Светог Петра, сва тамна и ледена, изнад најсунчанијег језера на свету, у средини предела који сав трепери у смарагдовом зрачењу, и усађена у подножјима Монблана који заслепљује од силног сребра. Већ од XV века ова црква стоји у средини града који је некад у средњем веку, како каже један латински дистих, имао предграђа већа него што је био и сам град; и бројао католичких храмова колико и католичких кућа. Кроз Женеву се тада ишло само између цркава и манастира. Катедрала је онда била опасана троструким зидом, и наличила на тврђаву. Данашњу пољану Пленпале су чували калуђери, а браниоци републике и народа били су бискупи. Ко би то данас мислио! Свештеници су били из племићких савојских кућа. Град је био у то време чак и један од најрадоснијих градова европских. Ко би то тек данас могао веровати! Сваког дана је било народних свечаности, пуних верских церемонија, витешких игара, славних утакмица стрелама и арбалетама, драмских пантомима, сјајних представа и живих слика. Сваких шест недеља, велики светски вашари у старој улици дела Ривијер, сада Ри-Бас, где су долазиле огромне поворке трговаца чак из Фландрије, Напуља, Немачке и Шпаније...

Црква католичка била је у то доба владар света, а европски суверени само скрушени извршитељи њене божанске мисије међу људима. Веровало се онда, према цркви, да уопште не може један човек владати другим човеком, јер би то значило тиранија; и зато је средњевековна монархија дуго сматрала себе само апостолатом цркве. Верска повест тврди да је на тај начин црква победила паганизам, затим варваре, и најзад створила европско друштво. То је трајало до појаве оног којег зову Антихристом, до немачког августинца Лутера, који је сад говорио да хришћанин није ничији поданик, чак ни поданик цркве, окренувши се уопште против римске и католичке организације друштва, одводећи тако право у сељачке буне и анабаптистичке ратове, којих се иначе и сам грозио; и отворио пут волтеријанству и револуцији, што је најмање желео.

Али у Женеви, калвинизам је одвео у скептицизам и очајање: у прогањање католика, који нису више смели овде имати својих имања, чак ни омркнути у овом граду. Калвин је у веселу дотадашњу Женеву унео верску тугу, и у тај побожни католички град унео ледени биготизам. Нико није смео имати ни музички инструмент у кући, нити смео певати друго него псалме. Читала се само Библија, и слушао само пастор. У току једне једине деценије Женева је изменила свој морални и физички изглед. Ишла је из беде у беду. Имала је две борбе у кратком растојању: борбу са савојским кнежевима да сачува републику, и борбу са реформаторима да сачува католичанство. У првој борби су порушена њена радосна предграђа, да би се живаљ повукао у тврђаву, а у другој борби је изгубила свој живаљ, који се раселио у ближње католичке земље. Из овог најпобожнијег католичког града бегали су затим људи као из Содоме пред обешћу нових хришћанских апостола. Фарел је продро у цркву на Риви, док су њени прозори били осветљени полилејима и док су корделијери служили литургију, а његова руља је разбила крст и отела олтар.

Сам Фарел је истрчао на проповедницу да каже нову реч божју, која је била пуна мржње. А после тога цео свет почиње проповедати у цркви, на улици, на мосту, у селу, на планини. Лекари и апотекари тумаче еванђеље, рибари грде папу, пиљари нападају тајну причешћа. – А у оној истој катедрали Светог Петра – кажу даље хроничари – поразбијаше скулптуре, однесоше златне утвари, поцепаше свете слике. – Све сами побожни људи! Све сами фанатици еванђеоске истине!... А град без његових предграђа и без оног веселог становништва, оста град очајања, са кућама у којима су погашена огњишта и иаваљена врата. Вера се изгласава плебисцитом! А на згаришту свега тога оста Калвин, који проглашава католичку цркву синагогом ђавола, а причест лажју. Женеву назваше „собом за тортуру“. Али нова вера је била готова, католицизам побеђен и исмејан. И то све вратоломно брзо, без удубљивања у нову истину, без оцене нових апостола, мачем мржње и пркоса, више него речју љубави и уверења. – Није можда било примера оваквог насиља над савешћу, ни овакве самовоље над човековим срцем. Човек би рекао одиста да од свих људских принципа уопште не постоји ниједан у чијем је стварању широко људство мање узело учешћа него у принципу вере, који је, међутим, принцип основни и највиши! Нити је човеку иједан закон наметнут самовољније и огорченије него закон љубави и доброте.

Међутим, време је и овде учинило своју освету над стварима и над људима. Катедрала, увек црна, у којој је мршави и пакосни реформатор проповедао против папа, против раскоши, против среће, против љубави, против музике, против хеленизма, – данас је тај храм постао кућом где се протестантски семинарци вежбају у француској дикцији и држе рђаве музичке вечери. И сама кућа у којој је Калвин живео претворена је, за моје време, у велики антисептички завод, и најзад некадашња бискупија је претворена у тамницу где сада убица аустријске царице Јелисавете скапава на вечној робији... Манастир Свете Кларе, у којем су свештенице због бичевања свог тела и мортификација својих страсти биле још у дубоком средњем веку понос и слава ове католичке земље, претворен је одавно у судницу и полицију... Зачудо да се уопште и не зна ни где је сахрањен велики пророк реформе и господар женевске републике... Улице из његовог доба, које се стрмоглаво обарају од катедрале низ брег, чувају у својој влази старих зидова и сутону средњовековних кућа неме успомене на велике шизматике и на ситне људе, старе штампаре и старе сајџије. Све друго је најпре омрзнуто а затим заборављено.

Још има неколико мемљивих улица из тог доба сурове калвинистичке господе, и по којима је некада, обучени у црну кошуљу, босоног и гологлав, са свећом у руци и са добошаром на челу, морао да по зимској ноћи обиђе цео град какав осуђеник само зато што је мислио друкче него други, или зато што је уопште мислио. Али стара Женева сад ишчезава без сваког отпора. Неколико старих племићких кућа изумиру одељене од света и остављене саме себи. Старе породице, чувари свију традиција, дају сад професоре ботанике, археологије и санскрита. Неколико научника живе и сад у крвној завади око материјалистичких и спиритуалистичких доктрина. Никад Женева није, кроз хиљаде година, престајала да ипак буде борбена и идејна. Али сада је Женевски универзитет једино бојиште јавног мишљења, онако као што су данас улице у Мексику, или као што беху некад синагоге у Јудеји. У катедрали се говори само у недељу. Нико овде нема више осећања за прошлост, која је, уосталом, цела увек и била везана само за једно горко име из црквене историје. Калвина је овде оборио Жан-Жак Русо, који је Женеви дао нову лепоту и нову славу.

У Женеви се виде само две ствари: на брегу ова језива катедрала, и у долини ова ненадмашна лепота Леманског језера. Све друго као да не постоји. Језеро има нечег као да је сада постало. Вода под Венецијом изгледа стара и вечна; а вода под Женевом изгледа да се тек јутрос пролила у свој сунчани аметист. Међутим, од неолитичког доба до данашњих женевских професора, прошли су овуд сви векови људске мисли. Острвце, где се међу јаблановима налази данас статуа Жан-Жак Русоа, било је оно исто острвце где је Јулије Цезар бацио мост да пребаци своје тешке легије у Галију. Изгледа и то острво да је малочас никло из таласа. Све је овде младо и новорођено, чедно и неоскврњено, у благости ове нешто индиферентне и себичне лепоте. Језеро је цела магија боје и жубора; и када коначно напустимо овај град, само то језеро остаје да зрачи цео живот у нашој успомени срца. Зато кад би Женева имала душу, она би била плаветна као ова вода и као њено плаво цвеће по околини. Нигде на земљи нема оволико ведрине и плаветнила. Већ од маја почиње овде да пада модра киша светлости, и она не престаје да лије до јесени. Около подне, и вода и ваздух постају. исто. Не зна се да ли ваздух постаје водом или вода ваздухом. Све је нематеријално, блиставо, ефемерно. Напада толико плаветнила да га је пуно одело, коса, и душа; и враћајући се дома, отресамо га са одела као прашину или снег.

Обале се продужују у стакленастој и млечној сумаглици кроз коју се, као кроз воду, виде мирна сеоца с руменим крововима, крај воде пуне галебова, и куда лемански рибари суше своје жуте мреже. Када сунце зађе за Жиру, вечито чивитасту и увек суморну, која запрема целу половину видика, падају екстатичке вечери од којих није ниједно налик на друго. Пре него што се ови чудни рељефи почну да утапају у чађаве и неразговетне силуете, вода постане мукла, без површине и угаси се, апатично. Нигде се нема савршеније осећање тишине и свршетка колико у тој сутонској агонији воде на женевском језеру, доле око Херманса. Две-три мале једрењаче оборених платна, шћућуре се у свакој луци. Наступи таква резигнација свих ствари као да се језеро наједном исушило а сви небески ветрови нестали с лица земље.

Нико није умео описати све лепоте овог Лемана у разна његова годишња доба и његове тако разнолике тренутке дана. Два велика философа који су живели на овом језеру, и који му обојица много дугују, волели су две његове разне половине: Волтер горњу половину, коју је гледао са прозора свога аристократског дворца у Фернеју, а Русо – доњу половину језера, испред своје убоге куће у Кларансу. Волтеру је језеро пред Женевом било само као део његовог парка на великом његовом имању, које је сам упоређивао са Аристиповим вртом уживања. Језеро код Кларанса, напротив, служило је меланхоличном Русоу за његове невеселе самотничке шетње. У ту исту самоћу довео је Русо и младог Сен-Преа и Нову Хелоизу да би у једном сентименталном роману могао да излије своје најлепше мисли и сузе.

Госпођа де Стал, живећи овде у Копеу, чудила се и помало презирала Швајцарце што нису умели да покажу више узбуђења према лепоти свог краја. Нико се није довољно занео лепотом Леманског језера макар што је оно најлепше на свету. Ни средњи век нема помена о Леману. Свети Јустин је, читајући у *Одисеји* опис острва Алкинојевог на Јонском мору, плакао и говорио да му се чини како чује рајске птице да певају место што чита грчке хексаметре. Али свети Бернардо је прошао поред овог целог језера Леманског, и, удубљен у своја мистична размишљања, није га ни опазио. Бајрон је живео овде на брегу Колоњи, сав занесен духом Волтеровим, али и сав опијен пантеизмом Русоа; а, међутим, доста равнодушан за Леманско језеро. Љубав Русоа за природу, занела је Бајрона већма него и сама природа. Кроз очи Русоа много пута је Бајрон видео дотле никад и неслућене вредности. – Можда исто толико био је опијен и проповеди Русоа за слободу човекову, што је можда имало везе и са његовим доцнијим одласком да се за грчку слободу бори и да умре у Мисолунги. „Слободо, вечни даху независне душе, нигде не гориш светлија него у тмини тамнице“ – каже негде тај велики романтичар.

Русо и Бајрон су оставили неодољиве успомене на другој половини језера: један својим романом о Хелоизи, а други својим спевом о сужњу у Шијону; један својим разочарењем и болом вечног прогнаника и сиромаха, а други својом распусном младошћу, и обешћу егоисте. „Ја не живим само собом; ја сам део овог што је око мене...“ пева узбуђено и у пантеистичкој екстази млади енглески бард на водама леманским које је, убрзо за Русоом, направио још једном славним и вечним. Две горке судбине нашле су тако овде мало одмора: Русо, који се одрекао своје Женеве и бегао у Енглеску, и Бајрон, који се одрекао Енглеске и бегао у Женеву. И када Бајрон пева овде да су све планине и таласи и небеса део његове душе, као што је он део њихов, зар то није ђак Русоа пантеисте, какав је затим занавек остао. Нарочито у љубави за самоћу и природу, осећање тако потпуно ново за време обадва ова песника. Леманско језеро је одиста чедно и чисто колико и небо. Оно је зато приближило заувек и ове две узвишене и несрећне људске судбине, које су, свака на свој начин, биле уцвељене животом: један разочаран људима, а други женама.

Ништа теже него говорити о оном граду у којем је протекла наша прва младост, или говорити о жени којој смо дали нашу прву љубав. И наш град прве младости, и наша жена прве лудости, немају ничег са реалним светом, нити ичег заједничког с осталим добима живота. Тај је град тврђава у облацима, насеље свих фантазија и фантома срца; а та је жена наша прва срећа и прва несрећа, прва химера и прва заблуда... Такав је случај и са мном кад говорим о десетини својих студентских година проживелих у Женеви и Паризу; можда нарочито о малој и љупкој Женеви чија свака стаза пролази као Млечни пут кроз тај некадашњи живот срца и маште. – Још стоје од Блота до Веријеа, по рубу језера, они сеновити шумарци пуни печурки и дроздова где смо хајдуковали са студенткињама првог семестра... Још сјају мирни путеви растурени од Лансија до Копеа, на две обале раздвојене Роном и Леманом, које су некад биле границе између римске државе и Галије, а за нас границе између догме и авантуре... Туда смо пешачили са љубитељкама литературе, које су овамо долазиле са све четири стране света, да за једно лето науче француски језик и француску лудост. Враћале су се у Скандинавију, у Енглеску и Америку, са акцентом српским, талијанским, руским и шпањолским, или чак – за беду – и бугарским, као успоменом на ове шетње.

И широки кејови женевски куд се певало, љубило и гладовало, све у исто време! И лепи лугови од Салева до Каружа, кроз које и сада шуме некадашње наше речи, какве нико од нас не би више изрекао да другим не би изгледао смешан или луд... И лепи гајеви куда се још хори смех оне младости која је веровала у своју вечност... Целог живота осећаћемо потребу да се из далека враћамо онамо, и тражимо понешто од самог себе, као кад се вратимо да раширеним зеницама тражимо по путу погубљене златне паре. А кад остаримо, Женева ће нам изгледати као млада жена, која нас је оставила и одбегла с другим човеком: за којег се из лудости потурчила; и због којег је, из ината, заборавила матерњи језик.

Кад нам је двадесет година, ниједна ствар на свету не изгледа старија од нас, нити изгледа да ће нас надживети. Лепота младости је у заблудама којих се мудраци стиде, а филистри ужасавају. Срећа младости је сва у томе што верује у невероватно и што не зна за немогућно... Женева је била у моје време тврђава младости, логор велике војске заљубљених у ово небо и језеро; дебели кинески зид који је једну колонију младих људи и младих жена одвојио од свих других пет континената. То је био град у који су долазили туристи што терају ветар капом, и студенти који су терали шегу с науком. На улици су женевској у извесне сате протицале само реке млада света; по ходницима универзитета су жуборили сви језици и сви дијалекти; по јавним локалима су се веселили млади парови, који се нигде на свету не би срели да није било женевских професора и женевске науке.

Невеселу ноту уносе у Женеву само Женевљани. Женевљанин је гломазан и сух. Моли Бога, служи републику, плоди своју сопствену жену; човек с мало душе али врло много принципа. Ни леп, ни ружан, ни паметан, ни глуп, ни добар, ни рђав. Његов стил у литератури је леден и безбојан; његова конверзација сива и укочена; његов однос са светом мрзовољан и срачунат. Без вере у срећу и без љубави за живот, тужни продукт калвинизма. Стендал је овде, у своје време, нашао град са двадесет и шест хиљада очајних душа, а шездесет разних клубова за удружење и радост. Међутим, говорио је Стендал, Женевљанин би био избачен из свог таквог клуба кад би одиста имао весело лице и показао безбрижан изглед. За исте Женевљане је Волтер говорио: „Овде се све срачуна, и овде се нико не засмеје." – Женева је имала једну страшну веру и једног опаког пророка; не зна се ко је немилији, Калвин или његов калвинизам. Тај пророк је говорио да слободу треба ускратити рђавим људима – а Женевљане је сматрао за горе и покварешије него све остале људе на свету... Тако је од својих верника био направио паралитичаре, неспособне за свако усхићење и занос за живот. Несрећни град у којем се није никад родио песник! Јесте, Жан-Жак, али који је протеран одавде баш због тога што је био песник... Да је био рођен за време Калвина, био би извесно сагорен на гломачи. Калвин је од свега на свету најмање волео песништво.

Женевљанка је потпуно жена свог мужа. За Француза је жена муза или мадона, или метреса, или све уједно, али никад жена; за једног Руса је сабеседница за њихове бесконачне разговоре; за Немца је женка; за Балканца је слушкиња; за Талијана је модел; за Шпањолца је робиња; а за Женевљанина је ортак у радњи и потписник на меници. Женевски бирократ је типски носилац реда и за све остале своје суграђане. Сав тај женевски ред налази се у једном списку по којем ни све слободе нису слободне. Грађани не смеју да запевају него два сата далеко од вароши; ни да седну у парку на клупу, јер је увек свеже премазана; ни да прођу главним улицама, јер се увек изнова поливају. Женевљанин није господин, јер то кошта; нити је турист друкчије него недељом овде по околини. Женевски пастор није учитељ душа, него жандар душа. То су у црно обучени посредници између ове републике и оног света. Они не говоре толико о терету грехова на овом свету, колико о опасности од глоба у овом граду. Наши женевски професори су, за цео шарени свет студената који овамо долазе у хиљадама, увек исти: мирни и добри женевски професори, који много знају али мало умеју; врло опширни и врло досадни; потомци Виљема Тела који се прославио што је гађао другог у главу...

Одиста је жалосно што Женева, изгледајући свачија, изгледа ничија. Осећа се да се овде све купује и све продаје. Све је нумерисано, све измерено, све таксирано.

Сва се врата отварају на једну реч и за једну монету. Ништа не остаје затворено и закључано да се сачува за поносне традиције домаће. Швајцарац је и после толико векова остао увек нечији вратар; сада није више вратар папа и краљева, као некад, него последњих пустолова и пробисвета. Један народ мора бити интимно код своје куће да би био дубоко у себи и својој души; а овако, он је сав напољу, на улици, на пазару. Ова је земља на тај начин осуђена да своју лепоту не опева, већ продаје; и да се бори за слободу не због себе и своје деце, него због својих гостију и страних кирајџија. Јер ова лепа земља не рађа ништа осим гладне људе. Сребрни Алпи су до неба, али то су само ледене провинције смрти. Долине су швајцарске неизмерно дубоке, али на дну њих је само мрак и пустош. Зато се не хори овде у радосне јесени громка песма жетелаца, ни пијана попевка берача, ни лудо клицање рибара. Све као да се овде посеје у мраку и побере у ћутању. Овде нико не пева осим ученици на конзерваторијуму. Свако се мучи и ћути. Народни празници и свечане процесије изгледају тужне поворке које иду у поље да моле Бога против суше или земљотреса. Овом граду који има можда најмирнији и најлепши пејзаж на свету, и у који су још Цезареве легије ушле као у радосни парк, недостаје дубока поезија заборава и лепота домаће тишине. Цео овај рај изгледа врт неког великог хотела. Онај сјајни Монблан изгледа постављен над овим градом само због туриста Американаца, а цело језеро разливено само због беспослених Енглеза. Све овде изгледа изнесено на пазар и оглашено на добош.

Нема већих контраста него што су овде разлике између лета и зиме. Дани јесењи и зимски наличе на какву жалосну скандинавску причу. Неколико ружних силуета у ружном небу; неколико наказних рефлекса у помрчалој води језера; и, као прљава платна обешена од неба до земље, месецима висе ледене магле. Оне продиру у кућу, у постељу, гасе ватру у камину, мисао у памети, вољу у крви. Све месецима постане тесно, сићушно, згурено, жалосно. Али ако после такве дугомесечне магле падне најзад снег или бар лапавица, цео свет се тргне као да из неба падне цвеће. Међутим, блистави снег не открије овде никакву нову радост ни забаву; покрије само беду ствари и ружан изглед људи. Јесења и зимска Женева, то није више онај исти фантастични пролетњи модри град који, по караванима људи што овуда пролазе, изгледа неки европски Самарканд. Зими, може Женева изгледати и Копенхаген, или један невесели кварт на Темзи. Јер је Женева само град лета и сунца. Нигде мај није толико френетично јужњачки, ни распикућски приморски. То су дани кад се овде вапи само за сунцем. А затим на том сунцу човеку изгледа да је за нашу пуну срећу на овој земљи, место свих океана, довољно ово уско платно блиставог Леманског језера; место свих видика на космос, један прозор који овде гледа на сребрни пожар Алпа; место свих пријатеља, једна млада Францускиња; а противу свих непријатеља, једно верно домаће псето.

Као што у Атини и данас живи Сократ, а у Риму Јулије Цезар, већма него ико ко је живео и пре и после њих у тим градовима, тако и у Женеви још непрестано живе Калвин и Жан-Жак Русо. Такве велике фигуре за њихова живота задивљују или плаше; али после смрти, они се јављају овде као фантоми на сваком раскршћу нашег видика или наше мисли. Њихове стопе још су највише улегле у тло својих градова, и њихова успомена је читаво предање. Није само легенда да је Женева веома горда на свога Русоа; али ипак још и данас у тој гордости има више сујете него праве љубави. Русо је одбегао из Женеве кад му је било шеснаест година, а вратио се у њу само још једном, кад му је било четрдесет и две године, и кад је већ био познат писац. Никад више затим није видео поново свој родни град, којег се најзад јавно одрекао, и то с ужасом и гнушањем. Али је Русо ипак, по многоме, био типични Женевљанин. Његово одрицање могло се односити само на његове земљаке и сићушни дух којим је у то време живело женевско друштво. Немогуће се уопште одрећи отаџбине и родног краја, а да се човек не одрече и самог себе. Ни Шопенхауерово и Ничеово презирање њиховог немачког народа, није било друго него једна огорчена и очајна форма лепе и неодољиве човекове љубави за отаџбину, која је увек незадовољна са оним што већ његов народ има, и хоће увек и све друго, и тражи увек све најсавршеније.

Има много примера заљубљеног пријатељства међу писцима. Били су велики пријатељи Тацит и Плиније Млађи, Светоније и Марцијал, Шилер и Гете, Бајрон и Шели; али Волтер и Русо остали су трагично славни по њиховој међусобној мржњи каква се није видела можда нигде него на овим обалама. Зато као да и Женева није постојала него због њих двојице, нити да их је надживела друкчије него да би само чувала њихову успомену. Међутим, све је између ова два човека било контраст и отров. Волтер је био велики сењер де Турне, а Русо је био целог живота сиромашак, копист музичких комада, и кроз цео век живео са четрдесет суа дневно. Био је плебејац, недовршени семинарист, лакеј код госпође Верселис и код грофа де Гувона. Волтер је био маршал двора када је Русо био љубавник једне велике госпође која га је хранила. Волтер је био лични пријатељ европских краљева, када је Русо био муж једне служавке која никад није умела научити да чита и пише, ни да запамти цену стварима, ни тачно разликује монету, ни да разуме сате на кадрану часовника... Разлика између људи у том веку почињала је најпре од њиховог сталежа. Цео живот између Волтера и Русоа протекао је у огорченој међусобној мржњи каква се не памти. Постојала је мржња и између Гетеа песника и Хердера филозофа; али је та мржња за Гетеа била само повод за размишљање о неблагодарности човековој о којој је он написао неколико лепих страница. Мржња филозофа Хердера, чак и у дане кад је ослепео и лежао болестан, била је сва уперена да оклевета песникову славу и самог песника обесхрабри у његовим гигантским плановима. Али ова мржња није ишла до подвала и инсинуација опасних за Гетеов живот, као што је била мржња Волтера противу Русоа. Сви су јазови били међу њима ископани од саме природе. Волтер је био научник, Русо песник; Волтер филозоф, Русо мистик; Волтер полемичар, Русо просветитељ; Волтер козер, Русо пастор; Волтер човек из друштва, а Русо човек из шуме; Волтер човек из великог града, а Русо син једне индустријске паланке; Волтер болестан од жучи, а Русо умноболан. Волтер је зато сматрао да је Русо опасност за филозофију, а Русо је сматрао да је Волтер несрећа за људско срце и за цркву; јер је Волтер био материјалиста и критичар, а Русо спиритуалиста и побожан. Волтер је на овом свету мрзео, а Русо је волео.

Зато оно што је од старог разорено у XVIII веку, треба приписати можда пуно само Волтеру; али, извесно, оно што је ново саграђено доцније, треба ставити у заслугу најпре Русоу, правом творцу мисли XIX века. Волтер је био шеф критичарâ свог столећа, пун пуризма, и догматик пун прецептизма; Русо је био творац једне нове естетике и први песник који је дао право место инспирацији и слободи. Волтер је био писац трагедија које су у Паризу биле забава највиших кругова; Русо је био рођени непријатељ драмским карактерима створеним само за увесељење готованима и блазираним духовима. Из тог доба и због тог случаја, долази Русовљево славно писмо против театра, а које је Русо писао имајући једно око на хартији а друго на Волтеру. – Он се самом Волтеру обраћа овим горким речима: „Не волим вас, господине... Ви сте упропастили Женеву која вам је указала гостопримство. А од мене сте одалечили моје суграђане... Ви чините да мој боравак тамо буде немогућ. Ви ћете учинити и да умрем у туђој земљи, без икакве утехе која је потребна оном који умире.“ Познате су Волтерове страшне речи о Русоу: „То је мали човек, рођен у блату; пун охолости и бедастоће; пун сваког ситничарства које је у природи његовог васпитања, и сваке неукости његове школе; човек који дрско хоће да господари; који хоће да туђе главе уважавају све заблуде његовог мозга; који клевета с нискошћу и другог прогони са свирепошћу.“

Русо се није смео вратити у Женеву кад су му земљаци нудили место градског библиотекара, где би био спасен од глади. Онамо је живео у сјају свог богатог дворца Волтер, који је давао раскошна примања, и поред којег би он изгледао невиђен и помрачен. Кад се појавио Русовљев *Емил* и *Друштвени уговор*, тада су Женевљани, толико иначе претенциозни на своју слободоумност, издали потерницу за Жан-Жаком, њиховим подаником. А Волтер злурадо подстрекава судије да буду што одважније: „Нека суд буде само храбар и све ће бити добро.“ Назива Русоа рушиоцем јавног мира и разбојником. Није се стидео ни подвала ни анонимних писама. Он пише: „Свет увек има сажаљења за једног лудака, али кад лудост постане и беснилом, онда вежу лудака.“ Велики памфлетиста, да би што више окривио Русоа, узима у заштиту и Бога у којег је он најмање веровао, и против којег се највише борио. Тврди да Русо носи све трагове својих разврата; и да прерушен у комедијаша вуче собом од села до села несрећну жену чију је мајку убио а чију је децу оставио пред вратима болнице; и да је бацио под ноге сва природна осећања као што се бацио и на част и религију; и завршује да се још и може блажије казнити безбожни романсијер, али се кажњава само смрћу ниски заводник... Кад је Русо, најзад протеран и из једног места из Француске, отишао да тражи мира у Енглеској, Волтер је слао и онамо подвале које су Русоа излагале подсмеху, и, одвећ мало борбеног и болесно осетљивог, доводиле до очајања. Увек слабог здравља, болеснички сумњало, напрасит колико и поносит, Русо није могао да се носи са Волтером чији је сваки убод био отрован, и чији га је сваки камен погодио.

И један и други умрли су исте године, и једног истог лета, Русо за двадесет година млађи од свог противника.

Обојица сада леже у Пантеону француском, уједињени у смрти и слави које су извршиле највећу правду над ова два подједнако неспокојна живота. Јер били су подједнако и творци новог столећа и новог европског духа, и кроз векове ће њихова имена ићи напоредо. Најзад, ма како изгледало чудно, напоредо су у многом погледу ишли чак и њихови генији и за живота... То није довољно осећао Волтер, човек од духа, али је то увек осећао Русо, човек од срца. То се нарочито видело у држању Русоа после смрти Волтерове. Слава Волтерова је велика, али није племенита. Волтерово је дело рад сујете и отрова, а дело Русоа било је дело сна и љубави. Волтеријанство ће се јављати и доцније, у свима периодима људског беспућа; а дело Русоа и његов утицај је већ коначно завршен; али је завршен тако што тај дух и душа Русоа нису више у његовим књигама и доктринама, него су коначно изливени у нашу крв, и уткани у људску мисао и савест.

Женевски универзитет мога времена био је, извесно, највећма космополитски од свију универзитета на свету. То нису ни Кембриџ ни Оксфорд; можда су то некад били само Саламанка и Хајделберг; или, ко зна, можда још раније, Павија и Болоња. Ово је ђачка држава у држави. Од свих студената највише се виде Швајцарци, највише се осећају Руси, а највише се чују Бугари. Бугара има стотину и седам, и сви иду заједно: сви заједно одлазе у кавану и сви заједно излазе из каване. Решавају судбину Србије, кроје капу Цариграду, раде о глави Акропољу, ако им икад падне у руке... Али живе на кредит по ресторанима, и бију се са сопственицима стана. Међутим, вредни као кртице и брзи као веверице. Без француске духовитости, али и без словенске магловитости. – Има руских студената свију година, и студенткиња свих нарави. Има их за целу једну губернију; а овде се виче руским језиком колико и на чувеној пијаци у Нижњем Новгороду. Руси овде имају своје сопствене улице, свој нарочити изглед, и свој посебни морал. Једна група тих младих Руса мисле само како ће овде отети што више сунца пре него што се врате својим женама, а ове руске жене својим мужевима. Већина су случајно и привремено студенти; многи живе по богатим пансионима и играју по богатим хотелима. Под именом студената живе овде често авантуристички и понеки руски кнежеви и жене из петроградског великог друштва. Пред именом женевског студента сва се врата отварају, сви обзири отпадају, сви преступи заборављају. Али друга и велика руска група живи овде од мизерије и од идеала. Сањају о великој револуцији која ће почети у Русији и проширити се затим по целој земљи и по звездама.

Оваква руска студенткиња прође у Женеви кроз све етапе од нихилисткиње до буржоаскиње, и затим од буржоаскиње до кокоте. Долазећи овамо из руске пустиње, свака од њих има типска обележја савремене руске студенткиње, као и по свима европским универзитетима: упола мушко одело и у целини мушке пороке; љубав за Карла Маркса и ужас од туђег капитализма. Мрзе сваки принцип који не иде за превратом, и гнушају се за сваку идеју ако није утопија. Првог маја иду у поворци за црвеном заставом и певају револуционарну

Кармањолу. Живе слободном љубављу, али само са људима истих политичких принципа. Нису само непријатељи отрцаног државног режима, него и отрцаног буржоаског морала. – Али већ друге године, иста студенткиња не иде више за црвеном заставом, а треће године не чита више божанственог Маркса. Сад се већ облаче као жене из салона, и имају отмене љубавнике из друштва. Виђају се већ као туристкиње по леденим алпијским морима, по Шамонију и по Сен-Морису. Одсуствују са универзитетских часова, и не тичу их се торжествене женевске испитне комисије. Један за другим пролазе сада само семестри љубави и авантура. Пропао је занавек њихов негдашњи боемски идеал: живети цео живот на последњем спрату; седети цео живот на последњој галерији у позоришту; возити се доживотно трећом класом у железници; и, најзад, бити сахрањен у последњој парцели на гробљу!...

За шест женевских семестара, нестану тако овде све утопије младе и велике руске душе. Тако нестане и сва аријска љубав за мученишто која је у основи руске крви; и престане жеђ за вечним идеалом која је нерв наше словенске мисли. Не говоре више о подвизима који воде на робију у Сибирију, него како ће се сунчати на песку у Ници и кладити се на тркама у Довилу. Не тичу их се више наши студентски планови како ћемо ослобађати Европу од капитализма, балканске Словене од султана, Русе ослободити од њиховог цара, Босну од Хабзбурга. Не сањају више о будућој словенској цивилизацији која ће препородити људе и животиње. Не шаљу се више на обале Неве бомбе које су својим малим ручицама некад правиле овде, на обалама Арве, под јоргованима и зовама; нити шаљу брошуре које су оне саме штампале по потајним штампаријама, у подземљима женевских предграђа. У Паризу се брзо живи, али у Женеви се брзо остари.

Но оно што није овако залудела Женева својим сунцем и плаветнилом, и кога није навела на пороке и издајство, то је за свагда остало несравњиво велико. Руска агитаторка из времена цара Николе II вреди колико је вредела хришћанска светитељка из доба Нерона или Домицијана. Никад се у историји није видео случај политичке агитаторке као што је руска жена. Треба видети овде те јунакиње, безбројне и безимене, које су сав свој морални и плотски инстинкат за човека, и целу нежност за дете, унеле у једну наивну идеју или перфидну утопију. Рускиња ће научити на женевском Конзерваторијуму да пева и рецитира, и да се овде облачи с укусом дворских дама, и да разумева науку и литературу; али ће најзад отићи да на руској улици убије каквог великог кнеза или гувернера провинције, и пустити се да најзад буде премлаћена у петроградској тврђави, или исушена у сибирским рудницима.

Имао сам неколико добрих другарица међу њима из свих слојева руског друштва, од којих су неке биле плаве и нежне као жене из руске бајке, а друге дивље и свирепе као лисице из њихове степе. И оне су подједнако умирале негде заједничком смрћу на барикади, или стрељане по двориштима њихових тврђава. Никад нећу заборавити једну малу Наташу, лепотицу из неког племићког гнезда поред Москве, са очима зеленим као лишће ловорово, која је Шопена свирала лепше него ико, и играла као старогрчка играчица. Ту малу Наташу ожалили смо, њен вереник и ја, једног женевског јесењег и прљавог јутра, када је изгледало да из неба пада блато, и кад је дошла вест о њеном свршетку. Њу је прегазила коњица за време неких сукоба на варшавским улицама, на којима је бацила бомбу у кола једног царевог рођака. – Нико се одиста лакше не даје фанатизовати него Рус, ни жртвовати као Рускиња. Док је Рус још само мужик, он је само залуђени православац; чим научи писати, он је нихилист; а чим постане писац, он постаје реформатор целог човечанства. Са таквим наступима други европски човек би нам изгледао прост и манијак, али Рус изгледа само безазлени сањалица и материјал за мученика. Његова еванђеоска љубав истовремено се простире на идеје колико и на биљке и птице.

Пољаци у Женеви овог истог доба живе већином за себе, као на неком пољском острву. Иако Пољска страда, они нису револуционари. Сви су произвољни манијаци и намерни невропати, заљубљени у културу и залуђени за титуле и племство. Сваки има у својој породици неколико грбова старе пољске шљахте. Сваки је, путујући за Женеву, најпре свратио у Индију, ловио шакале по Африци, и хватао морске кучке око Камчатке! Сви сматрају себе за словенске Французе и горко жале што су рођаци својих рођака. Русе држе за Татаре, Чехе држе за Немце, Србе држе за пропале Пољаке, Бугаре за пропале људе. Сваки други словенски језик држе за покварени пољски дијалекат. Сваки у својој авантури ставља у позадину какав гломазни принцип и неки виши смисао. – Али су Пољаци младеж културна и ванредно дружељубива; права је радост бити у њиховом друштву. Они су од свог шовинизма направили романтику као Руси од свог револуционарства и свог социјализма. Сви ће пре изгинути за пољску прошлост него за пољску будућност. Погинуће храбро и на двобоју за жену, и то увек пре за туђу него за своју. Ово је једини свет који не општи са Бугарима, и који се плаши Немаца, и који се ужасава Швајцараца. Браћу Русе мрзе свом дубином наше словенске мржње.

Чеха има врло мало. Они држе предавања о Јану Хусу, који је био једини Словен што је за своју веру умро на гломачи; и држе предавања о виолинисти Јану Кубелику, што је данас једини наш словенски музикант који не купи паре у шешир. – Грци обучавају овде друге народе у картању. – Енглези и овде живе гурајући увек по једну лопту: на тенису, на билијару, на хокеју, на голфу, на фудбалу, на куглани. Не може се Енглез замислити без лопте на овом свету: ни овде у Женеви као ни у Лондону, или у Бомбају и Канади, или у Судану или у Трансвалу. Већ од XIII века у Енглеској се народ забавља тиме што човек човеку добацује лопту. – Срба у Женеви нема много. Они у Паризу уче да постану на повратку у своју земљу краљеви министри, али овде у Женеви Срби уче да постану шефови опозиције. Зато се сматрају напреднијим од париских студената. Преко лета овамо свраћају и богати Београђани да се расхладе: нови пензионери, пропали политичари и министри чији је кабинет пао тих дана. Ови последњи увек изгледају тужно и смешно. Кад у Женеви видите једног меланхоличног српског министра, изгледа вам као да видите једног алпинисту у подруму или једног гњурача на тавану.

Мој први стан у Женеви био је у једној безименој уличици на самој обали Арве. То је стара и пропала једнокатница у врту, сва обучена у широке жуте цветове бундеве, са пчелињаком и голубарницима, са мачкама у соби и псима на вратима. Газдарица и њен муж били су већ престарели; ноћу су живели сневајући своју прошлост, а дању су живели препричавајући те своје снове. Једва ако су концем од паучине били још везани за овај живот и за наше столеће. У суседству се негде чула по цео дан труба као да сам у милитаристичкој Бугарској, и хука карусела као да је национални празник у Немачкој. – Дуго сам времена био остао без друштва. Познао сам убрзо једног Руса без руке и једног Србина без главе. Рус је познати тип руског револуционара који носи дуге косе, држи дуге говоре и пише дуге чланке. Србин је навратио овде у Женеву да преко летњих врућина научи и француски језик, на повратку из Минхена у Београд; то је типски немачки доктор права, који уједињује у себи две елементарне силе: немачке методе и природну српску бистрину – од чега после нека вас Бог брани кроз цео живот... Жена му је једна мала Немица, слатка и плава као мед. Они се воле предано и нежно, као што кучкица Лулу воли доброг пса Хектора. Он ужива у њеном чистом и сјајном вешу од немачког порхета, и цени њену сентименталну немачку душу; а њене мисли зна наизуст и понавља их као какву талијанску мелодију. – Рус без руке се старао целог живота да сагради бољу кућу за човечанство, а био је најзад протеран одавде у други швајцарски кантон због неплаћања стана. Србин није веровао у француску културу, и отишао је већма него икад заљубљен у немачку организацију мисли. Отишао је одавде са својом Немицом, једне тамне ноћи пуне ветра, и ми смо за њим дуго жалили нежно. Он је убрзо затим у Србији постао члан владајуће странке, члан парламента, члан војне лиге, члан фрамасонске ложе, члан општинског одбора, члан друштва за заштиту животиња, и поуздани стуб свију режима.

Доцније ме случај нанео у један весели хотел у Шампелу, онамо где се изнад ледене и хучне Арве подижу читави обронци, као фалези. Арва овамо долази са глечера, и котрља овуд своју прљаву пепељасту воду до у весело модрило Роне. Столећима ова Арва разорава својим леденим таласима читаве ове крајеве посађене виноградом; а Рона је за двадесет векова више од двадесет пута мењала своје корито, и својом брзом матицом односила читава насеља и општине. Арва се никад није разбистрила, а Рона се није никад замутила. Ове две реке дају покрета и музике целом овом крају најсавршеније алпијске мирноће и лепоте. Рона протиче испод калвинистичке Женеве, да даље на југу залије обале папског Авињона, обале на којима је некад плакао Петрарка.

Пред вртом тог мог стана дизале су се гранитне силуете малог и великог Салева, и отварала се туда врата француске Савоје. На падинама оба Салева трепери увек нешто светло и љубичасто, као очарана душа. То је алпијска тиморина, која од свега на чему лежи направи илузорни предео и фантастичну обману, а од ових огромних масива начини ваздушасте тврђаве и сунчеве куле.

На ове Салеве пењемо се пешке или на кокетно оседланим магарцима. Ту горе свршава Швајцарска, и већ на врхунцу брега се вије француска застава. Мали замак Монтје, рушен и обнављан кроз векове, служи данас овде за састанке беспосленим и заљубљеним. По околини женевској била су у средњем веку небројена таква утврђења њене властеле. По именима тих племића зову се и данас села Херманс, Жекс или Пене. Већ у VI веку био је ту и манастир Светог Мауриција, који је погинуо за своју веру, храбро као какав војник Тебанске легије; затим манастир Светога Виктора у Шампелу, са моштима светитеља; и најзад манастир Светог Клаудија и Светог Ојенса, који су данас избледели из свачијег памћења, а пред којим су некад проливене толике хришћанске сузе. Али у овом пејзажу и нема одиста ничег католичког. Само се галски мит друидски осећа овде непобедан, и као идентичан овој природи. Богови увек себи нађу пејзаж који им одговара, и сунце на којем су најбоље осветљени.

Брег Салев нема ништа од суровости алпијске. Сви млади парови из целог света пењу се на ове зелене масиве са бескрајним видиком. Али сви они који се овамо испењу, изгледају без отаџбине, без куће, и без догме. То су пробисвети који воде по земљи туђе жене, лажне веренице, случајне сапутнице, значи оне љупке очајнице једне летње сезоне. Горе иду само снажни и млади, а све зло које се горе почини, пада на рачун оних који су остали доле у подножју брега. Овде се у трави не може да нађе заборављена књига или доглед, али се нађе заборављени женски корсет или заборављен мушки шешир. Високи брегови и широке обале поообарају у нама све мале обзире и уске скрупуле, јер се љубави, као и злочини, зачињу по тишинама и по помрчинама. – Поглед са Салева на чивитасту и дугачку Жиру, изгледа опсесија. Простори су овде бесконачни: раштркана савојска и женевска села, безбројни галски путеви што вијугају кроз зелено море њива и вртова; јабланови што претрчавају из једног предела у други; две реке које пресецају цео тај видик, и велико челично огледало језера, и румени облаци које овде хватате руком... Човек се ту сав враћа природи, и има потребу да накида пуно младе горе, и саспе себи у недра, и да по цео дан носи пожудно међу уснама два-три зелена листића.

Једне топле вечери, на својој тераси хотела, под багремима белим и љубичастим, у сламним наслоњачама, остали смо нас неколико. Оба су Салева били претворени у велике ваздушасте масе које су се лелујале међу звездама. У тишини се чула Арва, али тихо, више као хујање шуме него жагор воде. Један дебели француски пуковник и племић, бивши буланжиста, религиозан и сексуалан, опседао је једну девојку Талијанку, која је била у оној лепој и збуњеној двадесетој години када се жена боји човека као разбојника, и кад сваку мушку реч сматра као алузију. Један други Француз је опседао овдашњу једну католичку удовицу, која је живела на земљи као на усијаном поду, и која се од француске духовитости свог нападача бранила постом и молитвама. Наш је хотел сасвим католички: пун је промаја и пун морала; и има у трпезарији распеће, а по собама гравуре из Библије. Чак у авлији има капелицу у којој кажу да се чува прст свете Марије Египатске, која је живела у пусти-

њи, и тамо сахрањена, пошто јој је гроб ископао лав сво-
јом шапом.

Два Енглеза су те вечери седели у крошњи једног
ораха, пушили своје луле и ћутали, онако како су то мо-
жда већ чинили на некој смокви у Бомбају или на неком
сикомору у Бејруту. Један Румун нам је причао да Буку-
решт није мали Париз, него да је Париз велики Буку-
решт. Један бугарски студент медицине, у недостатку
сижеа, прецизира колико има пешке од Петрограда до
Цариграда. – Овакве колоније у Швајцарској се састоје
од студената и пензионера, писаца и пропалих индустри-
јалаца, сумњивих племића и протестантских теолога,
што изгледа шареније него какав оркестар на Леванту.

На другој страни терасе, једна отмена госпођа же-
невска, која је некад примала у госте славног писца *Са-
ламбе*, причаше да је Флобер био за столом окорела ћута-
лица, и да је за време јела глачао нокте. Његов пријатељ
Максим Дикам јој је причао да је Флобер исто тако ћу-
тао јашући на камили у Египту и обилазећи пирамиде у
Гизеху, и пред самом пирамидом Кеопса узвикнуо свом
другу: „Максиме, еурека! Знаш ли како ћу је назвати?
Госпођа Бовари!“ Истина, овај случај нисам нашао у књи-
зи путописа по Египту познатог Флоберовог пријатеља
Максима Дикама, нити је тачно да су они заједно путо-
вали по Египту; али је овај случај могућан психички: јер
писци и пред највећим спољним стварима увек су опсед-
нути једним својим личним моментом.

Ова анегдота дала је повода да се питамо те вечери
какво би ко име дао Женеви да је то име сам морао да
нађе.

– Мој песник би јој дао име Бенарес – чуо се један
млад и топао женски глас. – То је најчуднија и најсвеча-
нија од свију речи. Оно је град вечних молитава, а овде
је град вечне љубави. Онамо бисмо сви клекнули пред
Богом, а овде, и у овакве вечери, сви смо отворили на-

ручја пред потребом да волимо. Онамо се верује да је спасење у смрти; а пред овим лепотама и ноћима се верује да је спасење у љубави. Онамо не видимо човека због Бога, овде не видимо бога због Човека!... Женева, то су наше двадесете године. Лепа реч Женева не може се двапут рећи истим гласом, нити у њеном небеском језеру двапут огледнути исте очи. Јер је Женева само један каприц маште и само један случај срца.

ПИСМО ИЗ ФРАНЦУСКЕ

ПАРИЗ, у пролеће 19**

Нешто се данас наједном променило у мојој улици, старој, бедној, анонимној. Била је до сада тесна као тамнички ходник. По њој су месецима лиле црне кише, и смркавало се већ од подне. Јутра се нису познавала по забељеним прозорима, него по нашем очајању од вечног мрака. Али је данас напрасно наишла однекуд река светлости, и младо сунце упалило по плафону читаве пантомиме змајева и широке огњене шуме. По мокрим црним крововима разлетели се голубови од ватре, и запалио се један крупан облак у висини. А кад је наједном зазвонило са неке цркве, гласови звона прошли су небом као велика сребрна једра, хиљадама једно за другим.

Ни у највећем граду, над чијим улицама висе само уска платна неба, пролеће се не да сакрити. Пролеће није овде на стварима колико у очима људи и у покрету жена. Пролеће је, јер јучерашње среће не изгледају више среће; јер је љубав и неверство у ваздуху и води; јер су жене данас лепше него икада пре у животу; и зато што се пробудимо с једним стихом у памети и једним новим женским именом на уснама; и, најзад, што прођемо данас кроз Латински кварт као стари грчки бог кроз златну кишу.

Млако париско пролеће се осећа у мирису прве прашине и у благости ветра који сад гмиже по земљи. У Сени лепршају сунчане заставе; црни кровови праве своје оргије у усијаном небу. Чује се јутрос како негде, с ону страну свих зидова, пупчају младе шуме, сијају реке пуне жераве, хори се паганска песма, трче кентаури. У срцу пева један велики ђаво и триста малих. По једном убогом стаблу, у каквом прашљивом париском скверу, осећа се данас листање свих шума бразилијанских. По једном гласићу птице, чују се сва јата са екватора. Пролеће још није на земљи, али је оно већ у крви и души; срце иде за сунцем а памет за ветром.

Што разликује Париз од свих других градова на свету, то је што у њему никад нисмо потпуно несрећни, ни када смо најсиромашнији. Сва су врата овде пред нама затворена; сви кухињски огњеви погашени; упрскају нас туђа кола која би требало да буду наша; и други човек води под руку младу жену која би понекад већма волела да виси о нашем рамену. Свако се од нас осећа овде убог и безимен. Али је Париз толико огроман и сјајан да се пред њим све наше личне беде губе као ништарије. У позадини свију тих наших беда стоји величанствени Лувр; иза свих наших безбожја и порока стоји у позадини, и до неба, Богородичина црква; после сваке своје невоље или лудости, прођемо, цезарски, кроз Тријумфалну капију!... Само тај осећај да живимо у Паризу, чини нас човеком срећне звезде. На једном старом малом пастелу неке госпође из XVIII века, који је извесно био дар једном љубавнику, видео сам негде женском руком написане ове слатке речи: „Ми смо се видели, и ми смо се волели, и ништа више на свету није у стању да измени тај факат." Тако смо могли мислити у овом граду и сви ми други – и ви који сте у њему живели, и ми који смо у њему животарили. Јер ништа више, и никаква сила, не може изменити факат да смо Париз видели и у њему живели. Ово је поклич једне од највећих људских срећа.

Париз је највећа раскрсница живота. Човек је до Париза једно, а од Париза је друго. Ко је довде дошао паметан, он је овде постао паметнији, а ко је дошао довде луд, он је одавде отишао неисцељиво манит занавек. Ово је једини народ који уме све да схвати, у све продре, и све објасни. О латинству не говори без хипокризије и без политике, јер Келти и Гали, као што су, они су острво за себе, геније за себе, судбина за себе. – Италијани мрзе Французе јер их се боје као војника, Шпањолци их мрзе јер их се плаше као револуционара, Румуни су заљубљени у њих због њихове фриволности и порока, Срби су заљубљени у њих због њиховог витештва. – Ниједан народ не представља, ево већ четири века, своје столеће тако интегрално као Французи. Немци су уски, затворени у себе, заљубљени у своју грубост као у своју музику. Ако Бизмаркова и Виљемова земља остане и даље онаква каква је данас, то ће бити најсилнија и најстрашнија земља на свету, али никада највиша. Биће ужас и трепет, али никада центар и пример; биће гиљотина која ће израђивати све на секунду, али никад извор великих хуманих идеја и осећања људске заједнице. У осамнаестом веку, веку америчког устава и француске шарте о правима човека, немачка је филисофија била у половину теолошка; и кад париски санкилоти обарају феудализам и стварају ново човечанство, по Немачкој још за један век корача у парадним маршевима касарнски народ Фридриха II.

Египћани, Персијанци и Јевреји нису зато имали господарство над светом што су себе сматрали изабраним, а све друге нечистим. Французи су у три маха говорили о свом завојевању светом и о једној универзалној монархији под њиховом влашћу; али не зато што су се сматрали славнијим од других, него хуманијим. То је било у доба Шарла V, Анрија IV и Наполеона. Французи су, после Римљана, били први који су говорили о чове-

чанској заједници; они су први правили законе либерали-
зма за цео свет, и дизали револуције у својој кући од ко-
јих су се и све друге земље ослобађале тираније и мрака.
Реч човечанство, у ново доба, чула се само из Францу-
ске. Наполеон је хтео зато не Француску у Европи, не-
го Европу у Француској. А ово је хтео не само као велики
генерал, него као велики организатор духа. Наполеон
би постао само један велики освајач да није у освојене
земље истовремено доносио и идеје Француске револу-
ције; а у својој земљи он би остао само узурпатор и ти-
ранин да није истовремено био и главни иницијатор за
организацију модерног законодавства. Тај цар који је
погазио свачија права, израдио је, међутим, законик за
сваког. Сви су француски путеви били римски. Францу-
зи нису никад престали да представљају велико латин-
ство: силу и закон.

Енглеска је у деветнаестом столећу једина имала
светско царство и светску политику, а није ипак знала
за идеју о човечанству, и клонила се заједнице с другим
просвећеним народима говорећи само о својој сјајној
усамљености. Американци тек сад увиђају да постоји и
друго људство него они, и него њихови црнци и њихови
црвенокошци... Нема у деветнаестом веку ниједне ствар-
но либералне идеје која је дошла из Немачке, али нема
опет ниједне која или није дошла из Француске или у
њој добила дефинитивну форму. Ова се земља већ од
дуго времена налази на свима раскршћима историје као
путоказ. Декарт обара сколастику, а Огист Конт мета-
физику. Лавоазје је ослободио свет од алхимије и ство-
рио модерну хемију; Ламарк је претходио највећим за-
конима физике, а Пастер је први створио биологију. Било
је и неколико француских владара који су имали поли-
тичку хегемонију над целим светом; а имена Ига и Бал-
зака била су највећа имена у једном од највећих векова.

Само у Паризу имамо осећање да живимо у културном центру свега човечанства. За један дан се каже по улицама од Луксембурга до Монмартра више духа него у немачкој академији наука или енглеском парламенту за годину. Треба слати младеж у Немачку да научи свирати, а у Француску да научи мислити. Немачка има неколико генија које немају Французи; али Француска је родила безброј великана који скоро домашају немачке геније. Немачка је музика постала прва музика у свету, док су још онамо свирали само професори музике, и док сâм немачки народ није још умео ни да звижди, ни да пусти гласа. Француски геније, напротив, увек је био раширен на целу француску масу, која је зато једна од најумнијих што су икада живеле на земљи.

Нико колико Француска није имао толико велике краљеве, војсковође и државнике. Има народа који су од Француза били бољи сликари и архитекти, као Талијани; и бољи музичари и философи, као Немци; и већи морепловци, као Холанђани и Португалци; и већи трговци и колонисте, као Енглези. Али су зато Французи ипак у историји највећи иницијатори и реформатори, и највећи организатори људског духа. Немачки возови и енглески бродови доћи ће на своје место у праву секунду, али ће оба народа увек помало задоцнети да идејно дођу на мету у прави час. До почетка деветнаестог века у Енглеској је још живео свет од црног сујеверја и врачања, што показују и данас ствари изложене у музеју у Оксфорду. Живео је у доба Јелисавете велики песник Шекспир, али толико изван свога века и свога народа да о њему није сачувана ниједна лична успомена, тако да се сад сумња у њега да је уопште постојао, колико се сумња и у Хомера. У Француској је, међутим, један велики човек био увек права мера свог великог времена, и једно без другога било би овде неразумљиво.

Савремени човек који не зна француски, то је као антички човек који није знао грчки. Апостол Павле је знао грчки, али рђаво; да су други апостоли и евангелисти знали грчки, примитивна хришћанска вера би можда већ била одмах постала најсавршенијом организацијом духовног живота за сва времена. Ако се негде и доцније буде родила каква нова велика идеја за реорганизацију света, она ће постати тријумфална тек када у Паризу добије своју кристализацију, и кад Французи, по свом обичају, од свих принципа направе путеве срца.

Нема одиста ниједног патриотизма који је лепши од француског. Има националних поноса који остају као највећа лепота једне расе. – Кад је цео свет био у помрчини средњега века, француски геније је створио готику, а енглески геније Велику шарту; али док се још у Енглеској дубоко веровало у магију, у Француској је донесена нова конституција света. Никад Француска није била без неког свог великог човека који изгледа истовремено и шеф опште људске породице, старатељ и бранитељ, херој света. Има неколико великих народа у којима појава једнога генија изгледа као неко чудо природе; у Француској нам то изгледа као логична појава и неизбежни продукт средине. – Патриотизам француски није израз расног егоизма и ксенофобије, као код неких других народа, него историјски понос и смисао о традицији. Оно што чини Француза обесним у његовој националној охолости, то је што никад, од кад је постао, није био ничији роб. Француска је, осим Данске, једина на копну Европе којом нико није владао осим њен сопствени народ; и кад су други пропадали, она се ширила. Од времена Шарла Великога она је слободна на сунцу. Сви су ишли да је покоравају, али је нико није покорио; а она је покоравала половину света. Десет векова њеног постојања, то је десет векова непрестане слободе и сталног државног развитка. Шпањолци су били робови Арапа, Руси робови Монгола, Срби и Грци робови Турака, Талијанци робови свачији; али Француска, и кад је била побеђивана, није била покоравана, ни губила своју државну егзистенцију. И од кад постоји француски престо, он је својина само француских владара. Зато најслободнији човек на свету, то је Француз; а зато је он и најсамосталнији духовно од свих људи на континенту.

Французи су први који су остварили своје национално уједињење, још за време Луја XI; они су били и први који су имали један типични национални рат, са битком на Валми; а то је после осталих столећа у којима су ратови били само верски и династички. Тек после победе санкилота у бици на Валми, говори се о нацији као моралној и етничкој заједници; дотле је реч нација била недовољно јасна, магловита, конфузна. – Француска се увек развијала само из својих сопствених традиција, у току неколико векова. Данас се све земље на континенту европеизирају, значи денационализирају, у ствари само францизирају; и култура неколиких народа у Европи цени се према томе колико се та култура приближила француској.

У Мадриду је архитектура немачка, тоалете париске, кухиња левантинска, хотели енглески, леност арапска, морал грчки. Нестала је стара соппербија шпанска; чак Дон Хуан сад онамо долази из Аргентине, а Дон Кихот је одјашио у Италију. Међутим француски дух је био и остао стално конзервативан, и развијао се само из своје сопствене моћи. У Француској су имали својих следбеника и Бокачо, и Калдерон, и немачки романтичари, и Шекспир, и Бајрон; али је геније француски, као и геније старогрчки, туђим узорима увек давао печат своје невероватне снаге. Зато је Француз оличење човека везаног за своје тло; то је најогорченији патриота који не зна шта је то отаџбина, него шта је то Француска, dulce France Шарла Великог.

Развитак Француске је нешто што нема примера у историји: има једна Француска из доба Луја XIV, а друкчија из доба Директоријума, друкчија за време Царства, друкчија из времена Рестаурације, друкчија из 1848, и данас друкчија него икад... Сви елементи њеног духовног живота варирали су у логичној вези један с другим: литература, философија, сликарство, стилови. Француска никад није била дуго времена иста, и ниједан грађанин света није имао одувек тако просвећену љубав за своје тло и свог расног генија. Вероватно, међутим, да ниједно доба француске историје не представља тако коначан обрт у духу и наравима колико пад монархије Наполеона III, који је био коначна пропаст старог друштва и старе традиције. Ни велика Револуција није такав јаз колико постанак затим буржоаске републике и стварање буржоаског друштва.

Ако има земље у којој су за неколико столећа управљали мудраци, то је ова. И сам Наполеон је помагао и своје и стране научнике с истом љубављу; интересирао се за све седнице Академије и Института, чији је био члан; при пожару Москве диктирао је наредбе које су се односиле на француски театар. Ниједно доба у Француској није уопште било велико ако пре свега није било одиста просвећено. Један невероватан урођени смисао за реалност и могућност; једна особена моћ опсервације, то је оно што чини Француза у сваком кругу човеком који све види и разуме. Та урођена моћ опсервације, та стална потреба за разумевање стварности, инстинктивна одвратност за све што је мистично и магловито, чини Француза најнепосреднијим, најискренијим, рационалним, дубоко истинитим. Прави опсерватор увек тражи научну истину у сваком моменту; а човек који до те мере гледа у истину ствари и факата, не може бити него истинит и према људима. Зато је Француз најмање лажов од свих људи. Он је битно научни дух. А нема научника који је био лажов; урођена лаж, то је или духовна поремећеност или физичка немоћ. Ако је Талијан лажан, то је зато што је слаб; а ако је Француз истинит, то је зато што је јак.

Француз је жовијалан више него што је радостан; и више декоративан него свечан. Увек нојево перо за клобуком и чипке око руке. Код човека и данас стална љубав за барок; а код жене, укус за прецизност. Њихова париска љупкост долази више из сласти за живот него из идеје о животу. Више је Француз декоратор него сликар. Мрзиће Бетовена, и кад мисли да га воли; и биће му одвратан Достојевски, и кад верује да га разуме.

Осећање човечности у Француза долази од радости и храбрости; код Талијана тог осећања нема због страха и себичности. Има између Француза и Талијана неизгладиво неповерење и нетрпељивост, веће него између Шпањолца и Португалца, или Енглеза или Немца. Чак и веће него између два јужна Словена из два разна племена! Први Француз кога запитате о Талијану рећи ће вам ово:

– Талијан је рђав и као пријатељ и као непријатељ. Као пријатељ је завидљив и неверан, а као непријатељ је подмукао и осветљив. Увек је на граници пријатељства и непријатељства. Увек је готов да се кавца и да се мири: да се кавца без битке и да се мири без љубави. Грк хоће да превари, али само кад је његов интерес у питању; а Талијан ће вас преварити и из платонских разлога, из љубави за интригу и отров. Талијан ужива у интриги и злоћи као у својој благој клими и свом љупком језику; не свагда ни злонамерно, него што је стварно паланчанин, и што је уопште интрига страст јужњака и артиста. У подвали је јачи од Грка, јер је Грк интригант са агоре, а Талијан са трибуне и амвона. Интрига у Италији има своју сјајну прошлост, своја дела, своје хероје и своје мученике. Цезар Борџија је успео да превари и самог Макијавелија као флорентинског амбасадора, као што су и папе више пута преварили императоре. – Талијан је робовао сваком од околних народа, и зато мрзи свакога. У Италији се тукао народ са влашћу, провинција са провинцијом, град са градом, улица са улицом; и зато се онамо ни два човека не воле међу собом. Талијани не воле ни да виде туђе земље. Талијан путује само ако је шпијун. Тај се народ делио на разне господаре, разне дијалекте, разне судбине, и разне идеје; и ма колико Италија била славна земља, њен свет је више агломерација него народ. Био је увек роб, и Италија је вековима била слушкиња; и онда кад је била победилац као кад је била побеђивана... „Per servire sempre, o vincitrice o vinta", каже један њен песник. – Ово је мали народ у великој земљи, јер их не води ниједна велика идеја. Они су занавек затворени у свој егоизам циције, и њихове расне мржње постале су за њих скоро свештеним предањима. Мрзе Французе; Енглезе не познају; Словена се боје; Немце презиру; слабим Грцима чак и завиде. То је мали морски трговац који спава на једно око. Из страха да не буде убијен, у стању је да убије. Интригу уноси у политику с људима и у љубав према женама. У његовој дипломатији има духа ватиканског, венецијанског, и аустријског, а најмање пијемонтског. Највећма су се Талијани уплашили откад су се ослободили...

Ви ћете зачуђено додати:

– Међутим, Талијан је најдаровитији народ на свету. То је несумњиво највећи артист за последњих хиљаду година. Зар је било могуће створити уметност, и то највећу, без највећих квалитета срца? Затим, Талијани су одиста били творци на највећим делима људске историје. Талијански краљеви сицилијански и напуљски створили су модерно друштво, а његови тирани су створили модерну културу. Његови разбојници и кондотијери су створили модерну сталну војску. Његови зеленаши створили су прве модерне банке. Његови комедијаши су створили прву оперу и модерне музичке инструменте... Да нема генијалних Немаца, свет би изгледао ипак исти, само с нешто мање метафизике и с мање клавира по собама; а да нема Талијана, свет би из основа био друкчији.

Али ће вас Француз пресећи:

– Највећа грешка Талијана, то је што не зна шта је слобода. Једини је ово народ, осим турског, који је обожавао тиране и тиранију, која је и у његовој крви. У античко доба на његовом тлу живели су, један за другим, највећи тирани и крволоци: Цезар, Тиберије, Кај, Клаудије, Нерон, Калигула, Домицијан... Сви у истом столећу!... А од средњег века до новог доба, он је и самом религијом упућен на обожавање тираније: папа у Риму, то је био символ духовног апсолутизма засађен у средину католичког свемира; и та велика снага у вековима кад се човек потчињавао цркви као држави, дала је најзад Италији невеселу идеју о слободи. А у нас Француза је тај случај био увек слабији, и врло разводњен свагдашњим француским национализмом. Француска је могла знати за све режиме, али не за теократију. Папа је у Авињону био наш сужањ, али не наш господар... У Шпанији се не зна докле иде католичанство, а одакле затим почиње инквизиција; у Италији се не зна докле иде религија, а одакле почиње верска политика; а само у Француској постоји право и просвећено католичанство. – Талијан је једини народ који стварно никад неће бити слободан. И они који су га у историји ослобађали, увек су га затим заробили: његове папе, француски и шпански краљеви, немачки императори, домаћи тирани...

Дух господарења је у Француза силнији и израженији него у ових непосредних потомака римских господара света, у Талијана. Још дуго, и можда до краја, само ће Француска представљати војнички геније латинске расе. Последњи прави тип римског освајача, био је Наполеон. Извесно, неће више ниједан европски владар имати фантазију да оде и обиђе путеве Александра, Помпеја и Цезара, нити ће бити војске да иде пешке од Мадрида до Петрограда, или од Париза да одлази до под египатске пирамиде и у Сирију. – Целу величанственост Августовог друштва достигло је још једном у историји само друштво Луја XIV, као што је сјај Помпејевих тријумфа познавала још само Наполеонова војска. Изванредне владаре као што су били Трајан, Антоније Побожни, Септим Север и Марко Аурелије, имао је опет само француски народ у својим благим и разумним краљевима, као што су краљеви Свети Луј, Шарл V, Луј XII и Анри IV. У два-три маха Француска је силом оружја, као и Рим, имала хегемонију над светом.

Данас је Француска за остало људство банкар и апостол. Као банкар, Француска је направила железнице афричке, руске и балканске; а као апостол, изградила је модерне уставе половини слободног човечанства. – Међутим Француз, тај велики освајач, ни он не уме да путује, ни да се настани у туђој земљи. За сваку другу земљу мисли да је чудна и њен народ да је смешан. Зарадиће крваво новац на Леванту или у Русији, увек с намером да се врати у Француску, да купи тамо кућу с вртом пуним салате и шаргарепе, и добије француски орден, и умре поред француске жене.

Умреће и као добровољац на тврђави у Атини, или бранећи какав маронитски манастир у Либану, или бијући се на барикади у Мексику, али увек говорећи да то чини само за част и величину Француске. Као језуита своју мадону, или као Турчин своју жену, Французи ките своју Француску епитетима и рефлексијама које блеште и засењују цео свет. Увек мисле да су спасли сав свемир: револуцијом, демократијом, ратовима, уставима; и они су то одиста и учинили, али су били и први да то рекну. – Французи знају шта је Право, Енглези шта је Праведност, Американци шта је Хуманост, а само Словени знају шта је Доброта. Зато су Словени ипак највећи степен људског срца и људске савести. Сви други могу бити искрени, али су само Словени интимни. – Французи су затворени у себе и своје традиције. То су ипак најсавршеније буржое: они ће сто пута променити режим у својој земљи пре неголи једну своју личну навику, или режим у својој породици. Они и данас не могу да се опросте од своје галске велике косе и бркова, хришћанске браде, уштиркаких золува, по чему изгледају анахронизми у своме времену. Свакако, то је најмање тип космополите од свих других људи на свету. Кад говоре и пишу о другим народима, они су неспособни да их осете друкче него кроз себе. Расин је у својим трагедијама сликао и античке хероје као галантне Французе из Версаја, лудо заљубљене и париски красноречиве. Оно што су о Шпанији раширили у свету Иго, Готије, Мериме и други, то је Шпанија каква није никад постојала; то је Шпанија њиховог Лувра, њихових мускетера и галантерије, нешто што мрачни војници Карлоса V и Филипа II нису ни видели ни познавали у својој спорој и мистичној средини. – Французи су најудаљенији народ и од Талијана, и од Руса, и од Енглеза. За њих је цео свет једна друга Француска, али сасвим друкчија, и много искварена, или потпуно недовршена, и увек помало смешна...

*

Наше младо српско друштво у Паризу састаје се у једној кавани на углу Булевара светог Михаила.

На челу дугог мраморног стола заседа стари и несвршени студент, један од оних типичних левенти од којих свака наша студентска колонија на страни има по једног. Дошао је некад овамо сув и танак, а сад је угојен; и са очима ведрим и бодрим, а сад носи тешке наочаре;

и имао је чело мисаоно и забринуто, а сад је добио ми- локрвни израз паразита. Поставши од правника меди- цинар, и од медицинара архитекта, нанизао је мирно тридесет семестара, без иједног испита. Узданица једне српске паланке на турској граници, сад се више не може у њу вратити, осим као политичар и бранилац режима, букач против сваке опозиције, члан владајуће странке. Али је он ипак овде наш Енеј, први који је донео овамо наш паладијум, први који је сишао на обалу. Париски пешак, којег познају сви кочијаши што нису хтели да га возе кући у пола цене, и којег поздрављају сви жандари у Кварту као давнашњег вођу све нових група младости што долазе овамо са мистичног истока. Од његовог до- ласка, Француска је више него једном можда мењала униформу своје војске и систем своје порезе. Сваких пет година почињао је живот изнова, идилу блаженог првог семестра: живео с газдарицом, и шетао недељом њу и њену ћерку по зоолошком врту, од кавеза до каве- за, да јој покаже медведа. – Није ни уман ни без ума: жи- ви од неколико туђих и општих идеја које већ тумарају као улички пси којима се више не зна господар, и од ту- ђих принципа који већ сами прелазе са човека на чове- ка као зев.

Некад је јурио за туђим женама, а сад гегуца за ту- ђим мислима. Не познаје Француску у којој је провео живот више него што познаје Гватемалу коју није ви- део. Од Париза познаје само улицу и кухињу. Патриота је, јер већма цени београдску Теразијску чесму у њеној уљудној скромности него римску пијацу Навоне у ње- ном распусном бароку.

Сви Балканци који дођу у Париз личе један на дру- гог. Грк одмах пита колико драхми кошта Ајфелов то- рањ; Бугарин, колико има фијакера у Паризу; Румун, колико кошта примадона из Опере; Србин пита који је најбољи ресторан. – Наш Енеј зна по имену све улице овог Вавилона, и све мелодије републиканске гарде звижди наизуст. Али већ у четрдесетој, овај левента је одвојен од свих других људи чије је принципе позајмио и идеје покрао. Кроз магловита стакла кафанска, кроз која сваки од нас гледа да прозре у будућност, Енеј мотри стрпљиво деценијама на свој неизвесни пут од Булевара светог Михаила до турске границе, знајући да онамо неће направити нов мост, али уверен, као и сваки Србин, да ће створити нову политичку странку.

Србин, кад се најзад врати из Париза у Београд, дуго времена даје себи изглед изгнаника. Кад у Паризу пада киша, он у Београду заврне панталоне. Вратио се са краватом дендија из 1830, у реденготи Барбеја д'Оревиља; а у ципели, купљеној у Улици мира, загази овде у мирно римско блато наше Балканске или Ратарске улице. Бежи од старих другова да га не позову на бурек и кисело млеко. Седа сâм у димљивој теразијској кавани, где пензионерци читају трећу страну новина да виде ко је умро. И свако јутро он вади из џепа свој париски журнал из којег брује концерти и премијере; разлећу се балерине и хуче кловнови; извиру, као сребрни млазеви, дубоке изреке са седница академије, или блиставе реплике из парламента... И у невеселој његовој души испреплићу се догађаји кабарета са догађајима политике; и бркају се вести о аристократским ручковима, и монденске соареје са изврнутим фијакером или погаженим псетом на улици. И тако се утапају једно у друго луксуз великог света са његовим сада празним и горким сатима човека који пред вратима наших министарстава чека државну службу. Док за неколико месеци не заврши над његовом главом жалостива борба Београда са Паризом.

Уто се већ његова париска реденгота олињала и добила боју терена; кравата се отрцала и искривила; мелодије са булевара увенуле у памети. Почиње да ужива у домаћим јелима, и блажено секундира певушећи за ци-

ганским музикантима. Најзад га сретнете у каквој Му-
таповој улици где се жури на ручак, носећи под мишком
лубеницу. Ожењен је каквом удовицом из унутрашњо-
сти, која је до јесенас носила на гроб свом покојнику пи-
лав и печене бундеве. Шета по Малом калимегдану сво-
ју ташту у народној ношњи, ону нашу типску крупну и
љутиту жену, с тепелуком на глави и брадавицама по
образу. Све сујете овог света закопавају се тако једна за
другом. И он најзад завршава животом какве паланачке
величине, чекајући од једних до других изборā своју ко-
тву спасења. А Париз наших и његових младих година
одавна је покрила чемерна магла заборава, она иста че-
мерна магла која је покрила и Тебу и Палмиру. – Само
нашем Енеју судбина није донела разочарење. Он је за-
увек затворио своје крупне очи у једној благој грозници,
баш у саму ноћ између деветнаестог и двадесетог века,
када је цео Париз био осветљен у очекивању нове ере.
Наше су га очи оплакале и наша срца опевала. Земља-
ци су му посадили на гробу наше смерно национално
цвеће: невен и босиљак.

*

Али, ако је Цезар Борџија преварио лукавог Маки-
јавелија, француски кардинал де Берни преварио је Ка-
занову када му је отео љубавницу. А ово је још веће.
Француз је највећи љубавник модерног века. За Пе-
трарку се рекло да је први ослободио љубав од теологи-
је, јер је до његовог времена циљ љубави био у аскетич-
кој мортификацији; а после Петрарке, љубав је постала
интимна историја човековог срца. И за Француза би се
могло рећи да је створио једну идеју о љубави каква пре
није постојала, јер је ослободио љубав од прецептизма,
и вратио јој, између осталог, њен ведри пагански карак-
тер. Данашња љубав у Европи, то је одиста једно фран-
цуско осећање и један француски речник. У Француској

се љубав дигла, ако не до вере, а оно до науке. Три века у Француској се говори само о љубави, као што се у Шпанији говорило само о Богу. И више него за три последња столећа! Чак и у дубоком средњем веку су трубадури из Француске разнели по земљи култ љубави за жену, и даље од француских граница. Свети Бернардо је говорио о љубави трострукој: божанској, људској и телесној. Трубадури су га слушали пре него што су и сами постали апостолима љубави, какви су затим остали целог века. Нико ни више ни лепше није говорио о љубави него Французи. Јехова је рођен у Јудеји, Бетовен у Немачкој, али је Венус рођена у Француској! – Француз учи због жене, облачи се због жене, мудрује због жене, живи због жене. Она је у центру свих његових размишљања и намера. Монтескје каже да су Французи пет пута били истеривани из Италије, не због своје тираније колико због свог дрског понашања према женама.

Стварно, француска жена је постала пре Француза. Она је једина грубог ратника из доба Шарла VIII и Франсоа I направила човеком из друштва, научила га како ће седети, јести и говорити; и да не пљује и да не псује. То је било већ од првих салона XVI века, који су били дело француске жене и пре него дело француског краља. За време Ришељеа и Мазарена нису постојали салони, него поједине групе независне од целокупног друштва. У почетку XVII века нема више посебних котерија, него ту већ настаје доба друштва и салона. Прециозе из хотела де Рамбује уносе у друштво оно што бар свет хришћански још није дотле видео: грацију, стил, тон, друштвени менталитет, који су затим прешли у Версај. Али после Версаја, нарочито после Регенства, женски салон постаје ученим друштвом и политичким клубом, после друштвеног менталитета, изграђује се јавно мишљење! Од салона маркизе де Рамбује, преко салона госпође де Ламбер и госпође де Тенсен, иде линија право до салона умне госпође де Стал и дивне госпође Рекамје. То нису више салони где се љупке жене само диве великим писцима, него академије где француске госпође дискутују са Монтескјеом о држави и са Даламбером о философији.

Никад у историји свет није видео жену сличну овој француској жени. Антички салон у Атини није постојао; хетере су очевидно биле више жене од књижевности и науке него од галантерије, више учене него духовите. Јувенал описује римску жену свог времена као крајње недуховну и простачки развратну. Средњовековна талијанска жена је позната била по неколико величанствених типова великих дона, лепих или учених, грациозних или врло храбрих, али не и духовитих. Велики талијански сликари, као Тицијан и Бронцино, оставили су нам сав блесак физичке лепоте и раскошне отмености ових лепотица. Било је и неколико жена славних професорки средњовековних универзитета и научница теологије, права и физике. А, међутим, неколико љубавница појединих француских краљева, биле су жене ненадмашне у сјају и савршенству свог спола. Љубавница, међутим, то је најпре и можда једино Францускиња, као што је Енглескиња филантроп, Немица пијанисткиња, а Талијанка модел. У доба Луја XIV француска жена је била на врхунцу човековог обожавања каквог свет није памтио. Цео мужевни век Луја XIV и за цело доба Регента дуке од Орлеана, и за сав живот Луја XV, било је француско друштво љубавничко колико је Тимур-Тамерланово било војничко. У то доба је израђен речник љубави за какав се није знало, и видела жена чију отменост и лепоту човек пре нигде није могао наћи. Два народа, Швајцарци и Бугари, не могу бити велики, јер им жене нису лепе. Они су промашили своје жене, а то је катастрофа национална.

Да је Краљ Сунце био мање љубавник, ко зна како би простачки изгледало друштво његовог века. Али и да је Францускиња била мање љубавница, ко зна да ли би пропао стари режим француски. Галантерија је била главна црта француског духа тога доба; и за љубав и славу жене, тај век је правио политику, индустрију, музику и философију. Ниједан двор из античког и паганског света није имао раскош и радост Версаја: његове балете и пасторале, комедије и ноћне представе, вртове са острвима љубави, острвца са шумарцима за састанке, са клупама за одмор, са балконима за завођење, са алејама куда су јашиле Дијане и Аполони, и басенима где су се купали Венуси и Амфитриони. Луј XIV је правио свој сјајни двор краљевски за жену као Соломон његов храм за Јехову. Кад је требао новца, наредио је Луј XIV да га сматрају јединим поседником свих добара француске земље, и то му је признала Сорбона; а кад му је требало да постане Краљ Сунце, прогласио се сликом божјом на овом свету, што му је декретом признала и црква, после Босијеовог дела о политици у вези са Библијом. Истина, Нормандија и Оверња су скапавале од глади док је краљ зидао богате дворове за љубавне парове у Паризу и Марли. Платили су и његови потомци на гијотини све обести великог љубавника и аутократе. Али француска жена није изгубила ни даље своје господарство над овим народом који је најлепше романе написао говорећи о прељуби, и у којима љубавник изгледа у Паризу оно што је кардинал у Италији. Због свог љубавника је Францускиња постала најлепшом женом на свету, а Француз је опет због Францускиње постао најдуховитији од свих људи. И то сасвим природно, као што је због мужјака мала патка научила да корача, или као што је због кокошке добио петао свој глас и своје мамузе.

У Француској човек који нема духа, то је што у Грчкој човек који нема пара; значи последњи човек и битанга којег треба избацити напоље. У Паризу не могу да слушају ма какву конверзацију као што не могу да читају макар какву књигу, или слушају макар какву музику, или једу ма какво јело. Конверзација, то је једна велика лепота француског генија. Духовитост француска, то је једна њихова црта расна која се никад и нигде пре није видела, нешто што можда чини најинтересантнији случај њихове психе. Нигде се још није видела таква раскош у начину израза. Такву духовитост није знало ни друштво Аристофаново ни друштво Јувеналово. Француски *causeur*, то је за француско друштво оно што је за енглеско друштво славан теолог.

За време француске ренесансе, доста задоцнеле, таква духовитост није се видела ни у друштву ни у књижевности. Било је можда бриљантне конверзације и пре тог доба, и то у Провани, где су били трубадури и где се говорило о љубави. У Паризу свакако тог није било него много доцније. Маргерита од Наваре, учена сестра краљева, волела је још „књижевност и Христа“, али у њеној прози нема духовитости као што извесно у њеним разговорима није било духа. На том двору француском, било је још пуно грубости и педантизма. Једва кроз неке приче ове интересантне жене шеснаестог века провиди се – као кроз тамнички прозор једно модро парче неба – мало галантерије коју ће донети већ будуће столеће. Иначе, она ми наличи на једног женског Бокача који прича масне приче под изговором да даје моралне поуке. – Духовитост француска јавља се заправо тек у салону седамнаестог и осамнаестог века. Јер у доба Монтења, као кроз цео шеснаести век, сујета француска била је да се буде мисаон а не духовит. Стари Монтењ пише: „Има будала које се врате с пола пута да чују духовиту реч... Међутим, реч треба да служи нама и

да она трчи за нама. Ја волим само разговор прост и на-
иван, било на хартији, било на устима... Разговор који
није ни педантан, ни поповски, ни парничарски, него
солдатски...“

Али већ два века доцније свет француски ствара
друштво великог стила, и свет тражи само да разговара
због разговора као што се људи коцкају због коцке.

Разговарати, то је живети – пише једна велика го-
спођа тог доба. Тако је и данас. И то само у тој земљи.
Човек у Француској више мисли како ће говорити него
како ће писати или него како ће живети. После осамна-
естог века жени у Француској остаје идеалом само же-
на из Версаја. У Италији је, стварно, и створен много
пре него у Паризу модерни салон као што је онамо ство-
рена и прва банка. Тај салон је постојао и за време вели-
ких папа и малих република ренесансе. Било је и раско-
ши и финих начина, и високе отмености, и дубоке
учености, када свега тога није било у француском дру-
штву угушеном феудализмом и верским борбама. Али
на раскошном двору Александра VI или Јулија II, или
Леона X, где су игране и комедије Теренција и Плаута,
није никад било конверзације ни духовитости каква се
доцније видела у дворима париским. Није тог било ни у
друштву Лоренца Медичи у Фиренци, где је дискутован
Платон; ни на двору Лодовика Моро у Милану, на којем
су живели Леонардо и Браманте; ни на двору дуке од
Фераре, где је живео Тасо и председавао љубавним пра-
зницима сличним оним у Провานси. Млада Беатриче
Сфорца је показала свету своје небројне одеће и своје
фантастичне наките, али није имала ни мрве духа; а то
чак ником није ни падало у очи. Изабела д'Есте је има-
ла политичког и дипломатског смисла, и писала врло
лепа писма, али није знала за бриљантну козерију нити
имала појма о духовитости. У Ферари су се одликовале
на предавањима философским дукине сестре Лукреција

и лепа Елеонора коју је волео Тасо, али нико не зна да ли је њихов дух ишао даље од ерудиције. Шпанско господарење Италијом за време Карлоса V и Филипа II морало је онамо унети само још више педантерије и концептизма.

Та духовитост без које Француз не уме ни да мисли, ни да говори, ни да пише, ни да корача, чини да он изгледа странцима површан и неозбиљан, лепршав и каћипер. И одиста, духовитост је таленат лакомислених; дубок човек није духовит. Човек духовит баца искре, али не распаљује огњеве. Брз одговор, удар на удар, није вештина дубоких људи. Код духовитих је, напротив, све у брзини а не у дубини, у досетци а не у истини. Грађанин Рима нема духовитости, јер је озбиљан, важан, и има одвећ здравог разума. Такав је он био у моје време, а такав је био и у доба Стендалово, као и у свако друго време. Велики сењер у Италији је достојанствен, и охол, и сматрао би да са духовитошћу прелази у лакрдијаштво.

Истина је и да духовитост иде увек на рачун хумане доброте и високе отмености. Јер се духовитост не да замислити без ироније, а иронија обара цену свима стварима којих се дотакне: и људима и идејама. Она не може бити без горчине и без мало мизантропије. Затим духовитост одваја људе од непосредности и интимности, и даје целом разговору нешто афектирано и срачунато на напор и утакмицу. Чак и као писац, Француз поступа са својим читаоцем као у салону са својим слушаоцем: не даје другом да дође до речи, ни да се одмори од његовог блеска. Увек запет лук и увек наоштрена стрела. Словенин, напротив, говори просто, као друг другу и као брат брату, и пише своје речи као да ће их с топлим дахом рећи неком рођаку на ухо; и зато сваки наш словенски напис изгледа интимна исповест.

Волтер је био познат као истовремено духовит и злочест; Русо је имао најмање духовитости на свету, али је био најинтимнији од свих Француза. Русо је пре свега био песник. Сви Јевреји који су писали имали су духа и ироније, јер не знају за екстазу ни доброту. Хајне и Берне су чисти представници јеврејске књижевности и духа. Оба су саркастични, али без високе ироније Јуveналове, који је увек имао очи упрте у идеал, и који је био скоро хришћански моралист. Хајне је био демократ, јер је демократ онај који не сме да се усами; а није био аристократ јер је аристократија борба мањине против већине. Тако, поред све жучности, он је био плашљив Јеврејин који не уме да се бије, него да се подсмехне и побегне. У сваком свом усхићењу и важном ставу, он се брзо уплашио самог себе. У најлепшим својим строфама је пожурио да своју екстазу укаља и мисао нагрди сарказмом. Спиноза је најмање Јеврејин јер је пантеист, аскет и стоик. Менделсон је епикурски и грчки чист и ведар, и већ самим тим није Јеврејин, нарочито упоређен с Мајербером. Хајне је, дакле, и сад најчистији расни писац, и његова је духовитост потпуно јеврејска. Његова иронија је ропска и езопска; његов хумор је сарказам ишамараног и изгураног; његов смех је само подсмех. Јер никад Јеврејин није заборављао да је прогнаник једне више расе, и да су га најчешће прогонили гори од њега. Он добро памти да је хришћанима дао ништа мање него њиховог Христа, а целом свету Мојсијеве заповести, које су и у основи целог данашњег морала. Своју веру је сматрао Науком о Чистоти, и није престајао да се сматра у моралном погледу за човечанство од истих заслуга од којих је Грк у погледу идејном. Зато је презирао оне које није могао да побије. И имао је право.

За праву духовитост треба много урођене доброте, а то значи среће и веселости у животу. То имају само Французи, као што су некад имали само Грци. Француска је радост френетична и скоро детињаста. Већ Јулијан, последњи пагански император, пише: „Волим Парижане јер имају као и ја карактер замишљен и меланхоличан." Колико је данас овај Париз далеко од тог доба кад је у њему живео овај император, најлепша фигура умирућег паганина. Данас би свет уопште заборавио да се смеје да нема веселих Француза. И цела се француска историја смеје на сав глас. Пола француске је мудрости у љупкој иронији и љубазном смеху. Хиполит Тен је сматрао да су Лафонтенове басне француска *Илијада*. За Француза не постоји страшно него само озбиљно и смешно. – За време револуције, кад су падале на гијотини у исту корпу, и у исто време, главе великих сењера и главе глумаца из предграђа, и дворских дама и уличних жена, весели Париз није престајао са забавама и авантурама, са идилама и пасторалама. Та црта радости прожмала је све њихове творевине. Романски стил у архитектури је дело француског генија једанаестог и дванаестог века, а местимице је тај стил прави радосни барок. Готски стил је творевина француске мистике тринаестога века, са толико грације да према тој ваздушастој готици све друго изгледа гломазно и варварско; јер је готска црква само унутра тужна, а напољу је весела и ћеретава. Затим све боје које су Французи унели у сликарство чисто су рафаелске и небеске; а у све друге стилове унели су само елеганцију краљевску.

Француз је веселији него Талијан, у свима духовним изражавањима. Век Волтера и Дидроа био је истовремено и доба Маривоа, суптилног сликара жене и галантерије, и абе Превоа, писца сентименталне и плачевне прозе. Никад осећање животне радости није напуштало француски карактер, ни у временима крвавих револуција. Истовремено је живела у парискоj жени истог времена и Шарлота Корде и Манон Леско. У истим ноћима су заседали најфинији умови тога века у салонима гђе ди Дефан и гђе Жофрен, када су и по јазбинама заседали револуционари који ће затим преврнути лице света.

У једном истом добу, и највећа галантерија и најдубља социјална беда. – Италијански мајстор чинкве-и-сејчента има у својој кичици охолост као да стално има на уму да је он човек из земље у којој је рођена највећа црква и највећа држава. И кад је ведар, није насмејан. Једини је Тјеполо могао бити француски уметник, и можда још само гиздави Пинтурикјо. Француска је уметност сва у грацији која је особина блажених душа. Фин осмех, леп покрет, љупка реч! Њихов прави сликар је Вато, и прави њихов музичар је Рамо. Стендал који је имао више памети него духовитости, и који се за тај недостатак бранио како је умео, говорио је да Французи неће никада отићи даље од *љупкости*. Он је говорио и да у Француској не могу уопште волети ни разумети ништа што је дубоко. Говорио је да би афектираног Наполеона већ с почетка упропастило његово комедијаштво у сваком озбиљнијем друштву него што је француско.

Енглези не знају шта је то конверзација, бриљантна козерија, сјајна духовитост француског друштвеног човека. Ни њихов двор, ни друштво, ни књижевност нису то израђивали. Чак они сматрају да је добар тон и фино васпитање нешто сасвим противно него што то мисле с ону страну Ламанша. Не треба много говорити, ни говорити о себи: о својој личности, својим укусима, својим навикама, својим опажањима, јер то није дискретно, а није ни учтиво. Не треба много говорити ни о другом човеку, јер то није лепо ни отмено. Не треба говорити ни о идејама, јер то изгледа претенциозно и високопарно. Не треба ни много блистати, јер то изазива завист и квари веселост у друштву. А кад је већ случај хтео да се људи састану поред чаше вискија или шоље чаја, треба разговор направити што више одморним, лаким, уљудним, говорећи обичним језиком, и о обичним стварима, и у најобичнијем држању, с рукама на леђима. Тако мисли Енглез из друштва. – Французи, напротив, ако их је тројица у салону, прелазе у право мачевање духа. Енглез је стога на путовању добар сусед у кабини за спавање, али је једини Француз добар за столом за разговор. Колико Енглези избегавају – из обзира доброг тона – свако утркивање и надбацивање у друштву, и ту сталну напетост памети и маште, толико Французи то чине баш из поштовања за друштво, колико и из сујете према себи. – Њихова сујета је одиста велика, али безазлена. Они хоће да се допадну, али и да забаве. Француски парадокс је ипак нешто што је без сумње свакој раси лакше напасти него достићи; а француски каламбур се даје потценити али се не да ничим купити. Код Француза се све природно претвара у духовитост као што се код Руса све претвара у плачевност. – Енглез не жели да у разговору испадне ни победилац ни побеђен, него само љубазан слушалац и одморан човек. Духовитост га збуњује и огорчује. Ако би му неко говорио цео сат као Волтер, он не би друго приметио него да је тај Волтер говорио равно један сат, и додао би да је то мало одвећ.

Веселост у једном народу доказује један велики његов морални фонд. Весели су само добри људи; рђави људи не умеју да буду весели. Тужан човек носи собом разорење и беду. Има неких блажених људи код којих се животна радост види већ само по томе како носе шешир, или како вежу кравату, или ставе цвет у рупицу свог капута. Има два начина да се буде весео и сретан: имати много новца или имати велико мишљење о себи. Француз има и једно и друго: јер му не треба много новца да буде сретан, ни пуно муке да постане духовит. Немац не уме бити весео. Његов смех је громак али несрдачан; недуховит и неуместан; и кад је весео, он је смешан. Немац је велик само за клавиром и на катедри. На сваком другом месту и кад није смешан, он је детињаст.

Има света који никад не би требао да се смеје, јер то сви људи не умеју. А има људи који су успели у животу само зато што су имали смех пун радости и ведрине, и самим тиме изазивали поверење и пријатељство. Весељаке тражимо више него мудраце. Весели људи су срећа за себе и за друге.

Велики део француске уметности и француске књижевности, већма је ствар финог укуса него дубоке инспирације. За једно уметничко дело француско понекад је довољна само блистава реч, лепа слика, неочекивана досетка, брза комбинација, лака сцена, и затим доста парадокса и пуно каламбура. За њих књижевност није удубљивање у велике коби и мрачне судбине, као што је код младих Руса, или као што је било код старих атинских трагичара, него мудра лектира и радосна забава. У Француској се не дивинизира оно што је људско, него се хуманизира и оно што је божанско. Живот за Француза није уопште исто што и за руског човека који се бори цео век с највећим непријатељима људским: великим зимама, страшним ветровима, безмерним просторима, одвратним тиранима. Никад клинички типови као Раскољников и Карамазов неће бити разумљени у овом народу који о животу има добро мишљење. После крвавих Шекспирових трагедија, Француз не може сад уживати и у крвавом руском роману. Има на земљи много ужаса, али не треба од тог правити главни мотив књижевности; а има и у Француској доста несреће, и толико исто несрећних, али се мизерија не сматра основни принцип људске судбине. Има свугде у свету мање богатих него убогих, али ни сви богати нису срећни, нити се сви убоги осећају несрећним. Зато би на земљи ипак нашли више светлости него мрака, више данâ него ноћи, и више блажених него очајних. Француз зато има право гађење за тугу, и право презирање за плачевност. Зато је Тургењев у Француској још и био вољен, и Толстој доста добро разумљен, али Достојевски није никад био ни вољен ни разумљен, ни довољно читан. Јер је Француз пре свега мудрац, и неће својом литературом да прави од зла горе.

Француска је показала свој геније у стварима укуса колико и у стварима идеја. Има пуно укуса у великом француском друштву, а, међутим, што је одиста чудно, мало га има у народним масама. У једном великом друштву, свугде у великом граду укуси иду према спратовима кућа: свет са првог спрата има увек укус људи са првог спрата и из осталих кућа; а они са другог спрата имају исто тако међу собом заједничке укусе и навике; и тако редом. Али док је у Шпанији и Италији укус урођен чак и сељаку, у Француској је укус привилегија класе. – Француски укус који је данас мерило бар за половину света, ипак је више у грацији него у строгости линије, више декоративан него монументалан, више лепушкаст него леп. Француски укус је за Шпањолце неозбиљан, за Русе сладуњав, за Талијане смешан. Међутим, француски инстинкт за радост није могао не дати стил гиздав и кицошки. Само су стари Грци међу античким народима имали сличне љупкости, и то у облицима својих ваза, финоћи својих цртежа, у ваздушастој лакоћи дорске хаљине и у положајима изваяних женских тела. Али док у грчкој љупкости има ипак помало олимпијске поноситости, у овој француској грацији има доста женског и детињастог.

Французи имају погрешака, али Француска их нема. Ја делим људе на две врсте: на оне који воле Француску и оне који је не воле. Није ни по чему сличан човек који је воли оном другом човеку који је не воли. Зато је осећање према Француској једно мерило за смисао о животу, о добру и злу. Онај који мрзи Француску није само лош по интелекту и некултуран човек, и простак,

него је и лош и по срцу, неправедан и злочест неваља-
лац.

Енглези изгледају наивни, али то нису; Талијанци из-
гледају весели, али то нису; једини Французи изгледају
увек оно што јесу. Француз је сваком јасан, јер је сав ло-
гичан. Он нема ни сентименталне пометености руске,
ни грубих противуречности немачких, ни бизарних фор-
ми енглеске психе, ни талијанске елегантне хипокризи-
је. До Француза се увек долази чистим и осветљеним пу-
тем логике. Он увек мисли оно што треба да мисли, и
намерава само оно што је најпре добро срачунао. Све у
његовој историји стоји у логичној вези: после Луја XIV,
краља апсолутисте, долази наскоро Наполеон, узурпа-
тор; а после Наполеоновог Култа Себе, сасвим природ-
но долази романтичарска хипертрофија личности и его-
центризам у књижевности. Од Ришељеа, дуелисте и
циника, иде се на Таљерана, мегданџију и завереника!
Тако исто је у његовом духу све строго следствено и ло-
гично повезано: симетрија у парковима, јерархија у др-
жави, класе у друштву, категорије у идејама.

У ствари, изгледа да су они открили право место ми-
сли. Декарт је први говорио да верује да постоји само
зато што мисли; а Паскал је рекао да је мисао највеће
достојанство човеково. За Француза, што није јасно, то
је мрљаво, и зато одвратно. – Француз је стога једини
човек увек савремен, и мање-више општа мера свога ве-
ка. Али баш та његова логика је и његова погрешка ра-
се. Француз има одвећ интелигенције да би могао имати
генија. Лишен је сна и маштања. Волећи изнад свега ме-
ру и јасноћу, две особине које су данас само његове, он
се никад није предао оној оргији и пијанству духовном
које је у природи руског генија, начињеног од дивљач-
ког и детињастог. Французу је урођена трезвеност, кри-
тичност и сарказам, значи све што показује зрелост и
скоро завршену еволуцију. А народи стварају највеће

ствари само кад су млади. Само се у младим народима рађају генији: у Атини међу Јонцима петог века, а у Италији само онда кад је била промешана са варварима. Имају Французи већ одавно две институције које су биле пресудне за изграђивање њихове творачке мисли и књижевног укуса француског: Сорбона са њеним песником Расином, и Француска комедија са традицијама њеног глумца Талме. То су тешки окови од злата.

Енглез је пун фине ироније чак и према човеку кога поштује; а Француз је подсмевач са сарказмом, само што код њега, једином код свих латинских људи, долази сарказам више из главе него из срца. Енглез се смеје и стварима колико се ми смејемо идејама или људима. Код Енглеза је битна црта његов хумор, а код Француза жовијалност. Француз се смеје кад је радостан а Енглез се смеје кад му се учини да су други људи смешни. Међутим, и најдуховитији Француз може да изгледа другом свету комичан човек, али не својим размишљањима као други људи, него својим манирима. Енглез, напротив, и кад је најплићи, не изгледа смешан него само плитак. – Енглез је једноставан по својој природи, човек с острва; и кад је манијак, он је то на начин врло простодушан и прост. Енглез је васпитан пре свега као парохијан, затим као држављанин, а тек најпосле као друштвени човек. Ниједан народ европски није добио тако велики печат своје философије као Енглези XVII и XVIII века; у тим вековима су се они изградили можда једном заувек. Не треба заборавити да су на материјализам картезијанаца одговарали теозофи и теолози из Оксфорда и Кембрица, међу којима је било и владика. Одиста, сваки народ има своју философију расну; а енглеска философија је, као и римска, само наука о корисном и практичном за живот. Од Бекона је цела философија ишла само да утврди енглески морал, енглеску религију и енглески државни устав. Не постоји ни енглеска космогонија, ни енглеска космологија; све као код Римљана. Лок је философ англиканства, а Хјум је моралист једне практичне државе и позитивне расе. Еванђеље је утицало на Енглезе колико и Стари завет на Јевреје. Најпобожнији народ данас на свету, то су енглески презбитеријанци.

У таквом енглеском друштву није се ни могао створити појам о лепоти друштвеног духа у француском смислу и стилу. Енглези нису имали двор на начин Луја XIV и његових следбеника, да би израдили говор и створили конверзацију. Салон је творевина латинска, а то значи једна срећа одвећ компликована за енглеску душу, која је у основи проста. На енглески дух су утицали више њихови пастори и теолози него сви песници од Шекспира и Џонсона до Бајрона; као што су на формирање немачког духа више утицали Хоенцолерни него немачки метафизичари и немачки књижевни романтици. – Међутим, баш у ово последње време изградио се је један нарочити тип енглеског човека, и то не више ни теологијом ни литературом, него спортом. Спорт и од најозбиљнијег човека направи детињастог, јер су спорт људи научили од деце. Данас ко није спортист, тај Енглезу изгледа богаљ или Француз; као што за Шпанца, ко није љубитељ борбе с биковима, тај је или Енглез или бик. – Али је извесно да су Библија и спорт направили од Енглеза човека страног међу свима другим људима. Такав се он и сâм осећа. Ако с њим у друштву седи за истим столом пет разних странаца, он ће имати мишљење одвојено од свих петорице; и то тотално одвојено, као што је његово копно потпуно одвојено од других пет копна.

Енглез је увек бизаран и фини манијак; зато лако постаје будист, феминист, скупљач коњских потковица по путу, прелази у муслиманску веру, постаје филантроп из дуга времена, и бугарофил. Лако мења само земље у којима живи. Где остане дуже, ту се коначно и настани, као у градовима талијанским, грчким, турским и швајцарским. Али нигде не научи језик тог народа у чијој се земљи настанио. Њега и не занима душа једног народа ни његова мисао, него његов пејзаж, и његова ношња, и његов комфор. Саградиће у туђој земљи болнице о свом трошку, послати јој у помоћ своју флоту, и дати јој новца да се исхрани, али неће учити њену душу ни њену културу. Примаће целог века из Енглеске лист који су читали и његови очеви, и набављаће лондонска одела, и пиће виски, и живети у туђем свету само од својих принципа и навикâ, као да је увек на броду за Индију.

Хиљаде тесних улица и широких булевара пресецају овај огромни Париз. Али најлепши и највеселији булевар, то је Сена, са зеленилом њене воде, са ватрама које сунце упаљује по њеној површини, и са руменим маглама које се вечером дижу из њених камених корита. Ни Темза у Лондону, ни Тибар у Риму немају оно значење које има Сена у Паризу. Ова река није овде артерија града него главни нерв живота. Нико у енглеском главном граду не одлази нарочито да види Темзу, нити у Риму жури да види Тибар, као ни Дунав у Бечу, ни Шпреју у Берлину. Али и онај човек који је јутрос стигао у Париз, пожуриће да види Сену још исто пре подне; а онај који овде стално живи, ићи ће сваки дан да је поново види. По великим булеварима париским, почевши од цркве Свете Магдалене, тумара обичан свет који продаје своју робу или своју сујету, и жури свет који то купује; али само поред Сене иду они који посматрају, размишљају, уче, и проживљују Париз у његовој неодољивој суштини и несравњивој лепоти. Онамо је Париз дневни и пролазни, а овде је Париз хиљадугодишњи и вечни. На другим су местима господске палате, сјајни магазини и радосни кабарети, а овде су краљевски дворови и споменици науке и вере, и то још од средњег века. Онамо шуми живот и тече оргија младости, а овде мирује прошлост и почива велика традиција славе.

И у другим престоницама реке носе своје воде узапћене у хладне кејове, и провучене кроз сјајне мостове, али су те реке без везе са животом и судбином људи. А овде Сена протиче кроз легенду једне нације, и кроз личну повест сваког човека који се у њој једном огледао. Париз је једно чудо, али је Сена друго чудо. По булеварима иду људи, али по Сени плива Париз. И плива од јутра до мрака, у својим одблесцима који су као пламенови, и у својим силуетама које су као светла једра. Сена и Богородичина црква, то је већ цела половина Париза. За њих двоје везана је душа овог града, његова мистика и његова истина.

Четири велика човека изграђивала су Париз: Цезар својом победом над Галима; Кловис који је од мале римске тврђаве на брегу Свете Геновеве, куда су онда још били само пашњаци и ливаде, направио прву престоницу; затим Луј XI, који је од Париза направио град науке и вере; и, најзад, Луј XIV, који је од Париза направио град блеска и љубави. Већ у XII веку се овде на Сени подиже ова Богородичина црква, а недалеко од ње већ у XIII веку постаје Париски универзитет, где долази да учи свет енглески, талијански и немачки. Као некад у Атини, мудраци говоре науку на раскршћима улица. Цео живот овог великог града и ове велике нације обртао се вековима само око ове Богородичине цркве и покрај Сене, где је било средиште целе учености и побожности великог XIII века. У ту цркву су улазили још и Данте и Петрарка, као ученици париских теолога и филозофа, којима нико није био раван, као што је овде и данас највеће средиште уљудности и мудрости.

Свугде другде по улицама и пијацама париским сатови дана су једнолики и неразговетни, а само овде на Сени постоје румена свитања, сјајни подневи, и дубоке и светле вечери. Онамо има сунца, али само овде има неба. – Париз није град него живо биће; и још више: један појам и једна идеја. Јер стара Атина и стари Рим и данашњи Париз, то су једина три града која значе нешто од свачег одвојено; то су три континента који су живели сами од себе, и били сопствена слава и сопствена судбина. Не каже се никад Лондон него Енглеска; ни Берлин него Немачка; ни Петроград него Русија. Али се увек каже Париз и независно од Француске, и од Европе, и од целе земље. Тако се само изговарала реч Атина независно од остале Грчке, и Рим независно од осталог цезарског и папског света.

У Паризу је све његово. Има један његов геније, има његово сопствено дело, имају његови нарочити пороци. Има његов човек и његова жена, његов стил и тон, који немају везе ни са другим човечанством ни са самим својим столећем. Човек се осећа да је из Париза и кад није из Француске; као што човек може бити из Француске потпуно различан човеку из Париза. Држава и нација би требале да према свом Паризу буду суревњиве: Париз изгледа већи и важнији од Француске.

Али је и Сена изгледала већа од Париза. Протичући испод Богородичине цркве, Сена је оловна, и још и данас изгледа стара река галска и римска; а поред Лувра је зелена и мртва, средњовековна и католичка река. Али даље, испод Цркве инвалидâ, она све већма постаје модра и усијана од неба које туде више није заробљено међу велике улице, и изгледа река нашег доба и нашег света. На другим местима изгледа да Сена носи сами пепео, а овде доле она носи огњене заставе, које лепршају и засењују очи. И док онамо ћути у леденим опкопима, овде запљускује у ветру и радосно жубори у сунцу.

Река је као и душа: она увек има лепоту свега што се у њој огледало. А у Сени се огледало толико блеска каквог свет није нигде и никад пре тога видео. У старој Атини поред воде малог Илиса је говорио Сократ ученицима своју етику и доцније Аристотел своју логику; а на дну Тибра и данас лежи велики део римске скулптуре коју су онамо побацали варвари. Свака река говори а не жубори. Али није било реке на земљи куда су изговорене онолике лепоте ума, и учињене толике обести срца, као на овим париским кејовима; нити је иједна друга река ухватила у своја огледала онолико људске судбине колико Сена. Рим је светом владао, а Париз је свет изнова стварао.

ПИСМО СА ЈОНСКОГ МОРА

НА КРФУ, у јесен 19**

Већ од поноћи је ветар ударао у десну страну брода, који је ишао низ невидљиву воду, колебајући се, и захуктано, као што су морали некада ићи, овим истим путем и у овакве исте ноћи, фригијски бродови са два реда весала. – Према ниском небу које је још сада имало боју камена, назирале су се далеко неке тамне масе по води. Јесу ли то острва поред којих је наш брод прошао док смо још спавали? Не, то су само обмане вида, небројни фантоми мора, уображене тврђаве по води и по ваздуху. Оне не престају да овде искрсавају од јутра до мрака, и то је највећа лепота ових сати по таласима. Тек сутра око подне видећемо зелени Крф, митско краљевство Алкиноја. Значи да је запад наоблачен и да ћемо сутра имати буру. – Али ни по чему се није осећало да ће скоро сванути. Чуло се само велико срце брода како туче у морској дубини, и како се његови ударци разлежу у морској пустињи. Ветар, хладан и црн, звиждао је у конопима и разбијао се о катарке. Ја сам узалуд чекао да видим јутро када се запали море од сунца које ће овде напречац испливати из воде и крви. Али је по свему изгледало као да се тек сада хвата вечерњи сумрак, или да смо упловили у предео у којем и нема свануђа.

Моје су очи биле још пуне синоћних звезда које су ме пратиле од талијанске обале ка Јонским острвима. У овој пустоши изгледа да звезде силазе из својих усијаних сфера и мешају се са водом, остављајући за собом дуга ватрена влакна, као запаљену паучину, која се дуго лелуја док се не дотакне воде и не угаси на таласима. У такве сјајне ноћи изгледа да брод плови високо између звезда, а не по површини воде. Он целим путем јуриша у пустош и дубину свода, као саблает која се не успиње снагом крила или својих једрила, него снагом воље и срџбе.

Нигде се човек не усами толико колико на броду. Човек је на отвореном мору наједном одвојен од свега што је оставио на копну, и бар половину конаца се испрекида између њега и света. Пошто размести своје ствари у кабини, и обуче путничко одело, и набије на главу своју капу за ветар, изишавши на палубу одједном као да је решено нешто крупно, и да почиње нешто друго и ново. Почиње да не размишља више о стварима о којима је малопре размишљао, него мисли на ствари далеке и противуречне; и престаје да држи у памети оне који су га испратили на брод, а осврће се по палуби да нађе какво ново познанство. – Небо је празно и море пусто. У том пределу индиферентне лепоте, љубави и мржње се губе у истој апатији. Остаје само њих двоје усамљено: душа и бесконачност. Нигде таквог случаја као на широкој морској пустињи, „у шуми широког мора", као што каже стари Есхил. Оне се утапају једна у другу и изгуби се свака међа која их раздваја.

Још није нико изишао од јутрос на овај брод на коме већ почиње Левант, и на коме се јуче из једне талијанске луке укрцала нека шарена поворка за Исток и Египат. Путник којег запитате нешто талијански, одговара арапски или грчки. То су трговци из Бејрута или Дамаска који се зову Сиријанци, а који су Финичани, а то значи Семити који примише грчку веру, и арапски језик. Затим добра кита Јевреја, Израелита, Жидова, са својим верним Сарама и мудрим Ракилама. И Египћани који носе муслимански фес а пију енглески виски... Чују се овде сви језици Леванта, у доста простачкој какофонији. – Са мном из Рима путује један немачки консул који иде за Сирију, и његова жена Холанткиња. Он је човек који сав живи за политику и Германију, а она за музику и авантуру. Њена два крупна сива ока вреде два велика града у Немачкој. Те су очи засењене и уморне од неке ватре, као да су много гледале у сунце, или као да је неко ту жену много љубио у очи. С њима двома путује и њихов млад рођак, неизбежни рођак свих лепих жена на овој земљи. Консул, Холанткиња и рођак, то је вечни троугао, теза-антитеза-синтеза, и дефиниција свих дефиниција.

Та Холанткиња је жена за љубав, јер има маште. За љубав као и за религију треба пре свега имати имагинације. У религији су најпотпунији они који имају фантазије: они постају визионери, од којих су многи постали свеци и јунаци. У љубави су такви постали велики тумачи срца и рафинирани носиоци спола. Без велике маште нема велике љубави. Љубав која није поникла из фантазије има тужну присебност у којој је све изморено, све предвиђено и све категорисано; она не зна за срећу изненађења ни за радост великих препада. Љубав без маште јесте себична, јер је субјекат увек мерило за објекат, и јер је цена одговорила мери, а пазар доброј процени. Жена без маште је плитка, празна и вулгарна, као човек који нема духа. Човек кад почне да љуби дубоко, постаје одмах чедан и тражи да буде протектор: а најчеднија жена, кад почне да љуби, губи чедност и постаје раскалашна. Зато ако нема много маште, она то не уме да заглади љупком игром хиљаду финих контраста: да се умногостручи; да се претвара из вука у јагње и из јагњета у вука; и да од своје страсти направи интригу која и најпаметнијег збуњује и најприсебнијег засењује.

Прошло је време љубавне романтике; али док траје човека финог укуса и деликатне ћуди, трајаће потреба и за љубавном мистиком. Велики љубавници су ретки на свету као и велики музичари. За једног уметника је потребна само једна врлина која се зове талент; али за мајстора у љубави је нужна читава клавијатура крупних и ситних врлина. То су одлике које од једног уображеног осећања среће или несреће, изграде целу једну чаробну човекову судбину, велику као неку непроходну прашуму. Да се постане светац, треба једном умрети за своју дубоку веру; али да се буде велики љубавник, треба хиљаду пута умрети, и умирати за хиљаду вера и неверстава. На прсте се дају избројати велики јунаци и јунакиње љубави. Има у календару много више светаца него у историји великих љубавника. Света Катарина Александријска је била једина светитељка која је носила тространи ореол: бели, у знак чедности; зелени, у знак мудрости; и, најзад, црвени, у знак мучеништва. Велика љубавница треба да има такву троструку ореолу: сјај физичке лепоте, отров интриге и чар суза. Ако ова Холанткиња не постигне суму среће љубавне, то ће бити само зато што је удата у Немачкој, као што не би постала алпиниста да је остала у Холандији.

Гледао сам синоћ витку и белу силуету ове жене на непрегледној води. Жена и море! Два елемента од којих је направљен овај свет. Када видите овакву жену да вам иде на сусрет, она изгледа лађа што долази из Индије, и носи товаре мириса, драгог камења и папагаја. Она свој спол држи високо као што је некад развијену заставу на сунцу Лепанта држао, у дан битке, у злату обучен шпански принц и победилац. Све је на њој изазивачко и убојито; све срачунато за напад и на бездушни отпор. По мишљењу ових жена, морал су измислили људи, а не жене; и они су морал измислили за друге, а не за себе; и морал су измислили несрећници и убоги; и морал је луксуз и раскош убогих. Ако су га измислили богаташи, они су га измислили за сиромахе; а ако су га измислили болесни, они су га измислили противу здравих.

Да је Сократ био леп и богат, као Алкибијад, не би му било пало на памет да буде највећи моралист, него би био највећи љубавник. Сократ је дакле био моралист по невољи, рекла би ова госпођа. Кад је био суђен, изјавио је судијама да му је седамдесет година, да има троје деце, од којих је једно момче а друго двоје нејако у мајчином наручју! Према томе, Ксантипа је морала бити млада према мужу престарелом, мужу од незнатне фамилије; ружном, и великом сиромаху, који је друге учио бесплатно, и, најзад, који је био само мудрац. То су све разлози да жена злоставља мужа и остави име оштроконђе кроз векове, иако Платон у *Федону* пише да је Ксантипа била добра. Јер младост има своје законе у крви а не у памети. – За Грке је морал био део естетике, а не религије. Солон је био довео у Атину куртизанке са Лезбоса и Неукратиса, и храм Афродите Пандемос направљен је за паре које су оне зарадиле својим телом. Тек после персијских ратова, каже Аристотел, значи после своје пропасти, Грци су почели да се баве моралом... И тада морал није био ништа друго него наука о срећи. Никад ни доцније, Грци нису мислили о моралу друкчије. Још је Хесиод рекао: „Није мудро бити одвећ мудар.“

Ова Холанткиња би вам додала: „Кад у женском друштву говорите о моралу, ви изгледате као да немате ништа боље да кажете, или да правите злочесте алузије на туђ рачун. Било је жена великих списатељица и великих научница, али ниједна није постала великим моралистом, као ваш Сократ... Морал смета машти и срцу, и зато је опасан. За живот и љубав довољно је имати укуса и маште, маните крви и лудог новца! Срце је непотребно, јер оно исто тако слепо мрзи као што и слепо воли, и отвара поноре и онде где их нема. Душа је словенска ствар и њу треба оставити томе племену, заљубљеном у несрећу и сузе. Ми Холанђани радије гајимо и лале и тулипане него душе словенског типа. У многим народима учи црква жену да је љубав грех; али је данас нова Ева оставила душу Богу а тело ђаволу. Грешна госпођа Бовари и несрећна Ана Карењина, немају с нама данашњим женама ничег више заједничког! Нисмо још успеле да отмемо људима паре, али смо већ успеле да им отмемо њихову слободу, и узмемо њихове навике. То је већ један наш римски тријумф!"

Ја сам слатко слушао ову младу жену која је овако говорила једино из каприца, да би изазвала само смех; и која је намерно овако лудовала ни сама не знајући да понекад и мудрује. Сва лепота једног дана на Отранту била је тог јутра на малим уснама једне жене.

Жудно сам чекао да сване и да се види цела пучина. Одувек сам осећао неки тамни атавизам за велике воде. Никад нисам имао срца према апатичној лепоти поља, или грубој и студеној тишини брега, ни сâм не знајући зашто. Као да су моји преци били гусари и живели певајући на води и пљачкајући по копну! Још носим у памети све мале затоне по нашој дубровачкој обали куда сам тумарао дететом. Силазио сам на воду с првим зраком сунца, да се вратим кући тек кад ме отуд отера ноћ или олуја. Та самотна и слатка места некадашње херцеговачке обале, где сам из мора извлачио и ноге и руке окрвављене у лову на ракове, и где ме посведневно уједало сунце и пекла морска пржина. Мали затони у којима сам гледао све космичке битке светлости и мрака!... У очима пуно модрила неба и мора; у коси пуно соли; у души пуно роморења борићâ и смреке... Цео ваздух онамо мирише рузмарином и јасмином што се растапају у вечерњи зеленкасти сутон. Нигде на земљи онолика јата ласта колико вечером излети из дубровачких звонара. И звуци старих звона попадају по води и по крововима, као камење. – Море, то је само то дубровачко море!... И сунце, то је оно сунце које обиђе цео космос али дође вечером да западне само овде пред Бониновом!... Треба слушати море дететом, успављивати се њиме у својој колевци, као дугом мајчином песмом. И будити се у вриску и плачу за време његових горких еквиноција. Ко није море познао на тај начин онда оно није страст која залуђује, него само лепота која задивљује. Оно тад нема власти над човеком, не мења његову душу, нити преиначује његове жеље и намере. Човек га тад слуша као песму, али не као хуку сопствене крви. Оно тад не зна да буде убилачко, нити да васкрсава; нити је узрок каквог великог порока, ни повод једне дубоке и фаталне енергије. Оно више није човеков и дух и материја, него само једна сјајна велика вода у којој се разлио сав живот и распевало небо и земља. Нешто неизмерно велико и лепо, али нешто изван нас, с ону страну нас, нешто индиферентно у нашој судбини... Али море у детињству, то је откриће и сазнање нечег централног у животу, од којег се више ништа не може одвојити кроз све наше среће и несреће на земљи. Море у детињству, то је прво учење о величини, чистоти и моћи. Треба знати све песме мора напамет, реч по реч, па разумети његов говор у свој разноликости од јутра до мрака. Јер је море пре свега музика па тек после вода и простор. Море није само вода, него је пре свега светлост. То је једина лепота која не зачуди него престрави. Само онај који је заплакао кад је први пут видео море, разумео је његово место у свемиру. Жалосно је слушати га а не разумети га. Јадни људи с копна! Ви сте можда спасени за небо, али сте засвагда изгубљени за море. А то је страшно.

Море отворено, очајна празнина, па ипак није монотонија ни досада. Како да се разуме тај парадокс вида и слуха! Откуд то да празно море има све варијације копна, копна с његовим светлим бреговима, смркнутим шумама, и узрујаним рекама? То је зато што овде влада вечити покрет; а покрет је довољан да све замени. Ја мислим да смо ми на ритам научили само по куцању нашег људског срца, и да стога живот не умемо замислити без покрета ни покрет без живота. – Свод се овде креће; море се љуља у неизмерном простору; видик се помиче, и расте и скупља, непрестано; облаци пролећу као ужагрене масе, час понирући у пучину, а час бацајући из неба по води своје усијане сенке. По цео дан пале се и гасе по пучини велике ватре, и протичу потоци свију боја.

Најзад, непрекидне илузије вида: час као да се указало у даљини неко острво, или у близини нека тамна шума, или на самој црти видика велика флота тамних и високих галија... На мору се живи од самих привиђења. Зато путник не осећа ни тренутак досаде какву осећа на обалама најлепших сребрних река, ни тугу какву осећамо у сенкама тамних шума, дубоких и меланхоличних, које изазивају бол, и где имамо страх да останемо сами са собом.

Има жена за које је љубав један део тоалете, као што има људи за које је љубав партија шаха или лов на лисице. И једни и други стрепе од компликација. Она ће вам рећи: „Заљубљеног човека, никад! Али љубавника, увек!...“ Заљубљен човек је свиреп и себичан; он је аналитик, а жени изгледа несносан педант. Има разлике и у љубави двају сполова: заљубљена жена све је нежнија што више воли, а човек је све свирепији што је више заљубљен. Има, међутим, данас једна нова Ева, жена наших времена, о којој говораше Холанткиња. Она је с цигаретом у зубима на улици, са гетрама на ногама и коњичким бичем у руци, с карминисаним уснама и модрим колутовима около очију; која има свој апартман у хотелу; која се карта и љубака с непознатим људима, и која присваја страсти бадаваџија и ноћника. Наследила је од оца и мајке колико и њена браћа, и већ сутрадан пошла за нама на улицу и у кабарет. То је жена с новим сензибилитетом и моралом; и нема више човека који би је одвео до отрова госпође Бовари, и до бацања под воз госпође Ане Карењине, из француског и руског романа.

Тип ове Холанткиње што са мном путује, то је жена која у љубав уноси сву истанчаност неке блазиране фантазије, и која од осећања прави интриге. За њу је љубав мрачна сплетка. Док је оваква жена само оргија наших чула, она је безопасна; али кад постане и нашом духовном потребом, она је страшило. Кад је једном мом пријатељу, који зна да чита судбину, пружила била руку да је прочита, он је дуго гледао у њен сребрни длан, и запитао је осмехнуто и збркано: „Чију судбину да прочитам овде? Вашу или моју?...“ Њему није требало него да придржи за часак њен длан, и да за тренутак о њој мисли, пак да се осети ухваћен. Добри сентименталац после тога побегао је на Запад место да је прати на Исток. И ја сад имам неподељено задовољство да гледам истовремено ово топло море и ову духовиту жену, која води своја два мужа, поносна и глупа као два лабуда из немачке бајке, правећи с њима шалу у коју је метла сав свој бесмисао о љубави и срећи. Кад је синоћ силазила са палубе у своју кабину да спава, завршила је разговор са својим рођаком, који је немачки царски гренадир, овим речима: „Примећујем, драги рођаче, да човек који се одвећ дружи с коњима постане најзад магарац...“

Ваздух се лагано почео да беласа; свод се протегао; цео простор се гибао узнемирено и напорно. Вода је имала боју старог сребра и пепела. Али се осећа да ће дан забелити а сунце се неће видети. Све је било неразговетно и нерешљиво у небу и на води. Лађа се гибала нежно као колевка. Море је урлало у точковима с напором који је изгледао да ће велика грађевина одједном малаксати, или се цела поломити. Кроз катарке је звиждао јужњак. Кров лађе су морнари давно опрали, али од путника још није никог било на броду. – Ја сам чекао њих троје да изиђу на уговорени састанак да видимо излазак сунца на Отранту. За бродом је јурио, протежући се све већма, један млечни талас. Понекад је вода запљускивала све до на палубу, и цедила се затим у сребрним пенама са палубе у пучину. Јутро је свитало по целом великом мору и сијало у белој ватри. Јутро из *Одисеје!*... Еос са ружичастим прстима!...

Овакво буђење мора са свима бојама и гласовима изгледа да у овој пустоши има своје доживљаје, своје среће и несреће, као и буђење великог града. Зато никад на води једно јутро није налик на друго. Често чујемо на празној пучини, којом овако широком и пустом дуго путујемо, како наједном зазвоне звона. Најпре ситна звона што певају као деца кад се прва пробуде, затим већа звона, и најзад она највећа у чијем тучу изгледа да је те ноћи спавала душа града. И тако звони дуго. Наличи на јутра у каквом старом хришћанском месту, у којем се живи за молитву и највише говори о смрти, и где је звоњење звона један прави екстатички моменат живота. Понекад се на пучини зачује као да роси киша по каквом густом парку платанâ. Затим, као да ветар пролази са жагором и невеселим звиждањем кроз ноћну шуму борова. Најзад се чује као да је далеко затутњило копно преко којег је прејурила нека невидљива коњица; а кроз ваздух прође танки глас трубе... Откуд сви ти гласови у овој пустињи неба и мора? Је ли то зато што наша мисао не може да се одвоји од себе ни за тренутак, и што увек носи цео свет собом? Зато нам се чини и да море има све мелодије земље. Можда су због тих чудних илузија слуха антички људи населили празно морско дно боговима и женама, боговима који мрзе људе и утапају их у својим понорима, и нимфама које их маме својом песмом и голотињом. – Као све ствари које су гледане у самоћи, тако и море има душу онога ко му се диви.

Кад сам кренуо с места са којег сам цело време посматрао видик, изгубљен у светлости неба и воде, опазих у дну палубе моје сапутнике. Стајали су напоредо сви троје – вечно Троје, који су, можда овако исто неразлучно везани, посматрали и први освит јутра у хаосу. Ја им приђох с леђа. Глас госпођин је већ звучао у овом јутру као певушење валића у каквом затону, у сумрак освита. Има финих женских гласова што жуборкају као да та жена, док говори, држи у устима мало воде, која благо клопори.

„Ја волим псе због њихових детињих очију, али ми не говорите о њиховим устима, великим и увек мокрим“, рече у један мах лепа Холанткиња. „Мачке волим само због њихове отмености. Какво имају држање, став и покрет! Никад ни Клеопатра ни госпођа Рекамје нису умеле направити два корака које направи моја обична немачка мачка. Ако не волим довољно мачке, то је због њихових ружних очију, јединих очију које немају погледа. Била сам једном на једној изложби у Паризу. Треба видети француско лудило за мачке. Певају им мадригале и пишу музичке комаде, и новинарске чланке, и званичне рапорте. А знате ли ма којег античког писца који је славио мачке? Зар нису мачке добиле своје име и славу само у афектираном и блазираном салону француском, XVII и XVIII века. Сад манијаци истражују како је мачка била одувек чар доброг друштва, и недељива од једне велике даме у једном великом веку. Поменуће вам стихове Менара и епитре Скаронове, и епитафе де ла Мота за мачку кнегиње де Мен и сонет Бенсерада мачки госпође де Хулијер... Морбидна машта песника

Бодлера покушала је у нашем веку да наметне обожавање за ту хладну, себичну и мизантропску животињу, дајући јој карактер нечег фаталног, а који је, стварно, само досадан и безличан. Само песници лудују за мачкама. Али они лудују за свачим. Песници су хипокрити као све сањалице; они природно лажу, јер ако не варају другог, варају сами себе, живећи више од уображења него од истине, више од узбуђења него уверења, више од својих нерава него од своје памети."

Заметнуо сам тако насред Отранта са госпођом прави бој због мачака, које су једна велика срећа на земљи и велика лепота у природи. Бифон је мрзео мачке, а академик Монткриф је бранио ту фелу, али више из ината Бифону него из љубави за своје мачке. – Мачку одиста већма воле људи него жене. То је зато што су жена и мачка одвећ сличне међу собом, по себичности и грамжљивости. Још антички писци су, говорећи о доброти човека према лукавству жене, рекли да је човек пас, а жена мачка. Пас с добродушним очима детета и сав срце; а мачка човекомрзац и изелица! Жена и мачка инстинктивно мрзе човека, и живе с њим у истој кући само по навици и по невољи, са више досаде него трпељивости. Мачка воли кућу, а пас човека; мачка је охола, а пас је слуга. Али је мачка и отмена, искључива, довољна сама себи, и зна шта хоће. Она је без љубави, али је и без страха, и нарочито без удварања. Мачка је најгосподственија животиња; њено презирање човека изгледа једна историјска мудрост.

По свему се видело да госпођу није још занимао излазак сунца на Отранту, ни велико певање мора које је сада котрљало своје беле и усијане валове. То лепо море што путује са нама, путује и пева! На једној страни видика чинило се да ће сад изићи из воде велики сунчев колут који овде изгледа као глава Посејдона кад је извирио, како каже један латински песник, да гледа како Јунона разбија Енејеве бродове. Неколико плашљивих сунчаних зрака одби се одиста од пучине и растури по небу. Лепе очи госпођине добише боју и дубину ваздуха. Жене воле природу, као животиње, чежњиво и сполно.

Многи људи имају на мору мисао о смрти непрестано у памети. То је ваљда зато што неизмерност простора напомиње тужну ограниченост живота. Али они који су дететом гледали топло подневно море када веје маестрал, летње бело и непомично море што сјаји већма него звездани свод, нису могли бити меланхолици на његовој обали. Њих баш море, већма него ишта друго, уверава у бескрајности једне лепоте пред којом свака друга ишчезава. Ја мислим и да се мисао о Богу зачела пред великом пучином или усред пустиње, јер се само тамо могла стећи идеја о неизмерном и вечном. Зато људима рођеним поред мора пучина изазива само бесну љубав за живот. Не знам може ли се бити песимист на мору које се вечито креће и пева, као што се може бити очајан пред грубом и глухом непомичношћу брегова, и пред апатичним миром поља, и пред резигнираним фасадама великих градова.

Треба ли мору да захвалим што никад нисам био скептик? Све велико што није било истином за мој дух, било је истином за моје срце. Тако је и Бог једна истина срца. Зато га неће ни убити разум јер га он није ни саздао; а мисао о Богу нестаће међу људима само кад људско срце падне ниско. Вера, то је чиста сентименталност; јер не постоји идеја о Богу него осећај о Богу, и машта о Богу. Жене су стога велики чувари вере, јер су сентименталне, јер имају срца и маште, и то је једна страна њихове величине. Деца одржавају религију говорећи прве молитве и склапајући ручице свако вече пред симболом љубави и доброте, у оном узвишеном страху што долази од наслућивања, које је код њих јаче док су деца него кад постану људи. Ми религију примамо пре од мајке неголи од цркве или друштва. Поред оца и поред попа, сви би људи остали без вере.

Бог је у срцу и у илузији. Народи су у свом детињству својевољни мученици вере зато јер се у детињству тад више осећа него мисли. Бог је у срцу а море је његова пластика. Глас Божји на водама је дубљи и страшнији него на ма којем другом делу земље.

Како море, које је светло и огњено, може сећати неког на вечну таму загробног живота? И како оно које је у вечном покрету може евоцирати идеју о смрти, када је покрет једини израз живота? Како ова вечна музика и светлост може подсећати на апатију престанка? Откуд одиста то горко осећање код неких људи и у којем се не разазнају толике противуречности? А ја сам их познавао, међутим, толико који су, крај мора, имали часове највећег бола; поред мора им се јављала најсуровија слика њихове беде међу другима. Знам их који су бежали од мора као од неког кобног огледала, у коме се човек не може огледнути а да се не ужасне од самог себе и своје судбине.

Ми смо јутрос узалуд чекали да сунце изиђе, али се оно није појавило. На једном делу хоризонта пламен је био захватио целу једну провинцију неба. То значи да се сунчев колут пробио тим путем, и затим се поново изгубио у сутону јутра. Насред ове топле воде један огромни облак је горео као жерава, и море се димило. Пролазили су таласи боје као наранча, као пепео, као трава, као млеко, као чађ! Доцније су се још два-три огња запалила по води, и ништа више. Али се јутро ипак забелило као снег на целом Отранту. Брод је сад ишао право, сав осветљен, као у легенди. Секао је ужагрене валове, споро и без гибања, у поносном и дубоком предисању. Западни ветар је поновно ударао у позадину, али благо, као неко велико бело крило. Најзад се појавише на пучини румена јата галебова, која брзо насрну-

ше на брод, и затим кренуше с нама истим правцем; ру-
шили су се стрмоглавце од врхова катарки до у воду, и
од воде одлетали у небо, као пламенови. У даљини се за-
светлише неке планине. То је Албанија.

Затим ће доћи Епир, који је, према једној легенди,
отаџбина Ахила, и у којем је Ахилов син направио цар-
ство Молоса, али поред којих ће ова пловидба за многе
сапутнике бити ипак један дан дубоке досаде. Албанија
је сива и гола, а вероватно такав ће бити и Епир. Гоми-
ла камења у којем се легу змије и Арнаути. Некад су
стари Грци овде били поставили пакао, хад, пре изград-
ње свог политеизма. Међу овим кршевима и кроз не-
проходне кланце текао је, у своје време, страшни Ахе-
ронт, који је водио у подземни свет... Народ који данас
овде живи јесте, међутим, и данас најнекултурнији део
европског људства. Он је одувек био на путу свих пали-
кућа и рушилаца. Жубор реке Скумбе, која данас пресе-
ца тај меланхолични предео, није веселији од жубора
старог Ахеронта. Земља крвне освете, земља без свог
фолклора, своје музике, песме и приче, без иједне лич-
ности епске, или религиозне. Народ поносит али суров,
без једног културног центра и без једног језика.

Проклет је међу народима: јер хиљадама година жи-
ви поред најкултурнијих раса Хелина и Римљана, а није
ништа сâм створио, нити икад ишта примио од других.
Од Грчке га деле само долине и брегови, а од Италије
скоро један мореуз, па је ипак остао најнепросвећенији
део европски. А некад, још много пре Хомера, тамо је
било и античко светилиште Додона, где су долазиле ре-
лигиозне делегације Атине и Спарте, и затим и побо-
жни амбасадори Креза из Лидије... „Зевсе, кличе Ахил,
ти који бдиш над далеком Додоном, царством зима...“
Данас тамо влада муслиманство, и чује се један ружан
језик којем цела лингвистика савременог света не може
да пронађе извор ни место у класификацији. Један тамо-

шњи брег, у доба препелазгијско, звао се Томарос, и био је Олимп ондашњег грчког света; на њему је био постављен први престо Зевса, који је онда био још млади син Хроносов, и ту држао први гром у руци. Средиште неба и земље био је тада један арнаутски брег! Свемир се одиста променио, али на штету арнаутску. Зевс је пао не оставивши овој невеселој Албанији ни једну једину благодет свог владања космосом.

Па ипак је све на овој води Отранта говорило јутрос сјајним речима грчке легенде. Истим овим путем кроз неколико хиљада година тумарала су небројна божанства која су освајала свет за свој култ, а небројни људи за своју сујету. И сви у истом неспокојству! Овамо је и бура морска нанела из Црног мора младог Јасона с ким је добегла Медеја, кћи краљевска, на лађи Арго. Најпре су пристали овде на Крф. Овуда је такођер ишао за њима у потеру стари краљ из Колхиде, са Црног мора, тражећи своју кћер Медеју, оставши најзад овде да насели ову обалу: да направи колоније по Епиру, и да на далматинској обали сазида град Полу, најстарије место нашег словенског приморја... Дуж целог овог пута стоје успомене велике као прашуме. И где не говори историја, туда кличе легенда.

Не заборавите да су у једно историјско доба на нашим балканским пољима Римљани тукли своје највеће битке; а оне су биле и најкрвавије, јер су биле међусобне; и водили су их највећи људи, јер су оне решавале судбину римске државе. Битка између Цезара и Помпеја код Фарсале, и битка Октавијана против Брута код Филипија, две балканске битке које су биле пресудне за Рим, који је онда значио космос... Али и трећа битка, исто тако пресудна, била је тучена овде, битка код Акцијума, између младог Августа и лепе Клеопатре. Скоро ће се на видику појавити Превеза, где се баш налазио

112

тај рт Акарнаније о који се занавек разбила египатска држава и сјајно и културно царство Птоломејâ.

Свако се и данас пита: шта би било од света да је Цезар побеђен у Галији или да је Антоније победио код Акцијума? Од ове две битке је неоспорно зависио цео изглед новог света. Али што јутрос лебди над овим топлим и сјајним водама, то је твоја силуета, лепа Клеопатро, побеђена царице од крви балканске, љубавницо какву свет није никад имао: чији је грех љубавни коштао једно царство и једну разбијену царску флоту! Ave!... Три велике жене, Клеопатра Египатска, и Теодора Византијска, и Катарина Руска, три велика државника и дипломате и три највеће љубавнице на земљи! Ave! Ave!... Ниједна, међутим, није за собом оставила толико сјаја и магије као ова кћи Птоломејева, исто толико својим генијем колико и својим лудилом љубави. Познавала је све језике народâ који су живели око њене државе, док се други владари њенога доба, чак и просвећени персијски цареви, нису умели споразумевати ни са сопственим држављанима на њиховом језику. Говорила је на језику свију појединих народа са амбасадорима далеких Парта, Троглидита, Етиопљана, Јевреја, Сиријанаца и Римљана... Најинтересантнија фигура жене старог века. Њен први љубавни састанак са Антонијем, пловећи реком Киднусом у Силицији, на галијама окованим у злато и сребро, под пурпурним једрима, у облацима запаљеног мириса, са дворском свитом у којој су египатске госпође обучене у нереиде и грације, а њени пажеви прерушени у аморе и сатире, – то је најлепша и најраскошнија слика из античке историје. Било јој тада двадесет и седам година. У Риму је већ њен стари љубавник, Јулије Цезар, био поставио њену статуу у римском храму Богиње Плођења. Цело културно човечанство тог времена знало је све фаталне чари ове чудне жене на коју ниједна друга жена античке историје није била налик. Краљица и политичар, она даје својој авантури са Антонијем такву литију какву ниједна Минерва није имала. Она одлази на љубавни састанак у Силицију, али не само да задовољи своју обест, него да, на један начин који је био источњачки, сачува пре свега угрожено царство Птоломеја. Плутарх није дао ниједан бриљантнији портрет ни савршенију прозу него описујући ову жену, скоро и сам заљубљен у њу.

А овде код Акцијума, та највећа античка љубав пропала је у запаљеним бродовима. Остало је само то да су Клеопатра и Антоније остали највећи љубавници свих векова. У бедну сенку бацају они и хришћанску идилу Абелара и Хелоизе, и талијански водвиљ Ромеа и Јулије. Антоније, сјајни предак и вечно окруњени цар свих Дон Жуана! Ненадмашни пљачкаш и блудник, крволок и херој, завојевач целог Истока и убица Цицеронов. Али и велики љубавник без примера, и за веки векова. Ave Caesar!

Све ове одлике карактера налазе се у збрци овог античког човека каквог ми не можемо данас ни замислити, чак и после Наполеона, који спада више у њихово друштво него у наше. Јулије Цезар био је развратник; али благог срца на наш начин; и био је и велики генерал и писац, али рђав политичар и државник. Август је био свиреп разбојник али добар владар, и велики политичар. Антички пагански карактери су сасвим нехетерогени и противуречни, сасвим друкче него многи хришћански. Уосталом, нема начина да се тачно мисли о великим народима из далеке историје. Савременици их не разумеју или рђаво разумеју. Они их или претерано воле, или претерано мрзе. А доцнија су колена одвећ далеко, живе у друкчем периоду историје, имају друге страсти, укусе и мерила; и гледајући кроз све ове разлике некадашње велике људе, они све виде нејасно или нетачно.

Свакако, није ипак толико важно што је Октавијан победио Антонија; јер да је било обрнуто, догодило би се само толико новог што би Клеопатра била постала царицом света, а Антоније њеним генералом. Али је Акцијум друкчије важан: овде је коначно пропало фараонско царство које је у континуитету постојало хиљадама година, и које је већ три века духовно било грчко. То царство је имало већ велике културне грчке центре на афричкој обали, отаџбине Теодора из Канопе, Аристипа филозофа и Калимаха песника из Киренаике. И није престајало ни да чува велике депозите мудрости египатског Саиса и Хелиополиса; а имало је Александрију, која је била постала највеће средиште културе тога времена, и последња тврђава цивилизације хелинског света... На Акцијуму је, дакле, утопљена коначно слобода највећег народа и најдубље религије старог века. Нил је од тад био сав у чаши Цезара! Ко зна какав би свет изгледао да је то грчко-египатско друштво било победоносно над још прилично простачким друштвом ондашње римске државе.

Међутим, моја пријатељица Холанткиња ме прекиде: „Пропао је Египат грчких Птоломејâ, пропао и Антоније и египатска флота, али је остало царство Клеопатрино на овоме свету! Оно је веће и страшније него што је било њено царство у Египту. И лепше, и духовније, и вечније!... Једна велика љубав вреди колико и велика царевина.“

Има на свету само два Истока. Један је балкански, а други је будистички. Балкански Исток, каква нигде још невиђена беда у космосу! Нема данас ни своје цивилизације, ни свог морала, ни своје природе. Грчка има своје развалине, Турска има своје хришћанске покоље, Бугарска своје лажне статистике, а ми још и данас своје хајдуке. Кажу да је једна велика река направила Египат, а један велики друм да је направио Ниниву и Вавилон.

Али су на Балкану римски путеви већ одавна зарасли, и дуж њих нема више ничег да се види. И оно што се поред њих било некад саградило, морало је да буде брзо порушено. Турци су овде посејали само своја гробља и своје епидемије. За првих стотину година и сјајни Египат напречац је изгубио све трагове дубоке фараонске цивилизације, а његов грађанин је, данашњи, бедни, постао фелах. Изгубио је за једно једино столеће све трагове грчко-римске културе која је била остала после Птоломеја и Римљана. Варвари су били некад такођер продрли у римску Галију, али нису разорили њену римску цивилизацију, него су је напротив и сами примили и постали Римљанима, оснивајући затим једну велику државу под именом Француске. Али Турци су покорили Византију, не да приме њену културу, највећу тога времена, него да је коначно разоре. Они су то учинили и у Србији, која је природно била наследница византијског генија. Били су Турци само велики војници. Данас је Балкан још права турска пустош. Треба да страни туристи дођу на Балкан тек после још стотину година. За толико времена Турци ће повешати један другог свиленим гајтанима, Грци ће отворити у својој престоници Цариграду највећу светску коцкарницу, Румуни одвести Дунав у Црно море, Бугари научити српски језик, а ми Срби пронаћи Америку...

На турском Истоку, све што вреди видети, то су њихова широка, запуштена и глуха гробља, зарасла у трње, и где влада најдубљи заборав и најглупљи мир на земљи. Сетите се гробља у Ејубу код Цариграда. Нигде смрт није потпунија и беднија него у овим источњачким гробљима. Није се посветио ниједан калиф, ни султан, ни велики везир; нису се посвећивали ни факири ни мученици за њихову веру. Посвећивали су се понекад одиста само људи ситне врсте. Вероватно највећи чудњаци и највећи аскети. Они су звани „добрим“, место „све-

116

тим", што је једино истински интересантно и велико. На турском Истоку лудаке сматрају за полусветитеље, као, уосталом, и код нас у Европи; и снабдева их и храни побожна махала. Муслимани немају апостола своје цркве, чију су веру проширили мачем и огњем. Хришћани су, истина, имали своје апостоле, па ипак се и они служили и мачем и огњем. Све је велико и свето морало канда да људима буде наметнуто насиљем! Ниједна истина није била у стању да сама себи прокрчи пут. Мухамед је нарочито био војник колико и пророк. Ниједна се жена на Истоку није посветила. Нема на Истоку свете Цецилије што свира, ни свете Терезе која пише љубавне књиге. Вековима су ови људи један другом даривали жене, као персијске ћилимове или криве сабље, или их на пијаци куповали на килограм.

Изгледа да су лепоту источњачке жене само измислили европски полигами и католички мисионери. Не може се говорити ни о лепоти градова на овом Истоку, са улицама на којима нигде не сретнете жену. Какав би изгледао Париз без жена на улици, и када би по његовим булеварима шетали само трговачки торбари и јуриле само писмоноше! Или каква би изгледала венецијанска пијаца пред Светим Марком кад би по њој шетали само Талијани и њихови голубови! – Најлепши град на свету, то није онај чије су пијаце и булевари најраскошнији, него онај град на чијој улици има највише лепих жена.

Планине албанске имале су од јутрос боју запаљеног опала. Оне су међутим пусте, стеновите као грчка или херцеговачка брда, са мало смрчеве горе. Некад су први грчки философи и спартански хероји мислили да њихове душе овамо долазе у загробни свет на одмор и испаштање. Ако је за испаштање, овај ружни део балканске земље има, одиста, за то сав изглед.

Има на свету лепих предела пред којима се занесете и у највећем заносу кликнете: „Како је овде лепо умрети!“ Пред таквим савршеним лепотама се, зачудо, и не помишља како би ту било лепо живети. Умрети у лепоти, то изгледа врхунац живота на земљи!... Половина нашег ужаса од смрти канда долази од тога што је смрт ружна. Одувек се мртви сахрањују покривени цвећем, испраћени музиком, посипани мирисом и кађени измирном. Али је смрт ипак остала ружна. Међутим, умрети у лепом пределу, на великом сунцу, на сјајним рекама, или звучним морима, како самим тиме смрт добија други изглед! – Али ова Албанија, виђена с мора, изгледа одиста земља за заточење и за очајање, а не да се у њој ни умре ни проживи један живот. Све је овде сиво: и стење, и свод изнад стења, и птица која туда пролети. Моја лепа сапутница Холанђанка, видећи ову убогу албанску обалу, рече ми: „Кад бих морала живети у Албанији, ја бих се најпре обесила у Холандији.“

Кад сам се рано јутрос обрнуо око себе по броду, цела палуба је већ била поплављена новим посматрачима. Ако у извесно доба године путујете по европским земљама, ви сретате толико путника као да је јуче свет откривен. Путовање је нова страст, и оно је дошло највише од досаде која влада у друштву човека с човеком. Сад су салони већ потиснули породицу и занемарили пријатељство. Друштво је прогутало личност. Друштво тражи нашу крв, зној, новац, памет; оно отима наше време и наше жене. Све је свачије. Учимо због друштва, богатимо се ради друштва, женимо се ради друштва. Људи се осећају срећним само кад су у друштву важни, и несрећним када у друштву нису довољно важни; нема среће за себе, ни куће за себе, ни жене за себе, ни деце за себе. Некад је све било царство домаћина који се звао господар, и жене која је имала само једног мужа. Жена из великог друштва има данас свој занат, монденство.

Ништа га не може заменити. Све изгледа створено за ту аждају која се зове друштво, и која све уништава и све профанише. Жена постаје ничија и свачија, најмање њеног мужа. Ни добра жена, ни добра мајка, ни добар друг, ни сарадник човеков, ни јавна радница. То је гадан паун који вуче за собом из куће у кућу, и из салона у салон, своје наките, најчешће лажне, и своја одела, најчешће отета, и своју памет, најчешће ништавну, и своју душу пусту и насељену гарнизоном најбезизразнијих људи.

Салонски човек иде у друштво да би нешто изгледао, као што интелектуалац, напротив, бежи од друштва да би стварао и владао. То су два човека који се више нигде не сретну заједно осим на степеницама, где се један пење кад се други спушта. У некадашњем салону су друштвени људи били чисти интелектуалци, а много пута и творци; а данас су интелектуалци и салонски људи страни једни другим, чак и противници један другог. Нема данас ни великих љубави, јер су лежерна познанства прогутала дубока пријатељства.

Није оволико данашње путовање настало што је Русо измислио страст за природу, ни што је Стивенсон измислио железницу. Путује се из очајне досаде и још више из простачког снобизма. На овим грчким морима, као по швајцарским глечерима, или по талијанским црквама, или по француским замковима, сретам читаве војске путника, који не знају ни толико географије да запамте у којем су граду преноћили. Тај свет је беда за праве путнике-епикурејце који запамте и сваки камен на који су се наслонили. Са норвешких фјордова иду ове ветрогоње на Капитол или на развалине Троје, и оданде у египатску пустињу, где сваки немачки туриста одведе своју жену да је фотографише пред Сфинксом, а где сваки Француз оде да види како га тридесет векова посматрају са врхова пирамида... Наша земља губи своју тајну; лепота се изгубила зато што је постала лепа за цео свет; равноправност је убила право; нема више ни-једне среће која није постала свачијом срећом.

Крф се указао на таласима, таман, њихајући се десно и лево, дижући се према своду, и затим понирући нагло у пучину. Најмедном се то копно указа онде где га мало-час није било.

Имају овде још два дивна острва. За једно кажу да изгледа као окамењена финичанска лађа из старог грч-ког епоса.

Путници на броду постадоше сад читав народ; из свију рупа поврве свет који дотле нико на броду није ви-део. Беше их свакаквих. Моја сапутница Холанткиња, са своја два мужа, трчала је од једног до другог краја ла-ђе, час гледајући на море које смо већ прешли и куд се сад вукао велики стуб црног дима, што је помрачавало пола неба; а час према тамнозеленом масиву Крфа, ку-да су нас пратила читава јата галебова. Док су се те сре-брне и тако поносне птице, увек гладне, с вриском у ва-здуху, стрмоглаво бацале, од неба до мора, за једним залогајем хлеба што су им добацивали путници, Крф је невероватном брзином прилазио к нама. Цело је море светлило у белим ватрама, а насред воде сијала је сунча-на локва, огромна. Ова лепа Холанђанка била је сва за-несена први пут нечим другим него собом. Сва је дрхта-ла пред оволико догађаја у небу и по води. Очи су јој биле влажне као да су биле готове да проспу сузе, мо-жда прве у животу.

Кад се пред једним величанственим призором у при-роди нађе Француз, он жели да поред себе има своју ме-тресу; кад се нађе Рус или Србин, сваки од њих жели да око себе има још пет стотина својих људи да сваком ка-жу своје усхићење; а кад се ту нађе Немац, он се свечано закуне да ће други пут доћи овде са својом женом и свом својом децом. Моја сапутница Холанткиња, међутим, која је сушта искреност, рече ми:

„Никад се не молим Богу да ми опрости погрешке. Не кајем се за грехове које сам учинила, него за оне које нисам учинила. Молим се зато Богу само да ме чува од комараца и кијавице. Али пред морем заборављам на побожност и осећам сву способност за грех. Зар није право речено да нас природа враћа инстинктима и прави порочним...“

Наша лађа је лагано ушла у затон Крфа и ту се укотвила. Бродови у Грчкој не прилазе обали, јер те обале нису утврђене, него се силази са брода у чамце, и затим са чамаца, у наручју морнарâ Грка, спушта се на земљу. Зато већ при уласку у пристаниште, чамци се из пристаништа гусарски устреме и хиљаду гласова дигну се према броду. – Подне је... Најадном је нестало свих сребрних јата галебова, без којих пут по мору увек изгледа тако невесео; само су се њих два-три њихала још изнад глатке површине у луци... Негде је на острву звонило у сатовима. Острво је блистало у свим тоновима зеленила. Високе и танке куће дизале су се на бедемима до неба, а наш је брод сада изгледао утонуо и изгубљен на тој ниској води. Лепа утврђења на Крфу су из византијског и млетачког доба; куће су из времена енглеске окупације. Фукара по обали је из времена грчког краљевства. Још ничег, међутим, да наговести да смо већ у блаженом хомерском пределу и први пут на једном митском острву.

Све је овде легенда.

Кад су синови Хроноса поделили свемир, Зевс је добио небо, Посејдон море, а Плутон загробни свет. Посејдон, азијско божанство, је од свих простора највећма волео грчко море, а од свих острва сматрао је Крф за најлепше. Зато је постао и његовим првим краљем и родоначелником свих других и доцнијих његових владара. Али то није све. Једна нимфа, Коркира, направила је овде град, и дала му своје име, које је ово острво носило кроз цео век. Затим је владао овде њен син Науситој, који му је подигао бедеме, и унук, Алкиној, који му је дао најлепше вртове на свету. Људима је поделио куће а боговима храмове. Ви знате седмо певање *Одисеје*, где Хомер опева лепоту тих вртова. То је најлепши, чак и први опис природе, који нам је остао од старих песника. Ово острво стари рапсод назива плодна Скерија. Ту је дат и љупки портрет краљеве кћери Наусикаје, у својој простоти један од најлепших портрета античких.

Алкинојеви вртови, то је овде данас равница Пезамили. Идући на поток да пере домаће рубље, Наусикаја је срела Одисеја, који је после бродолома био изишао го на обалу. Откинуо је грану маслине да покрије своју голотињу, и изађе пред девојку за коју није знао да је краљевске крви. Та простота хомерског друштва где краљице преду, а краљевске кћери перу рубље, и где краљ Итаке двадесет година оставља своје острво без владара, наличи можда само још на простоту и лепоту нашег српског епоса. – Краљевства у Грчкој су биле задужбине самих богова. С почетка је Зевс постављао краљеве, али је бранио да доцније краљевство могне аутоматски силазити с оца на сина, без Зевсовог нарочитог указа. Сви се краљеви зову и богодани, диогенес, зато што сви краљеви силазе од Зевса. Не знам да ли богоданост краљева̂, која има тако шаролику повест, има старијег теоретичара од овог дивног рапсода.

Али Крф ипак не прелази из легенде у историју за дуго времена. Уосталом, само је његова легенда сјајна, а његова историја је без поноса и без сваке лепоте. Тек кад су Коринћани, пловећи да населе острво Сицилију, упутили Керзикрата са његовим људима да населе ову љупку и плодну Скерију, тек тада Крф улази први пут у историју. Никаква култура није овде рођена. Корфиоти су одувек били дефетисти и рђави грчки патриоти. Најгору је слику о њима дао Тукидид, а највећу су срамоту показали кад су помагали римскога рушиоца Мумија да разори сјајни Коринт, одакле су се некад и сами они овде били доселили. – С мало се усхићења говорило и у најлепше грчко доба о овом чудном острву. Знам само за један опис Ксенофонов који је иначе леп колико и Хомеров. Говори о његовим слатким водама као што је доцније Овидије говорио о његовом слатком воћу...

Али је остала и данас иста стара вегетација која засењује својом лепотом. Олеандри и алоји, лоза и кактуси, маслине и чемпреси, еукалиптици, мирта, ловор – све дрвеће и цвеће још из вртова Алкинојевих!

Маслинове шуме падају овде са брегова у дугим сребрним каскадама. Није чудо што је то лепо дрво проглашено божанским. Без прастарих маслина ово острво не би имало ни своју лепоту, ни своју славу. Овде се види најсавршенији антички пејзаж Теокритов и буколика Вергилијева. Све је на овом острву мирно и прозрачно, и лако као сенка. Један грчки песник даје овде овај нежни епитаф својој драгој: „Лака ти била земља као лист маслине.“

Пошли смо са брода да обилазимо ово острво које изгледа као какав велики и фантастични брод пун цвећа и музике. Моја сапутница иде преда мном, као каква лепа мисао. Једна стара легенда и једна млада жена, толико је среће довољно да би се населило цело ово острво самим илузијама! Холанткиња је била сва у белим чипкама, као у пени. Испод њених малих ногу певао је светли и усијани песак. По нози жене најбоље наслућујете целу њену архитектуру. Стари Грци су давали највећу цену почетку женине ноге, говорећи да Венера почиње од ногу... Ова лепа холандска жена морала је направити много нереда у спокојној Германији, где је све у реду: над децом бдију анђели, а над женама официри.

Госпођа се дивила двама малим острвима на уласку у неко пристаниште. Једно је једва мало веће од морске корњаче; на њему има женски манастир у којем је доскора становала само једна калуђерица која се посветила. Друго је острво служило Беклину за његову емфатичну слику „Острво мртвих"; и насред њега има опет један убоги манастир. Ово је Илово острво, где се херој спасао од бродолома. Оба острвца прекидају монотонију линије једне овакве масе на води; поред самог Крфа, изгледају као рефрени уз једну свечану песму, или сателити уз једну ватрену планету.

Тражили смо место где се Наусикаја играла лоптом; и цркву Свете Епифаније где је некад био Хереон, храм богиње Хере; и најзад, ишли смо да видимо Ахилеон, дворац несрећне аустријске царице Јелисавете. Немачки консул се био спремио да нам изговори једну партију из Тукидида, и како су Корфиоти победили Коринћане; а млади немачки гренадир о томе како је некакав венецијански генерал разбио овде Турке и одбранио острво; и, затим, да је неки француски генерал одржао овде са својим гарнизоном опсаду од пуних шест година! Лепа наша сапутница није волела ерудицију јер јој је загорчала живот већ у Немачкој. Обожава Французе што ништа не знају, а о свачем говоре са подништавањем; и Талијане који почињу да звижде мелодију из Вердија и пред каквим античким храмом где би други говорили само о грчком политеизму. – Она мисли да је код данашњих жена луксуз заменио укус, а код данашњих људи ерудиција заменила духовитост. Ужасава се људи свезналица, који, поред све науке, никад нису у стању да кажу једну духовиту досетку. Док је њен млади рођак говорио о бојевима код Крфа, госпођа је слушала расејано, и гледала само његове велике и жарке очи као очи у младог јагуара. – Очевидно, она је волела његову младост, а не њега: и његову униформу, а не његово херојство; и радије бројала његове беле зубе, или његова сјајна дугмета на оделу него његове идеје. Сећам се једног дана кад смо се пели на цркву Светог Петра у Риму да гледамо како се гаси дан над црним крововима вечнога града. Она ми тад говораше: „У Француза на сваких десет људи има по један таленат, а у Немаца на сваких десет људи има по један идиот. Мој лепи рођак има управо онолико памети колико му треба да седне кад је уморан, да попије чашу воде кад је жедан, и да не узме воз за Цариград ако хоће да оде за Париз...“

Пут нас је повео преко пијаце која је код млетачке тврђаве. На пијаци се вежбала једна чета грчких војника, нешто збуњених и кржљавих, с пуно њих који су носили на носу тешке наочаре. Грчки официр носи своју сабљу међу два прста као мокар кишобран, као што и талијански војник носи своју пушку као виолину. Десет војника вежбају док им двадесет војника свирају. Класични народи су завештали потомцима мржњу за тријумфе и одвратност за херојство. Вежбе ове чете гледали су само много деце и слушкиња. Први пут видимо војску старог краља Ђорђа. Она нам изгледа војска која ће послужити само за параде својим краљевима и за посмртне пратње својим генералима. Грци су мање војници него револуционари. Нарочито овај грчки народ има одвратност за хероизам и хероје, јер од Хомера до Марка Боцариса само је о њима говорио и певао, а сву своју земљу посејао толиким легендама и митима да их се данас и сâм згражава. Сад је овај народ престарео, и од некадашњих философа постао је мала мудрица. Све његове страсти и љубави су старачке: добар обед, лака жена, миран сан, здрава монета.

Данас је врео дан. По улицама се растурише путници са нашег брода, који остаје у луци свега до сутра у подне. Под Аркадама су седеле неке левенте, послужујући се сладоледом, и гледале су за женама шпијунским очима више него љубавничким и завођачким. Једна уска талијанска улица пела се између енглеских кућа. О вратима дућана висиле су гривне ораха, гривне сувих риба и гривне сувих смокава. На многим местима су пред дућанима продаване шкољке и каменице напоредо са грожђем и лубеницама. Све улице по градовима у приморју имају исти мирис: све миришу на рибе, тамјан, наранче и вино.

Овде пада у очи мушки тип с илирским профилом, с талијанским очима, с кратким турским ногама, и ружним грчким брковима. Ниједан се део света није толико мешао, у погледу људства, као овај народ у вртовима Алкиноја. Није било ниједне војске која је пролазила са истока на запад, или са запада на исток, да није овде оставила више своје крви него свог зноја. Немачки гренадир, наш сапутник, заборавио је да каже како је римски освајач и покорилац Грчке, Фламиније, пре поласка на Балкан да победи Филипа, најпре извршио овде преглед својих трупа, као и Мумије, пре него што је отишао да разори Коринт. И да су, после пораза на Фарсали, велики генерали Помпејеви држали овде на Крфу последњи савет, на коме су присуствовали и Цицерон и Катон; и да се овде после пораза склонила флота Помпејева. И да су овде били сконцентрисали своје византијске трупе Велизар и његови генерали, као и Тотила своје варваре; и као што су венецијански дуждеви овде имали своје гарнизоне, тако и Турци своје чардаке и хареме... И, најзад, није поменуо све пустоши које су оставили овуд гусари сараценски и далматински, и авантуристи нормандски и катилански. Нисмо се ни сетили да су у оном пристаништу, где смо малочас бацили испушену цигарету, сви некадашњи највећи освајачи бацили котве својих галија... Одиста, овде се од једне сјајне легенде не види цео један сјајни континент.

126

У малој катедрали, неколико студених сенки, које су лежале по старим плочама, освежиле су наше очи. Свети Спиридон, крфски владика, који је био члан првог Никејског сабора, лежи згрчен у свом сребрном саркофагу. То је био један од највећих хришћанских чудотвораца, јер је у XVII веку спасао своје острво од куге, а у XVIII од турске војске. Венецијанци су покушавали у више махова да свеца однесу, да би их бранио од куге и од Турака, али се светац противио; однесена је само једна његова рука, која се и сад чува у Риму да одбрани папу од Талијана. Крфска породица Вулгарис, по завету, даје увек једног мушког члана за свештеника и чувара свечевог. Ово ме сетило само на старе паганске породице атинске: породицу Еумолпидес, која је наследством давала свештеника за Елеузину, или породицу Бузигес, која је давала свештенике да чувају паладијум на Акропољу. Не сећам се да ли више има сличних примера у другим европским религијама, али их ево овде има и данас.

Из катедрале смо пошли колима да обиђемо острво. Лаки подневни ветрић дувао је из маслинове горе усијаним путем. Маслине су бацале своје румене сенке; поред пута су сагоревале огромне купине и пепељасте агаве. Овим путем су маслинова стабла велика, често по два и три, савијена једно око другог, остављајући у средини стабла крупне прозоре, а у врховима правећи крупне рачве и крошње. На много места пландују стада бела као грудве снега, и све има изглед старе грчке приче. – Немачки консул је знао наизуст да маслинових стабала на овом острву има три милиона и осам стотина хиљада; и то пет хиљада и триста на сваки квадратни колометар; што значи четрдесет и седам стабала маслине на сваког крфског становника! Госпођа из Холандије била је тим просто запрепашћена, и њене су се руке охладиле. – Кроз шуме се виде сељанке како промичу у њиховом шареном оделу и са турбанима на глави, у којима кажу да имају и плетенице њихових баба и прабаба. Нигде не постоји сељанка лепотица него на Крфу и у нашим Конавлима.

За колима целим путем јуре километрима деца, тражећи коју лепту, и бацајући се стрмоглаво на руке и са руку на ноге, без обзира на прашину и на жегу. Крф има још остатака од талијанштине; ако се то не види по рђавој музици, види се по овако занатском просјачењу. У Италији је просјачење била религиозна установа за васпитање милосрђа. Зато просјачење није можда нигде мање отужно него онамо. Црква је поштовала просјаштво, и велики део њених светаца су били просјаци. На грчким острвима је просјаштво остало од Талијана као што у Италији за све краже верују да су грчко дело. Било је једно доба у Италији кад су калуђери били славни разбојници на друму, а њихова паства просјаци по градовима.

Моја сапутница хтела је по сваку цену да обиђе Илово острво и неку кућу пустињакову која се тамо налази. Ја сам успео да је одвратим тек пошто јој обећах да ћу је сутра пре подне одвести у један други манастир где има једна чудотворна икона Богомајке и неколико чудотворних младих калуђера. Икона је заштитница женâ које не успевају да имају плода; млади калуђери тако исто. Оне које дођу овамо у манастир, и понове све речи које им говоре ти млади калуђери, допадну се Богу и добију плода. Ниједно поклоњење икони, нити иједна молитва тих калуђера, нису обмануле. Грчки манастири и грчке молитве славни су, нарочито у погледу потомства, на овом крају света. На свака два или три манастира има по један са иконом Богомајке Зачетнице. Госпођа Холанткиња се много чудила да Немци, који су измислили барут, нису пре тога измислили овакве иконе и овакве калуђере.

Када смо ушли у вртове Ахилеона, дворца несрећне аустријске царице и несрећне мајке, среле су нас у поворци, под ниским аркадама, мраморне бисте философа и песника који су били њено друштво у тој очајној самоћи, писаца које је она много волела, а можда и читала: од Хомера и Платона до Шекспира. На самој тераци, која је цела обучена у вреже ружа, лежи, у положају капитолског гладијатора, рањени мраморни Ахил, огромно и ружно дело неаквог данског вајара. Ахил је окренут према Епиру где се тобож родио, и који лебди данас у усијаним љубичастим маглама. Светло подневно море запљускује обале разбијајући се у сребрне пене. Негде доле на дну вртова има и кип песника Хајнеа, за којег су чули и сви Јевреји овог света.

„Родити се у Минхену, живети на Крфу, и погинути у Женеви, то вреди бити несрећном царицом целог живота", рече наша сапутница, корачајући поред нас у мирису чемпреса и борића у чијим се врховима чуо мали подневни ветар.

Али је имала право ова лепа Холанткиња говорећи ми на повратку ка вароши: „Нема више смисла путовати по културним градовима Европе. Тамо већ жалостиво личе градови међу собом, као и људи који у њима живе. Нисам мајстор у уметности и немам смисла за појединости. Једва разликујем једну Мурилову Мадону од друге Мурилове Мадоне, или један прозор готске цркве од другог прозора готске цркве; као ни човека из Минхена од човека из Берлина... Углавном, један европски музеј има за мене све што има и неки други европски музеј! Ко је дуго живео у Паризу тај нема више ништа ново да види у Европи. У Паризу само недостаје један Турчин с камилом и један Талијан с мајмуном. Париз иначе има све; и још више. После Париза остају још ново само пустиња и фатаморгане за наше блазиране очи..."

Такво је једно мало чудо за блазиране очи и манастир Палео-Кастрица, овде, на једном обронку над морем, ограђен као тврђава, са његовим зидовима пуним бршљана, гуштера и птичјих јата. Манастир је мирисао на тамјан, олеандре и ђубре. Цркви су давале неку простачку раскош многобројне иконе са ружним лицима светаца, окованим дивљачки, као и у нас, у грубо сребро. Млади калуђери су нам послуживали смокве и кафу и дуван и вино. Имали су по свему изглед више разбојникâ него богомољаца. Смејали су се на оно што сами кажу, и чудили се оном што нису ни чули. Нема одиста ниједна друга црква свештенике који су оволико ван живота, овако зарасли у људождерске браде, и овако утонули у непремостиву глупост. Српски су свештеници били вође народа и војсковође у устанцима. У Срба је одиста само светосавље спасло православље: идеја о цркви је била нераздвојна од идеје о држави. – Католички су калуђери научници који пишу дубоке књиге, и фабриканти који праве најбољи сир и најлепшу ракију. Они су учитељи морала и добрих манира, професори речитости, и мало треба да буду и учитељи играња. Доминиканци су дали велике политичаре црквене, и Саванаролу и светог Тому Аквинског, који је једна од највећих физиономија хришћанства; а фрањевци су дали светог Бонавентуру, једног од најинтересантнијих мистика и философа. Истина, изгорели су на ватри Ђордана Бруна и осудили на смрт Галилеја, не признавајући њихову науку. Али само зато што су имали своју науку. Ти свештеници прогоне модерни прогрес, али га знају, и често узимају у њему чак и велико учешће. Све чему уче католички свештеници, то је живот на овом свету. Паклом плаше, али га не тумаче. Код грчких калуђера се, напротив, говори више о паклу него о еванђељу. Не постоји учење него обред, ни живот него кајање. И то кајање за нешто што се није ни проживело ни разумело;

кајање за грехе туђе више него за своје. Ови се калуђери не држе ни длаком за овај или други свет; живе у заједничким молитвама и међусобним тучама. Католички калуђери бар знају Хорацијеве стихове лепој Лидији, и Катулове лепој Клаудији, и Проперцијеве лепој Цинтији, и понављају их нежније него псалме цара Давида. За ове данашње грчке калуђере блажени загробни живот почиње онде где свршава њихова безмерна глупост овог света. И грчки калуђери су били велики кад су се бавили паганским писцима. Аскетизам грчке цркве је узвисио олтар, али унизио амвон.

Други дан смо опет били на усамљеном мору, пловећи за Атину, где кроз Коринтски залив стижемо тек сутрадан увече. Море је било овај пут зелено као маховина. Ово је лепо море хомерског света, море највећег песника и чудотворца којег је дало античко људство. Је ли могуће да је Хомер био одиста савременик људи који су живели с њим заједно? Данте то одиста није био. А да је и Шекспир био и духовно савременик оних које је сретао улицама свог Стратфорда, зар ти људи не би нешто запамтили и забележили о животу највећег човека свог времена? Противно од онога што се рекло, треба утврдити да нема веће разлике него између великог песника и друштва његовог доба. Песник је увек једно острво за себе; међу људима, он је увек само претходник и гласоноша другог доба. — Откривени су недавно гробови у старој Микени и изнесени златарски радови и оружја, чак и скелети оних које је Хомер опевао у свом тројанском епосу. На тим златарским радовима и на форми оружја види се само египатски утицај. Али коме утицају дугује Хомер своју ненадмашну уметност на којој се не види никакав предак? Изгледа да је већ био изграђен грчки језик до савршенства пре него што је издана и прва грчка књига! И постигнуто је савршенство хомерске метафоре пре него што је и постало било грчко друштво! У Хомера је одиста све његово, без предака и без последника. И ако је што добио од других рапсода у наследство, морало је то бити ситно према његовом огромном епосу, очевидно конструисаном као целина већ у самом свом зачетку. – Све је у уметности лакше створити него један језик песников. Хомер и Данте и Шекспир су зато не само писци великих дела него и највећих језика, а то је скоро божанска моћ и мисија међу људима. Зато је Хомер због језика био и први и највећи песник свих векова и свих народа. На овим грчким морима, која је он први опевао, лебди одиста на сваком месту глас тог рапсода, за којег нико не зна и да ли је постојао, као глас Божји на водама.

Ружичасте магле лежале су над Левкадом и Светим Мауром кад је туда наишао наш брод. Крф је остао за нама у фантастичним одблесцима сунца, и у тамнозеленом и чивитастом привиђењу нечега што је сад лебдело између неба и воде. Некад су, кажу, ова два острва била исти континент, а доцније су их Коринћани одвојили вештачким прокопом. Једна магловита традиција каже и да је овде скочила у море песникиња Сапфа зато што је није волео љубавник Пеан, што би изгледало збрка и легенда, иако је то забележио и сâм песник Менандар, а поновио и учени Страбон. На овом месту је умрла и једна српска владарка нашег средњег века, деспотица жена Лазара Бранковића. – У даљини се виде обале Акарнаније, на чијим је последњим ивицама, у Коринтском заливу, стражарио некад Душанов војник, док је други истовремено чувао наше царство под Једренима, а трећи под далматинским Клисом!... Ја сам био срећан да у ову светлост Јонског мора унесем успомену и на сјајну повест о моћном некадашњем царству моје крви.

Брзо се, у жутилу опала, указа и острво Кефалонија, одакле је Бајрон, највећи песник овог мора после Хомера, отишао у Мисолунги да умре за слободу славног грчког народа. И острво Занте наједном искрсну у сребрним копренама. То је оно острво које је у *Мелпомени* опевао Херодот као рапсод већма него што га је описао као историчар.

Успомене, то су бели новци за црне дане. Како ће некад, много доцније, изгледати ово море у мојој успомени! Море виђено у овој младости, море по којем је с вала на вал пловила моја усхићена душа, као гнездо алкиона. Колико ће бити нежна та далека визија кад остарим, и кад из очајања можда одем у Швајцарску, и да као пензионар учим виолину и историју религијâ, живећи са својим књигама, кокошима и мачкама; и да у доколици и досади швајцарске земље измишљам какву нову веру или какву нову пушку...

Море је светлело и певало непрестано. Тамнозелена Јонска острва ницала су једна за другим, и сретала нас путем, као изгубљене старе галије.

ПИСМО ИЗ ИТАЛИЈЕ

РИМ, октобра 19**

Кад нам је двадесет година, ми на римским улицама мислимо на стотине генерација лепих римских жена које су прошле тим путима. У тридесетој години, ми овде мислимо на старинске римске хероје и тражимо по путу Апији стопе далеких цезарских легија. У четрдесетој, мислимо на античке беседнике и мудраце. У педесетој, на мученике и светитеље. – Има наше срце једно своје доба Петронија и Лукула, друго Сципиона и Помпеја, треће Цицерона и Сенеке, четврто светог Павла и свете Цецилије... И градови имају увек по једно доба људског живота и људских страсти; а једини је град Рим који има сва наша доба, и који даје свакој нашој страсти своје магије и своје истине; и када год се вратимо овамо, ми увек откривамо овде нова чудеса и нове лепоте. Рим није само вечит, него и вечно друкчији.

Јер ни на једној стопи наше земље није дуже боравила људска мисао, ни више оставила трага људска енергија. Римска држава није престајала у свету за непуне три хиљаде година: када је свршила цезарска држава, она се претворила у духовно царство и папску државу. У Цариграду је једно време био златни престо римских царева, али је у Риму остала и даље бронзана столица светог Петра. Владара на Палатину брзо је заменио владар у Латерану и у Ватикану. Од цезара, који је био војник и првосвештеник, остао је владар и првосвештеник. Остала је у многом погледу и основа старе државне организације некадашњег царства: само место консулâ и проконсулâ у истим далеким провинцијама, постојали су сада владике и кардинали. То духовно царство и кад је губило своју снагу, није губило свој континуитет.

Никад се хришћанство не би било оволико раширило да није знало за путеве којим су и дотле ишли римски освајачи света; нити би се било одржало да није себи најпре потчинило Рим. Беседници с форума отишли су на предикаонице. Порез који се плаћао Богу и цезару, доцније се плаћао Богу и папи. Кад је већ Рим престао бити престоницом целог античког света, постао је престоницом будуће опште вере; и умирући, стара држава се само овековечила. Уједињење човечанства у једној држави није раније било успело, и сад се тек пошло да се оно уједини у једној општој цркви. Паганизам није могао бити општа вера, јер је био основан на локалним божанствима; али што није могао бити Јупитер, то је сад могао Бог хришћанства. Нове легије које су пошле одавде нису носиле орлове, него еванђеља; и путевима Апијом и Номентаном нису више ишле легије, него мисионери.

Атина је бивала и пролазила, али је Рим остао средиште света и магија људства које је најдубље веровало у Бога. Није само једном имао папа снагу некадашњих цезара. Јеретици, германски и француски краљеви, подела вере на више цркава, и подела папства на више папа, ренесанса и реформа, све је прошло над овим градом, али главне његове основе никад нису попуцале. Разврати и уморства, која су ишла из Латерана и Ватикана, чинили су често да папа губи моћ и углед; али је свет побожни разликовао личност човека од личности свештеника, и свет је примао благослове Бонифација VII и Александра VI, и узимао причест из руке убица.

И данас ствари овде имају изглед свештених утвари; и све живи у усамљености своје историјске лепоте јер је свака од њих један документ људске мисли и савести. Рим је највеће средиште, јер је овде рођена идеја о општој држави и затим основа о општој вери. Овде је постао славни римски законик о организацији живота: ослобођењу слуге од господара, сина од оца, жене од мужа, грађанина од цезара. Али је овде зачета и идеја о љубави још и пре хришћанског учења, јер римски философи нису били космичари него моралисти; и Епиктет, и Сенека, и Цицерон, и Марко Аурелије, говоре о моралу основаном на братству и једнакости међу људима. Идеја о човечанству и идеја о човечности постале су овде истовремено. Ниједан други антички народ није ишао да осваја да би ујединио, него да би покорио; само је римски народ имао смисао о великој заједници под истим законима. Истина, он је пропао баш кад је постао општим царством, али се обновио постајући општом црквом. Римска држава и хришћанска црква живе у свима делима људског прогреса од времена кад су постале. За двадесет векова није се од њих могло одвојити ништа што би скренуло на беспуће ова два велика појма: римску правду и хришћанску љубав. Геније човечанства развијао се на њима кроз најразличније и најпротивуречније историјске периоде. Римска држава и хришћанска црква, то су до данас два највећа схватања величине и хармоније.

Никад Рим није лепши него ноћу, и нигде ноћ није лепша него у Риму. Има улицâ и пијацâ које никад нисам видео друкче него ноћу, и којима никад нисам знао име ни правац. Такве су улице у Borgo Vecchio, и квартовима у којима живе мали људи, где се прозори погасе већ од првог мрака, и где је тишина дубока као ноћно море. Прелазио сам туда широке пијаце где у дубоком ћутању свог трулог камења стоје залеђене старе палате и мана-стири, и где нас ноћне утваре пресрећу као непријатељ-ске страже, и прате до куће као разбојници. Овуда кора-чамо, а изгледа нам да тонемо; осећамо под ногама широке плоче, а изгледа нам да смо у барци која је изгу-била своја весла. Свугде се испречиле сенке као непро-ходне шуме; а кад кроз мрак ударе сати с које цркве, ни-ко се не би усудио да их броји.

У овим су тамним квартовима изумрли читави наро-ди. Овом су стопом земљишта прошле и војске освајача, и сјајне процесије, и патроле инквизиције, и мученици и свеци, и најбучнији карневали, и најлепше жене, и најве-ћи људи. А све стоји још и данас на свом старом месту. Па ипак на сваком раскршћу, какав страх од смрти. Рим је вечан, а смрт је ипак на сваком кораку. Осећање да све овде умире, и трагичније него игде, никад нас не оставља, ни онде где нам све изгледа необориво и вечи-то. Рим је вечан, али као тамна палата смрти. Ова бор-ба тих неумрлих ствари са смрћу, која се види на сваком месту, то је оно што се најдубље осети у тим ноћним лу-тањима по једном неизмерном беспућу лепоте и туге.

У римским пољима и римским вечерима први пут сам познао дубоко и неодољиво осећање самоће које на-ше време више нигде не даје. Једина земља самоће, то је данас још Италија, са толиким празним обалама, и шу-мама куда још не пиште возови, са усамљеним малим градовима пуним цркава, са селима којима нико не зна име. Концем XIX века је Италија још скоро сва средњо-вековна а Рим папски. У Француској су данас на најлеп-шим местима хотели, у Швајцарској санаторијуми, у Не-мачкој касарне, у Србији пивнице, у Белгији фабрике, у Русији цркве, у Турској гробља. Само је још у Италији могуће видети лепоту и тишину, неподвајане и уједиње-не. Само се ту и сад види лепота неоскврњена и тишина необешчашћена. Талијанска уметност је давала велика дела, јер су постојали уметници који су радили у мирним градовима далеко од престонице, или живели у престоници далеко од људи.

Нико данас не зна колика је беда и унижење не смети остати сâм са собом. Нико не зна колика је несрећа никад не чути у самоћи како тече наша сопствена крв кроз наше вене и слепоочнице, ни како се чују кораци наших сопствених мисли у тишини самоће у којој се све прокаже и све проговори. Ни колика је лепота чути говор воде и пупчање шуме у тишини; и гледати очи животиња у самоћи; и мотрити војске мрава на путу којим нико не пролази; и слепе мишеве у ваздуху у којем је све изумрло и угашено. Ко је био онај полубог који је поставио у самоћу пустиње Сфинкса са онако раширеним очима и онако отвореним ушима? Тај је дао највећу реч о лепоти и дубини самоће. Један стуб у античком римском пољу, чија једна половина стоји а друга лежи у трави, каква је то неодољива лепота смрти и славе! Има тишинâ којих се сећам више него најлепших речи.

Једни беже од људи у самоћу, а други беже од самоће међу људе. Онај који навикне на самоћу, прекида са светом као што чедан прекида са порочним, или чист са нечистим. Коме се год у духу настанила једна велика идеја или у срцу велико осећање, он се повлачи у самоћу шуме и поља, или у један угао собе, да ту сазру у њему највеће његове истине. И када љубимо, најискреније љубимо у тишини осаме; за љубав је свет њен прогонилац, пљачкаш, убица. Ако данас нема великих љубави, то је зато што нема великих самоћа. Данашњи салон сатире у заметку све велике љубави, и замењује их великим злочинима над собом и над другим. Велике љубави су рад немих и глухих сати као и велике идеје. Велика љубав је саблест која живи у пећини пустој и празној, и по шумама где не допире други глас него глас душе, која се, тако чиста, плоди слободно у неизмерне лепоте пожртвовања и вере у другог. Сујета се лечи само самоћом; самотник је једини господар самог себе.

Бог обитава пустињу и тамо га сви нађоше. Мржња не клија него по путевима хучних гомила и у хуци језика. У самоћи нема мржње: осамити се, то значи очистити се. Све у самоћи постаје узвишено, највише, најдубље. Ако је човек философ, он се предаје самоћи да би знао цену живота, виши смисао о свету, и да би пришао божанству. Само малога човека самоћа направи болесником, и она његову душу отрује сумњама и испуни страхом. Има света који се не сме обрнути сам у шуми, и који у страху од самоће залута на отвореном пољу. За самоћу треба бити снажан и духовитији него за највиши свет једног друштва. – Буда и Христос су отишли у пустињу да се разговоре с вечношћу, што значи да у самоћи пречисте себе, и затим се врате међу гомиле које треба обасјати. Глас из пустиње, глас јеврејских пророка, то је глас оних који су се окупали у тишини мртвих простора, и чули у себи глас неизмерне доброте и дубоке чистоте које владају само у самоћи. Они су затим ишли да објаве да су видели Бога, исток и запад свега. А то је зато што су у самоћи чули своју душу, еманацију божју, у пределу где се једино она чује, очишћена од свега, и као у ватри прекаљена.

Све велике творевине су дело самоће; све се велико родило у пустињаку. Свети Бруно вапи: „О beata solitudo! О sola solitudo!...“ Микеланђело је живео у пустињи, јер се одвајао од света. Његове су оне благе и сјајне речи: „Не будите ме; говорите тихо... Non mi risvegliate, parlate basso...“ Петрарка није пристао да живи у блеску Ватикана, и цело његово дело носи велики печат идејног и трансцендентног живота једног самотника. Лаура је само у самоћи добила ону узвишену лепоту Богородице. Милтон је, слеп и одвојен од света, говорио другом у перо свој религиозни епос, и био равнодушан што, за вре ме док изговара своје свештене стихове, по улицама његовог града бесни револуција. Мали и мирни тоскански градови и фламански неми бургови дали су највеће уметнике. Париз и Лондон нису за велике песнике. Сви писци из тих данашњих Вавилона, у упоређењу на старе писце, имају на својим делима траг расејаности каква се има увек кад се говори с другим људима, а без оне благости и узвишене мирноће која се има кад се говори са самим собом. Пример Виктор Иго. Стални додир са светом, тумарање међу гомилама, раздражљивост његове сујете, нису дозволили да његова поезија добије оно религиозно осећање спокојства које има само узвишена усамљеност једне душе. Треба да се уметник и мислилац одвоји у пустињу, или се затвори у своју кућу као у тврђаву, и не силази међу свет друкчије него што силазе они из тврђаве, у сухе дане, на реку, по воду.

Волео сам блага поподна на расејаним и пометеним путевима на старом Авентину, једном од седам римских брегова, јединому који је још за моје време остао скоро исти онакав какав је био у најстарије католичко доба. Значи са кућама на којима изгледа да се врата никад не отварају, са црквама по којима се нико не види, са пролазницима који су сви домаћи људи, са колима која још не носе туристе из белог света, а чије је шуме опевао Овидије. Једно танко звоно, можда са Свете Сабине, прво овде осети конац дана, и одмах затим дигне на узбуну хиљаду других римских звонара. Једно за другим, као јата белих птица, дигну се у ваздух звуци са Свете Бибијане, затим са Свете Нереје и Ахилеје, и после са Светог Чезара, док најзад не забруји цео свештени град с краја до на крај, у безбројним металима, у једној какофонији свих тонова, и док се све то не раствори у потмуло једнолично брујање и у прашину мелодије. То је час кад се Рим растаје са једним окончаним даном или једним окончаним столећем. Звуци се тада помешају са целим морем шарене светлости која пада из неба или наиђе из поља. Са неколико невидљивих и прастарих звонара ударе стари маљеви и клатна, а звуци попадају по тамним крововима и поломе се по тротоарима. Светлост иде изнад града у лепршавим огњеним платнима. Ветрић се игра сјајем и мелодијом у ваздуху који је препун ватре и звука. То дугочасно брујање старог града из сваке његове пукотине и из сваке његове поре, то је извесно једна религиозна екстаза коју никакав град на свету није могао дати. Дуги и несравњиви четврт сата у вечерњем римском пољу, то је један од највећих догађаја људског срца.

Овде таквим сјајем отпочињу ноћи каквим би другде отпочело јутро. У другим старим хришћанским градовима падање мрака је језиво, као да ће се истог часа погасити све ватре овог света и затворити сви извори воде. По њиним улицама падне мрак који од ствари направи утваре и наказе. Али овде падање ноћи, то је провала светлости. Боје се претварају у ватрена влакна која се дуго исткивају и распредају, замршују и расплећу, и које од свега на земљи начине интриге сунца. Стари град изгледа тад да је изишао из својих темеља и да лебди у ваздуху кроз који протичу дубоке реке звука. Ово је ненадмашна слава у природи и празник у небу. Најзад, и кад Рим већ цео замркне, још по Авентину тумарају разбијене војске светлости. Оне нестану тек кад у даљини малакше и последње старо звоно, једно од оних која су сто пута позивала да се бежи од варвара; или сребрни гласић каквог малог звона које у тами утрне, као свећица.

Овај брег Авентино је у античко доба био најскромнији од седам римских брегова. У цезарско доба, брдо нишчих. Његова убога лепота нема повести; има једва мало легенде. За време Ромула, још овај брег није припадао његовој држави. Авентино је за римско краљевство први освојио благи краљ Нума, Ромулов први наследник, кад је победио два сатира, Пика и Фауна, који су дотле владали овим брегом. А победио их је кад их је заробио пијане од његовог вина и меда што је лукави краљ био кришом усуо у изворе са којих су они пили воду; иначе никад не би победио друкче та два фауна са брзим ногама и опасним рошчићима.

Авентино је била велика покрајина самоће и дубоко царство тишине. А краљ Нума је био највећи самотник старог века, и највећи љубавник самоће. Савршени мистик и најрелигиознији владар; најчуднија паганска персоналност и најизрађенији тип краља-мудраца. Можда је Нума само један историјски мит, али ипак готова морална и духовна истина; и можда само фантастична фигура, али ипак изграђена физиономија. Ни сањалица ни меланхолик, него ћуталица и мислилац. Изабрао је Авентино, ту тврђаву тишине, за своју неспокојну и невеселу душу. Бежао је од људи које је волео и дружио се само са нимфом Егеријом, чија је шума била близу Авентина, и која је знала божанске тајне и говорила их краљу.

Једино самотничке стопе тог чудног владара остале су и данас по античком Авентину, изабраном за побожна лутања. Стари век је сматрао краља Нуму учеником Питагоре, јер је и овај грчки мистик наредио био ћутање својим ученицима. Међутим, Нума је живео више него за столеће пре мудраца грчког; али ако није био његов ученик, значи само да је био питагорист пре Питагоре. – Свакако, Нума је био различан од свих других шефова народних и државних античког доба; дубљи него Тезеј и чуднији него Ликург. Од ратничког Ромуловог града направио је град храмова; од добрих људи, свештенике; од војника, занатлије; од поштених жена, калуђерице. За преко четрдесет година његовог краље-

142

вања, никад није било рата: јер је тај љубитељ тишине веровао да је мир највећа мудрост живота. – За себе и своју самотничку душу освојио је од фауна једино овај Авентино са његовим каскадама маслинâ и водâ. Али, никакву другу земљу или краљевство. Краљ Нума је и подигао у Риму храм богиње Тацити, што значи божанству Ћутања, богиње са затвореним уснама.

Али откуд тај чудни инстинкт за самоћу у то доба историје кад су још владале дубоке тишине по целој земљи? Откуда та љубав за изналажење тајне живота у доба када је људство тек било почело, и кад живот своју праву тајну није још ни имао? У лепом миту о Нуми има и нечег савршено хришћанског. Овакав какав је, највише кроз Плутарха, дошао до нас, Нума је најхришћанскије лице паганског света, и по својој љубави за људе, од којих се иначе крио, и по свом страху од тајне за којом је међутим неуморно трагао. Авентино није, дакле, никад престајао да буде брдо меланхолије, јер је било брдо вере и самоће, које су, обадве, направљене од туге. Краљ Нума је још сјајна утвара коју често сретате по самотним путима римске кампање, једини који овде господари нашим самоћама, и чији је мит лепши од Августове повести.

Авентино је доцније још само једном постао озарени брег. Ако је за цезарско доба био брдо нишчих, за папско доба је био пребивалиште неколицине великих светаца. Још овде у једној цркви стоји проповедница папе и Григорија Великог, који је спасао Рим од куге и од варвара, и говорио овде благу хришћанску истину у њеној целој назаретској чистоти. Али је Авентино био највећи кад је био једног дана постао тврђавом угроженог хришћанства: кад је овде под једном наранџом сањао свети Доминико, један од највећих политичара и војника вере, свој страшни сан Христовог осветника. Зато сам у своја пролетња и јесења лутања овуд већма мислио на ову огромну средњовековну фигуру него на све што јој је овде претходило. Само је лепо оно што је страшно – рекао је енглески песник.

Два највећа свеца из XIII века били су талијански мистик свети Фрања из Асизе и шпански догматичар свети Доминико из кастиљанске Калеруеге. Ничег нису имали заједничког та два свеца савременика и лична познаника, осим што је светац из Асизе онолико волео веру колико је светац из Шпаније мрзео безвернике. Талијански мистик је живео по шумама и пећинама свог Субазија и на меланхоличном језеру Тразимене говорио да је Бог свугде: у срцима људи, у крилима птица, у снази зверова. Курјаци умиру од глади а птице од мраза; и све је уједињено у општој судбини. Сва бића су везана међу собом, а сва уједно везана за Творца који је извор заједнице и љубави. Шпански светац, напротив, проповедао је по Шпанији и Француској покољ јеретика патарена говорећи да су деца сотонина. И, на шпански начин, одвајао је од Бога не само животиње него и људе који нису веровали као он.

Ученици свеца из Асизе вратили су талијанском католичанству нежност примитивне хришћанске цркве каква се од доба Григорија Великог није више познавала; а ученици свеца из Шпаније унели су у веру ригоризам и непомирљивост шпанског амвона, и упалили гломаче инквизиције. Свети Франческо је и зверове звао браћом, а свети Доминик је и целе људске провинције препоручивао за пламен и целате. У овој двојици светитеља су, јасније него игде, оличене разлике између ведрог католичанства талијанског и мрачног католичанства шпанског. Никад у Шпанији не би могао понићи проповедник као светац из Асизе, да се исти час не би обрнуо у мрачњака као што је био овај светац из Калеруеге. – Свети Доминико је био кључар и магнат цркве, а свети Франческо је њен песник и гладница. Један виче целатима: „Побијте их све, а Бог ће после сâм одвојити добре од рђавих." Други благосиља рањаве и лечи губаве. Свети Франческо је био пророк и скрушени слуга олтара; а свети Доминико је био теолог догматичар, црквени политичар, и, најзад, војник вере. Један је клицао љубав, а други поредак; један веру, а други догму; један побожност, а други послушност. Доминиканци су били војска цркве против јеретика, и од почетка XIII века шефови папске инквизиције Санто уфицио. И то све док нису дошле војске језуита да их смене у XV веку. Само је Шпанац Игнасио из Лојоле могао сменити Шпанца Доминика из Калеруеге. Доминиканци су били преки војници, а језуити били гипки дипломати. И Савонарола и Томасо Кампанела су били доминиканци. – Али између светог Франческа и светог Доминика постојале су и разлике у погледу развитка саме вере: први је оличење једне благе верске идиле, а други је оличење свирепе верске политике.

Данте се дивио обојици на начин великог католичког песника. Светом Франческу се дивио, јер је дао вери своје детиње срце... Naque al mondo un Sole... А светом Доминику се дивио, јер је истој вери дао своју гвоздену мишицу.

Нигде историјска визија није ни моћна ни сугестивна колико у Риму. Ми се овде осећамо савременици свих ствари овог града, које од свог детињства сви носимо у памети. Као да су јуче на наше очи ударили овде први четвртасти камен на Палатину двојица младе браће које је задојила вучица из римског поља. Као да смо својим очима видели све цезаре у цирку, све папе на амвону, све мученике на гломачи, све варваре на бесним коњима победилаца и рушилаца. И као да смо и сами ишли овуд гологлави у свима процесијама. Живот атинског света и источних народа старог доба ми смо само разумели и запамтили; али живот овог града, ми смо и сами проживели. Атина је узвишенија, али нам је Рим ближи.

Јер су стари римски људи још уз нас и са нама. Још идемо њиним путевима по свима старим континентима; и још прелазимо преко њиних мостова, по нашим сопственим рекама; и још по нашим пољима лежи римски свет у гробљима која откопавамо; и још се дивимо њиховим аквадуцима и пијемо воду из њихових цистерна као из њиховог длана. Зато су нам блиски. И кад нисмо ми код њих у Риму, они су код нас и у нашој кући.

Чак и грчка мисао је прешла на велики део нас преко живота римског: преко њихових књига и њихових институција. За наш морални живот је на тај начин стоицизам био једно од највећих упоришта, а стоицизам је стварно дошао к нама више из Рима него непосредно из Атине. Римски стоици су га и изградили. Код атинских стоика је врлина изгледала сујета, затварање у себе, привилегија елите; а код римског грађанина је та иста доктрина постала грађанском свешћу, правим смислом, социјалним осећањем, науком о акцији, вером у дужност. Цицерон препоручује своме народу само философију која је практична мудрост за живот, као што је Волтер доцније то исто препоручивао свом народу и свом времену. То је зато што су Платон·у Риму а Декарт у Француској подједнако, сваки у своје доба, били одвели друштво у чисте апстракције које су биле без везе с људским животом. Зато се каже да је Цицерон био реакција на Платона и Волтер на Декарта. И философија, и историја, и књижевност, све је било, затим, у Риму у знаку стоицизма, као што Декарт доцније није никад престајао да за Французе значи философа француске расе и њене идеје о животу. У Риму су били подједнако искрени стоици и преубоги Епиктет као и пребогати Сенека! Нико није био дубље стоички моралан него Тацит; ни стоички практичан као Папинијан или Гај; ни стоички чист као Јувенал или као Марко Аурелије; ни стоички храбар као Брут или Катон. Стоицизам је овде стварно замењивао религију, и философи су тако били узели боговима њихова места.

Хришћански наук нам је једини дао идеју о љубави човечанској без обзира на расе и сталеж. Али стоицизам је дао безброј људских карактера који су постали школски узори за народ и песнички узори за све творевине духа. А били су и потпуно хришћански узвишени. Римљани су били у своје доба највећи народ на свету, али и једини који су разумевали величину света. Римски моралисти су говорили о човечанству, а римски законодавци су унели стоицизам у општу идеју о правди, и изграђивали законе за свет а не само за себе. То је оно што највише усхићује у идеји о Риму. Ни сами нисмо свесни колико у сваком од нас, у погледу идејном и моралном, има од римског карактера. Рим је био највећа школа о праву и дужности. – Рим је имао велике цареве какве није имала никад ниједна друга држава на земљи: Трајана, Антонија Побожног, Септима Севера, Марка Аурелија и Јовијана. Свет још и данас вапи за таквим владарима. Примери хероја и идеолога и мученика Брута, Катона и Перса, и данас су мерило за просвећено јунаштво, и за смисао о грађанској дужности. Чак и сами римски примери тирана, крволока и развратника били су највеће мере могућности. Све је овде било велико, и добро и зло; све је изражено у потпуности и у парадоксу.

Рим је био тло где се вечито живело за неку идеју. Ко ће порећи да пагански римски мудраци нису били инспирисани колико и хришћански Свети оци? И ко ће порећи да пагански хероји нису умирали за своју идеју са истом мистичном егзалтацијом с којом су хришћански мученици умирали за своју фикцију! Стари Рим је имао своје карактере и за папско доба, и којим се поноси људство: Григорије Велики, Арнаулдо из Брешије, свети Франческо, Савонарола. – Стари Рим је живео у разврату и насиљу какве блага Атина није познавала; али те страшне мрље историје опрале су величине римских хероја. У хришћанско доба је папа Јован XII имао харем у свом Латерану и једног ђакона посветио у штали; у породици папе Александра VI трују једно друго. Али су овакве ужасе хришћанског света опрали својом крвљу хришћански мученици. То је ненадмашна лепота на овом тлу вечитог прегорења и борбе за утопију.

Није свет знао за правду нити су људи знали за право док није постао римски грађанин. Нису народи престајали да се искорењују док нису дошле легије да донесу мир. Нису постојале ни европске народности док није цезар у оквиру римске државе формирао варварске масе. Наш идејни живот је везан за грчке философе, наш морални смисао за јеврејске пророке, али наша идеја о грађанској величини за римске карактере. Зато овде у Риму нико није странац. Сви смо пили на том извору, и сви смо прожети овом светлошћу. На сваком старом камену овог града има нешто написано од дубине свих људских колена, и овде је запечаћено нешто од сопствене судбине свију нас.

Нема ипак већег насиља над својим духом и душом него се поделити у Риму између две врсте узбуђења: оних које нам даје доба цезарско и оних из доба папског. Уосталом, све се овде наслонило једно на друго: старо цезарско купатило на какву цркву средњег века; или црква средњег века на какав данашњи енглески хотел. Била је вечита судбина Рима да једно обара кад треба да нешто ново подигне, и он је то подизао увек баш на истом месту, и често истим камењем, и на истим старим темељима. Није никад овде било суревњивости за прошлост. Старе базилике претваране су у хришћанске цркве; стари форуми у нове пијаце рибе и поврћа; стари храмови у народне саборнице; стари папски Квиринал, у палату савојских краљева нове државе. Велика црква Арачели на Капитолу подигнута је на деловима храма Јупитеровог који је у цезарско доба имао кров од злата. У њу су донесени стубови ко зна све из којих паганских храмова, а један чак носи натпис да је из спаваће собе Августове. Тако и тридесет и шест јонских стубова од белог мрамора у цркви Свете Марије Мађоре, узети су из храма Јунониног. У Латерану су четири позлаћена стуба донесена из храма са Капитола; Август их је излио од бронзаних кљунова египатских бродова после битке код Акцијума.

Нема тога нигде другде. У старој Теби је Рамесеум остао на свом месту усамљен у свом болу и својој лепоти, као и Амонов храм билизу њега; и као Партенон у Атини и Света Софија у Цариграду. Али у Риму је Света Сабина подигнута на зидовима храма Дијаниног; Света Марија сопра Минерва над храмом Минерве; а Света Марија Египатска је био најпре храм који је сазидао још краљ Сервије Тулије. – Све је помешано у слави и конфузно у односима. Према Марку Аурелију на бронзаном коњу на Капитолу, диже се високо под небом Гарибалди на железном коњу на Јаникулу. Недалеко до гроба Пија IX види се у једној палати споменик једног Зуава који је пао у борби против папског егоизма и за народну државу. Поново је пробушен Палатин и нађене су, испод дворова старих цезара, куће старе господе, можда из времена Кориолана. Да се копало дубље, нашло би се и више. Била је и та вечна судбина овог града да у њему ништа не умре од себе, и да се на свачем види насиље људске руке и свирепа воља за такмичењем. Овде је свако доба оставило своје трагове величине и бруке. Један од седам брегова на којима је саграђен Рим, требао је да отвори своју утробу да туда прође један тунел. Уз славну цркву на Капитолу, где има мрамора од Донатела и где је олтар сликао и чудни Пинтурикио, наслонио се накарадни модерни споменик Уједињења, иронија данашњег дегенерисаног уметничког генија ове земље. Нови банкарски Рим хоће све да затре: да своје дућане метне у старе палате, а своје банке да метне у старе цркве. Нигде се као у Риму не виде контрасти генерацијâ, и нигде сукоби укуса нису овако јасно исписани на стварима.

Велика јата шева певају песму вечне светлости, над мрким камењем, с обе стране пута Апије. Овде римски предео има над собом целу половину неба. Видик је безмеран. Римска поља се таласају у светлости која је веома помична, и која ниједној ствари не даје да остане равнодушна и закована за земљу. Бела црта овог широког пута иде одавде до мора, нестајући у даљини као сребрн глас.

Поред оваквих путева, најживљих и најосветљенијих, стари свет је дизао своја гробља. Стојали су овде господски мрамори са натписима пуним простачке поезије и кукавичког опраштања од живота. Мртви су овде били предстража живих. Они су овамо дошли да буду учасници љубави и сунца, јер је Апија била вена живота. Овде су били гробови Сенеке, Плинија Млађег и Луцинија; али је овде било и вечерње шеталиште старог Рима, као што је данас Пинчо. Златне носиљке куртизанки мешале су се са кочијама претора и сенатора. Сви народи истока и запада знали су за живот на овом путу. Овуда су се враћале легије са истока вукући за тријумф краљеве из Азије; а Клеопатра се отровала да је не проведу овуд за тријумф Октавијанов.

Мртви су то све знали кад су легали поред овог пута. Јер умрети, то није ништа; али бити заборављен, то је најсвирепија одмазда смрти над животом. Нико не зна колико је језив страх од заборава. Он прожима све највише сате и случајеве живота: љубав, херојство, геније. Он је својствен само онима који су знали сву цену живота. Људи ситних срећа немају тог страха; већма се боје смрти него заборава. Њих између живота и смрти води само путељак којим се пређе без ужаса, каткад и неопажено. Али људи великих судбина хоће да, потчинивши живот, потчине и смрт. Има их који дадну животе за сами спомен међу људима: умре да би живео; заборави себе да га не заборавe други. Чемернијег страха и кобнијег парадокса нема од овог у целој човековој судбини.

Сад су овим путем тишине непроходне као шуме. Стари се записи бришу и губе своја слова на наше очи. Позлаћено камење маузолеја Цецилије Метеле блиста у овом јесењем пролећу. Један гроб, то је све што господари целим овим пределом. Један гроб, то је једино што се издиже изнад свега што овде живи. Све друго је нестало, али је гроб остао; гроб једне племићке са двора Августовог, из највећих дана царства. Сви други гробови су збрисани, и овде и свугде, али овај стоји усред овог бескрајног видика, поред овог историјског пута; он стоји непорушен, сјајан, непобеђен... А све је друго овде завештање историје, које је – као и све друге величине које су минуле заједно са онима за које су стваране – за нас данас неизмерно тужно. Неколико других великих маузолеја стоје овде поред пута, унакажени и оголели. На више места стоје и зелени тумулуси, као брда. Смрт је овде све оскврнула и умањила и изобличила. На овом путу као да је свако по хиљаду пута умирао, и као да се овде свако доба на људе бацало каменом. Стари аквадуци, расејани као каравани уклетих духова, распадају се од нашег погледа.

Овде стога све пребива у дубоком очајању, и све живи у горкој љубави за умирањем.

Рим је град славе и туге.

ПРВО ПИСМО ИЗ ГРЧКЕ

ДЕЛФИ, аūрила 19**

Подне ме је срело изненада, као што вас сретне човек који наједном искрсне из шуме. То је било на великом путу пред самом Херонејом.

Пут је био румен од јучерашњих киша, а у даљини је био сав крвав. Парнас, облачни и громовни, држи у зениту своје две сунчане куле. По падинама његовим котрљају се облаци од олова и леда, и прете новим кишама и тучама. Хеликон, по којем је Хесиод пасао своје свилене овце, стоји као кристална палата ни на небу ни на земљи. Виде се издалека у једној страни мршава беотијска стада, ситна као пужеви, растурена по трави која је избила те ноћи. Нигде никог. У небу је нагло пролазио један висок облак пун ватре, и брзо се изгубио на југу. Ласте, које су тако грлате у оваквој немој пустоши, бацају из себе хиљаде звучних и сјајних конаца.

Одједном се појави на једној падини, увек окренут далекој тачци видика, стари Херонејски лав, са слепим зеницама, сâм и замрзао у свом тамном граниту. Зури пред мртвим пределом, и слепим очима више слуша него што гледа. Он није леп него страшан. У његовом ставу има више пркоса него бола. Као да хоће да каже: у људима је смртно само оно што је у њима људско, а вечно живи само оно што је у њима лавовско... Ова архаичка наказа не изазива дивљење него страх; и више прети него што оплакује. Као да на овом страшном бојишту није било ни победилаца ни побеђених. Јер једни који су одавде из славне Херонејске битке однели све трофеје, оставили су овде све лаворе.

Овај је Херонејски гранитни лав можда најжалоснији белег који се налази на једном раскршћу историје. Јер ово поље, једно од највећих у грчкој земљи, некад славно са својих ружа и љиљана, и својих ириса и асфодела, постало је најзад гробницом грчке слободе, грчке државне независности, и, најзад, ненадмашне грчке културе старог века. Овде је Атину и Тебу победио македонски краљ Филип у један дан који је био један од најтрагичнијих дана људске повести. Видео сам много предела на свету где су се решавале велике судбине. Ниједно од тих бојишта није језивије од ове сунчане равнице, недалеко од Хеликона, и у самом подножју Парнаса. Каква коб и каква иронија: с ону страну једне тамне планине стајао је тај дан индиферентно на свом престолу Аполон, с громом у руци, у својим Делфима... Атињани су своје мртве однели одавде у Атину, где им је Демостен, велики пророк те коби, и сâм војник и борац код Херонеје, одржао чемерни посмртни говор. А Тебанци су своје хероје сахранили овде, на месту пораза, у једну заједничку раку, и на њу поставили овог страшног гранитног лава као језиву реч: да је често довољан један дан и један кобан човек да погаси сва светила људска на земљи. Филип је овде победио и саму Минерву која је још од хомерског доба чувала на Акропољу народ који је био највеће чудо људског соја. Победа на Херонеји је равна победи тмине над сунцем. Веће и дубље гробнице није било на земљи него што је ова где још стоји црни гранитни лав, сада толико усамљен у овом пољу и на овом свету.

Филип је победио, али кога? Оне Атињане који су победили персијске цареве, владаре који су владали највећим царством на земљи, небројним покрајинама од

Кавказа до у средину Африке. Ученик трогодишњи Аристотелов, краљевић Александар, као младић у шеснаестој години, био је овде лично победилац непобеђених Тебанаца. У једном налету сломио је некадашње чете Епаминонде које су имале хегемонију у једно време над целом грчком отаџбином; и потукао до последњег војника целу тебанску легију коју дотле нико није савладао. Млади краљевић се овде напио из чаше у којој је слава била помешана с људском крвљу, и од које се нико није отрезнио! Атина и Теба, први и најјачи отпор македонске најезде, лежале су овде на херонејском пољу у заједничкој крви.

Филип и Александар су били, одиста, међу највећим рушиоцима у историји. Први је разорио независност Грчке, која је била најкултурније друштво на свету; а други је разорио Персију, која је до тог доба била највећа организација на земљи. Истина, у Грчкој је већ и тако било расуло и растројство у целом животу, и чекао се само први ударац. А у сатрапској Персији је такође био толики раздор међу великашима да се чекао само први непријатељ. Значи да су ова два македонска мегаломана нашли пред собом и Грчку и Персију већ морално разорене и војнички растројене. А после великог разорења, које је убрзо снашло затим и Грчку и Персију, два победиоца су се изгубили у једној епопеји у којој свакако има више блеска него поноса, и више чуда него лепоте.

Први пут су код Херонеје Атињани и Тебанци били везали своју судбину. Никад међу њима није било везе срца ни духа. Атињани су увек презирали људе из ове Беотије. Најпре зато што су за време персијске најезде били Тебанци на страни грчког непријатеља; и док се атински песник Есхил борио на Саламини, тебански песник Пиндар је у Теби препоручивао неутралност... Али су људе из Беотије мрзели Атињани највећма због њихове грубости и ситног духовног живота. Седмоврата Теба је одиста била увек једно од најнезнатнијих културних средишта. Међутим, и овде је Аскра дала великог Хесиода, Теба је имала Пиндара, којег је цео грчки свет сматрао божанственим, а доцније је и Херонеја родила Плутарха, који је грчке врлине истакао као моралне вредности равне римским. Истина, учешће овог народа у грчкој култури било је свега у томе. Теба је имала још само једног историчара Анаксиса и једног сликара Аристида, али су обојица били брзо заборављени. Ни Пиндар, уосталом, није рођен у самој Теби.

Али није тебанска величина била у стварима идеја. Било је овде врлина какве нису ни Атињани имали. Атињани су били философи, Спартанци су били солдати, али Тебанци су били највећи грчки витезови. И то витезови у смислу хришћанском и средњовековном, хероји врлине и добра. Епаминонда је био велики војсковођа, али и велики мудрац – питагорист. Као војсковођа био је идеал свих генерала до доба Јулија Цезара. Али као морална личност, он то остаје и данас, и нико му није раван међу великим војницима античког грчког света. Оличење патриоте у највећем смислу, нешто невиђено у хелинском народу. Као господар Тебе, он је био други Марко Аурелије: философ и владар, значи идеал свих векова. Његов друг Пелопида вратио је Теби демократију коју су јој били оборили Спартанци, а Епаминонда је вратио слободу свима грчким државама, уништивши спартанску хегемонију. Ова два сама човека представљају већ две славе грчке, велике као два сунца.

Теба је, ипак, нажалост имала само једно кратко доба блеска и славе. Цела историја у два листа и у два велика имена. Ни већих политичких идеја, ни друкчег патриотизма него локалног, ни културе друкче него пролазне. Али кад се узме да је овај град био увек зависан од других грчких држава, необорива и огромна слава било је доба Епаминонде које вреди целе једне културе. Корнелије Непот је добро рекао: „Ово је доказ да један човек може да вреди више него једна држава.“ Епаминонда је командовао највећим бројем чета̂ које је икад грчки народ извео на бојиште. Али за атинске философе то није било довољно. Они се нису претерано дивили оружју. И Тројански рат је опевао Хомер већма као један љубавни роман него као војнички успех. У свакој слави може бити још нечег туђег и случајног, али једино велики писци и уметници могу имати славу која је чиста и недељива. За своју победу на Акропољу подигли су Атињани храмове боговима, а не споменике грчком оружју.

Било је у Теби још нешто достојно обожавања: то је њихова тебанска легија, свештена чета коју је инспирисао Зевс а помагао Херкул. Ти су војници били заклети хероју Јолају да ће умирати на његов начин: с раном добивеном само у груди. Били су као неки калуђери-војници, везани божанским концем један за другог. У Теби је постојао култ пријатељства какав је другде постојао само у књигама Платона, Аристотела, Емпедокла или Теогниса из Мегаре. Сјајни хероји Епаминонда и Пелопида борили су се у биткама састављених штитова. – Епаминонда је био питагорист, а познато је да је Питагора од пријатељства био направио свештену доктрину. Кажу зато да су у Теби правили празнике пријатељства, као на Родосу празнике Сунцу, или у Елеузини празнике Земљи, а у Атини празнике Мудрости! – Само епско српско побратимство било је слично тебанском. Са Милошем Обилићем отишли су Милан Топлица и Иван Косанчић да заједно умру, не више као војводе, него само као побратими... Овакав пример херојског пријатељства не постоји ни у античком свету. У завету тебанских побратима била је реч частољубље највећа реч која се чула међу људима. Софокле каже: „Теба са седам капија је једино место где смртни људи рађају богове.“ Једино

овај песник атински оставља нам овакво ретко мишље-
ње о Тебанцима.

Много сам пута пролазио кроз стару Тебу.

Некад град са седам врата, са зидовима чији су каме-
нови слагани уз звуке лире Амфиона да би били хармо-
нични. Историја овог града је малена, али је његова ле-
генда лепша и од атинске, и лепша од легенде ма којег
другог града! Предвођен једном кравом коју су му богови
дали за вођу, први тебански краљ Кадмо је застао онде
где је она легла уморна и ту подигао Тебу. Ту је убио и
једну аждају на неком извору, као што је и Аполон убио
змаја-жену на извору Касталији, која и сад тече у Дел-
фима. Посејавши зубе од тог звера по овом пољу, пони-
коше оружани гиганти који исти час поубијаше један
другог. Остадоше само петорица, који изродише доцније
Тебанце, а међу којима и претке несрећног краља Еди-
па... Какав раскош визије и речитости! Зар није оваква
легенда виша од једног града? – Грчки народ није оста-
вио ни педаљ своје земље без његове легенде. Према та-
квом случају цео остали свет изгледа без љубави за зе-
мљу и без везе са божанством. Величина једног народа,
одиста, није у његовој историји, него у његовој легенди.
Стварају само они народи чија се историја претвара у
митове, пошто сама историја није довољна. Историја
без легенде је убога, и кад је највећа. Због овог је срп-
ски народ виши данас од свију суседних народа: јер је сва
његова историја у народним песмама претворена у ми-
тове, реке и планине пуне вила, хероји, као Милош и
Марко, дигнути до ванчовечанског, а краљеви, цареви и
кнежеви претворени у светитеље. Ово показује не само
високу обдареност српског генија, него и његово узви-
шено осећање живота, и његово дубоко религиозно осе-
ћање које га стално држи у вези са надземаљским и над-
људским.

Синоћ, ходећи по старом камењу Тебе, гледао сам залазак сунца над овим градом по стотину пута рушеном до темеља. У пољу се дижу брегови који имају облике ноћних привиђења. Они су горели према вечерњем сунцу као упаљени шатори. По пољу и по брдима била је борба између светлости и мрака, где су пламенови један другог прождирали, као гиганти из поменуте легенде. Сваки грчки град има своје посебно сунце и месечину; али Теба има осветљење које не наличи ни на какво друго на земљи. Месечина у Теби, то је једна слава овог града. Кад се Кадмо женио кћерком бога Ареса и богиње Афродите, божанском Хармонијом, која је грчки народ научила музици, певале су овде у Теби на свадби музе са Хеликона своје нежне кантилене, а богови донели свадбене дарове за невесту: пеплос који је везла Минерва, и ђердан који је исковао Хефест. И кћи ове краљице, лепа Семела, родила је овде у Теби бога Бахуса.

Па ипак има нечег невеселог у овом пределу где се родио овај бог радости. Најтрагичније мотиве старе трагедије узели су атински песници одавде. Језива анатема пала је овде на злосрећну лозу Едипову. И зато кад у Теби падне помрчина, изгледа да на небу није остало више ни једно небеско тело да засија у простору. А кад најзад одете из Тебе, изгледа вам да и нико други тамо неће више остати да преноћи ту мртву и глуху ноћ. Дан и ноћ су у Теби највећи апсурдуми белог и црног који постоје на свету.

Сатима сам остао код Херонеје.

Безмерно је ово поље од падина Парнаса до некадањег језера Копаида. Језеро је сад исушено; ја сам био у последњој генерацији која се огледнула у његовим водама. – Беотијски април има сјај и мирноћу атинске јесени. Док је Хеликон сав у сребру, врхови су Парнаса румени као врхови Етне. Небо је овде светло али студено. Планине су овде пуне магле и грмљавине; то је алпијски крај бачен на исток. По херонејском пољу и од румених облака пада црна сенка.

Филип је после свршене битке ишао овим пољем по-срћући пијан од вина и славе. Најкрволочнија сујета јед-ног човека била је овде остварена и задовољена. Теба је била побеђена, а његов син ће је доцније разорити и из-горети. И Тебанску легију је Филип најзад нашао целу у једној локви крви; сваки херој је имао рану само на гру-дима. Кажу да се и сам овај варварски краљ заплакао од дивљења. Македонске фаланге су овде победиле, али су се вратиле односећи у очима страх од мртвих.

Тебанци су пали, али не као смртни људи него као млада божанства; и канда не од оружја него од анатеме. У овој Беотији све је било неизмерно трагично, јер је све било велико: и Теба са својим зидовима које су ру-шиле све војске старог и средњег века, и њене војсково-ђе до оног времена најславније у старом веку, и Хероне-ја која је најсвирепији спомен на слободу и на отаџбину. Целог дана сам шетао данас овим великим бојиштем ко-је је било и Косово за славни атински свет. А све је овде било јутрос тако благо, идилично и умилно. Све равноду-шно према људским судбинама, људским величинама и људским мерама. Из сваког џбуна на Херонеји певали су хиљаду ситних гласова, и јата шева, сва румена, у сврдлу узлетала у сунце. У Теби су синоћ цела јата дивљих пата-ка, на путу за север, бацала свој крик у неми ваздух ан-тичке вечери. Над Едиповим градом лепршају светла платна неба у распусној светлости; било је пуно птичијих гласова ту где се извршила највећа освета божанског над човечанским. Нема, међутим, нигде овакво сунце које учини да се сви ти ужаси тако лако забораве, и да људске судбине изгледају тако ништавне пред догађаји-ма у природи и у лепоти једног априлског дана.

Победе у античком свету не изгледају да су биле сра-змерне броју војника који су се борили међу собом. Ово је један случај у старој историји који највише зачуђава. Чак и по релативном броју губитака. Изгледа скоро смешно кад читамо Херодота и Плутарха и Цезара, а наиђемо на бројеве жртава у једном боју пресудном, у најважнијим биткама старог века. Херодот каже да су Грци на Маратону изгубили свега стотину деведесет и два војника, али да су ипак поразили персијског Дарија, највећег владара на свету, и однели победу Европе над Азијом... Плутарх опет каже да је Александар у бици на Гранику изгубио свега сто и двадесет војника, у бици на Ису пет стотина, а у страшној бици на Арбали хиљаду и пет стотина, и да је тиме Персија, најјача држава на земљи, била најзад коначно сатрвена и заузета... И Јулије Цезар пише сам у својим коментарима да је у великој бици на Фарсали у Тесалији изгубио свега две стотине људи, у што се не може сумњати; а у тој бици је била, међутим, решена судбина Рима и његове републике... Ни у бици овде код Херонеје губици нису били велики кад су већ Атињани могли све своје мртве однети собом у Атину да их сахране на Керамикону, гробљу атинском. За Тебанце се зна да су у гробницу, над којом су поставили свог гранитног лава, закопали свих својих хиљаду бораца. А овде је решена судбина једне расе, а не само једног режима или државе... На Херонеји је стварно пропала цела отаџбина Грка; јер Римљани су успели доцније потпуно покорити Грчку зато што је на Херонеји већ била проливена њена најбоља крв.

Овај мали број губитака у биткама античког света не долази отуд што су антички генерали били гори или бољи него наши данашњи. Читајући Ксенофонта, јасно се види како је тај философ био у Азији истовремено и одличан стратег, и да су и друге војсковође биле веште у свима родовима оружја. Није недостајало ни крволоштво хришћанских народа. Напротив, антички рат је био немилосрдан; рушени су градови, продавани грађани као робови, а сва имања постајала својином непријатеља. Али су ови случајеви великих бојева са малим бројем жртава разумљиви чисто психолошки. Побеђивало се у свима горњим биткама не снагом нападача, него моралним стањем противника. И Персија на Арбали, и Грчка на Херонеји, биле су побеђене пре прве капи крви: својом сопственом слабошћу и расулом у држави. И на Фарсали је Помпеј побеђен само генијем Цезара. Краљ Лидије, богати Крез, како прича Ксенофонт, бранио је своју утврђену Сузу не може бити лабавије, јер је већ унапред свој пораз сматрао сигурнијим него сваки отпор своје војске. – Тада су често пута врло велике војске водили философи. А они су знали за средства која су изван моћи оружја. У животу се уопште побеђује на два начина: или својом физичком снагом, или моралном слабошћу противника.

Грчка раса је била увек изванредно савитљива и брза на опоравак. Она је свагда црпла своју снагу у нарочитим и чисто расним средствима за живот; можда најмање у оружју. Црпла је ту своју силу највише у културној надмоћи, несравњивој присебности, у ведрини која је долазила од њеног неба и њене вере, чак и у свом лукавству које је било увек бодро пред замкама и сплеткама непријатеља. Осим тога, Атина је имала увек свог једног великог човека за сваки свој велики тренутак. Сви ови огромни расни оклопи попуцали су само кад се јавио Филип, како га је већ раније својим филипикама навестио био Демостен. Борба овај пут није више била између једнаких ни једнако решљивих. Да су на Херонеји победили Атињани, растројена Атина би можда поново изишла из победе подмлађена, јер велика победа носи увек једну нову младост. Али изгубивши ову битку, у судбини Атине се јавља сада Филип опаснији од Ксеркса. Демостен је већ раније говорио: „Није довољно Филипу да Атину потчини, него да је уништи.“ А после овог пораза, одиста није више било лека за једно морално пропало друштво. Пелопонески рат је већ био почео, а ова македонска најезда продужила атинску пропаст; римска окупација ће дакле најзад доћи као сасвим природна последица. Народе могу други само да победе; али народи једино сами себе могу да упропасте.

У грчким градовима има сад после Херонеје две врсте грађана: бојажљиви апостоли за даљи отпор и борбу, али и отворени дрски партизани македонски, противници сваког отпора и за подли опортунизам. Није се више као некад бирало између атинске демокрације и спартанске аристокрације, између институција Солона и институција Ликурга, него између олигархије македонске или директно македонских гувернера и гарнизона... Један велики атински беседник, Фокион, славан генерал, којег обожава Плутарх, ућуткује Демостена на Пниксу: „Или победимо, ако смо јачи; или слушајмо, ако смо слабији.“ Ништа се више не оставља у Атини на историјску правду, на геније расе, на срећу случаја, на достојанство државе... Вера у себе постаје опасност за отаџбину! На каменој трибуни на Пниксу, генијални Демостен позива на борбу, а продани славни беседник Есхин позива на покорност; док једна иста пометена и бестидна гомила кличе и пљеска једном и другом. Било је одиста све свршено са судбином Атине. Кратко затим, и свештени савез хелински, Амфиктионске скупштине губе национални карактер откад краљ Филип, странац, добија у њима право гласа; затим грчка војска престаје бити национална откад Филип, њен победилац, добија титулу грчког генералисима. Стварно, тиме Филип постаје суверен целе Грчке.

Ето зашто мрачни лав код Херонеје, пред којим нико и не застане, значи један белег који чува највећи спомен људског очајања. До поља Херонеје је Палас-Атена

ишла као једна грчка богиња, а одатле иде као македон-
ска куртизанка.

Седео сам данас дуго у сенци овог поноситог гранит-
ног лава. Та је сенка била модра, течна, лелујава, радо-
сна. Парнас се све већма дизао у свод колико сам га ду-
же гледао. Преврћу се у ваздуху ласте, пијане од првог
сунца. Небо се очистило и подигло још хиљаду копаља
више. Светлост се претворила у блиставо ткиво; сјаји у
тишини сваки камичак и травка. Брегови који су пре би-
ли далеки, одједном приђоше близу. По њима заблиста
нешто бело и помично: села, или снегови, или стада.
Иде по земљи поветарац сјајан и топао.
Што највећма помете мисао на оваквим старим боји-
штима, то је оваква савршена равнодушност ствари у
природи према трагичности ствари у људском животу.
Сва некадашња бојишта имају нечег благог и дубоко
побожног у својој горчини. Нигде није мирније него на
овим страшним местима. Сва су гробља тужна само док
их време не поравња, и док не зазелене у једном општем
сјајном бусу; а после тога, немају више ничег заједнич-
ког с људима. За наше очи не остаје ту више ничег. Али
за слух остаје још све. Гласови избијају испод сваког ка-
мена, и из сваког грма, и нанесе их сваки ветрић који
мине. Све је заувек остало у ваздуху. Покличи хероја
који ћуте, трубе војника који одавна немају даха. У дрх-
тају листа падне нека реч и обнови се нечији глас. То је
једно насељење и град који не постоји дручке него у шу-
штању ваздуха. Као да човек овде само слухом живи. На
Косову сам имао увек толику опсесију слуха да ми се чи-
нило како чујем јасно све покличе војника, све усклике
хероја, све јауке кукавица и злочинаца који у једном та-
квом боју попадају у истој гомили. Увек ми је изгледало
да не бих могао проспавати ноћ на Косову не само од
историјске туге, него од једне стварне галаме, вике, ур-

небеса људских и животињских гласова. Мени се чини и да на Херонеји нисам ништа видео, али да сам све чуо. Музика овог страшног и немог предела остаће ми у памћењу као неки изванредни лични доживљај. Чини ми се да бих једну за другом могао поновити сваку од тих фраза које су до мене долазиле из једне опште летаргије камења. Наше су импресије неодољиве кад се облаче у слике, али су свемоћне кад се облаче у звуке. Јер све је музика; и само оно што није музичко, мртво је занавек.

Што ме највећма засењује у старој историји, то су извесни људски карактери, и можда нарочито карактери античких генерала, који су највећим делом били истовремено философи, песници, беседници, државници. Рат је био онда без механике, војска без касарне. Место на стручност, рачунало се на геније расе и на лични таленат војсковође. Памет се није делила; мудрац је био најмудрији за све ствари људске памети. Храброст је сматрана за продукт уверења и дужност частољубља. Поверење државе везивано је увек за једно и иначе значајно име; људски животи предавани су онима који су били не само већи него и виши. Антички карактер је био интегралан. Солон је био трговац, песник, законодавац и војник. Аристид и Кимон били су велики беседници и војници. Перикле је био олимпијски беседник, али и генерал, адмирал и државник. Тукидид је био шеф атинске аристократске странке и војсковођа. Ксенофонт је био писац, моралист, историчар и велики капетан. Софокле је добио за команданта на флоти против Самоса после успеха његове *Антигоне* у театру. Фокион, беседник, једини којег се бојао Демостен, био је славан генерал. Епаминонда је био философ питагорист, али и генерал чија слава засењује цео антички свет све до времена Јулија Цезара. Филип је био лични пријатељ Платона, а Александар ученик Аристотела.

Тако је било и у Риму. Генерали из великог европ-ског рата изгледају скромни подофицири према овој ве-ликој фаланги из старе повести. Велике војсковође које нам је описао Плутарх, и беседници-генерали из Пело-понеског рата које нам је остави Тукидид, изражавају силније своја столећа него и сами догађаји. Они постају све већи и сугестивнији колико наш савремени човек постаје све више непотпун. Уосталом, рат није данас ви-ше авантура, као за Александра и Деметрија; ни лични подвиг против тираније, као за Пелопида; ни, као за Це-зара, једна основа за организацију новог света. Рат се данас више не везује за карактере ни идеје; ни за амби-ције и сујете; ни за маније и лудила појединих визионера. С временом он губи све идеалне стране старих утакмица у расној врлини и личној храбрости; а постајући усавр-шен, постаје одвратан. После скоро сваког античког ве-ликог рата настала је већа цивилизација; док после сва-ког новог рата, и за побеђене и за победиоце, настаје од данас само периода помрачења и пораз цивилизације.

Александар остаје несумњиво личност која у старом веку највећма засењује. Дете, а већ херој са Херонеје: син једног великог краља, ученик једног великог фило-софа, плавокос и плавоок, ванредно лепог стаса, најбо-љи коњаник у војсци, без личних порока, искрени љуби-тељ науке, и један од ретких краљева који су у исто време били и господа; и исто тако речит с генералима и војницима као са атинским првим ораторима који му у престоницу Пелу долазе у мисије. Младић од двадесет година иде са тридесет хиљада војника, и без новаца, да покори најјачу државу на свету. И покорава је, и оснива једно фантастично царство на једном другом континен-ту. Увек зна шта ће да ради чак и кад не зна куд иде: јер је веровао на Индусу да је нашао извор Нила који оданде силази у Арабију и иде у Египат... Као доцније за Це-заром и Наполеоном, војници иду за њим омађијани и заслепљени, до Хифаса, и бију се целим путем с народима дубоке Азије, којима не знају ни право име. То је без сумње све огромно. Али никад нисам разумео зашто многи писци иду, кад говоре о Александру, из дивљења у обожавање. Сенека га мрзи, али га један Монтескје обожава.

Јер ако је Александар однео до Химałаја грчко оружје, он је онамо закопао најлепшу грчку младеж. Ако је свугде побеђивао варваре, утрошио је за те победе најлепшу елиту грчких градова, једино што се било родило после ужасног Пелопонеског рата, војнике који су са њиме читали Хомера и Пиндара. Ако су онамо у Азији ницале грчке победе као свечаности, отаџбина је грчка остајала за њима поражена и у помрчини. Ако је Грчкој вратио стара средишта јонске културе по обалама Азије, отаџбину песника *Илијаде* и философа Хераклита, он је зато погасио све ватре живота у самом граду Есхила, Софокла и Фидије. Ако су после њега постали онамо нови културни центри у Пергаму, Смирни и Александрији, то је зато да смрт Атине буде бржа и потпунија. Ако је велики освајач везао грчким концем три континента, Европу, Азију и и Африку, он је ипак умањио Грчку, везујући најпре Палас-Атену за своја тријумфална кола... Ако је занавек поразио Персију, опасну, али која је и иначе била већ у распадању на сатрапије, он је оставио онамо за собом династије својих генерала које нису постале мање опасне за Грчку него некад и Ксерксови наследници. Он се давио по Индусу и ломио по Бактријани да му се, као што је сâм желео, диве мудраци у Атини, али само је његова смрт прослављена у Атини као тријумф и знак грчког ослобођења. Отишла је с њиме грчка култура до Хифаса и Гангеса, али је ипак грчка цивилизација мање хеленизирала Азију него што је она поазијатила Грчку, шаљући јој тек овај пут дефинитивну инвазију својих варварских култова и дивљих нарави.

Да је Александар био и ујединио све грчке државе под својом влашћу, то јединство не би опстало, као што није опстала ни његова азијска држава, јер за државно јединство Грци никад нису имали ни природне склоности ни историјске услове. Да је остварио општечовечанско царство, оно би било само један историјски парадокс; јер такву мисију не извршује ниједан способан краљ који побеђује, чак ниједна висока култура, него један Буда или један Христос који омађија истином већом него што је једна политика или једна цивилизација. Најзад, да се Александар и вратио у Европу, он се не би више вратио као грчки војник, него као грчки господар; ни као грчки државник, него као азијски сатрап. Већ у Египту, у разговору са философом Псамоном, стекао је био уверење да је божанског порекла, и примио поздрав свештеника Амоновог као син божји. Поставши прек и насилан, у Азији је добио и навике да убија својом руком људе око себе. Философ и херој, он се не устеже да у Феникији разори напредни Тир, као што је пре тога у Грчкој разорио демократску Тебу, и као што ће доцније у Персији сагорети и царски Персополис. Пун великодушности за заробљену Даријеву мајку и жену, и Даријеву кћерку, којом се најзад оженио, он ипак распиње на крст две хиљаде персијских заробљеника дуж морске обале.

Атина није познавала политичких убистава. Људе који су се опили влашћу и срљали у тиранију, уклањала је из земље острахизмом, који је био мера само за часне грађане, којима затим ни имања нису била конфискована. Зато Атина никад не би разумела једног оваквог мрачног азијског тирана, који је већ био огрезао у разврату и био постао мајстор у злочину. Читајући Плутарха и Квинта Курција, имао сам, и поред свег дивљења за овог ученика Аристотеловог, осећање да је он био за Грчку, а нарочито за Атину, даље потпуно и заувек немогућан. Атина је најбоље своје људе протеривала, не ни зато што су били најбољи, но што су били најјачи; јер најјачи су увек најопаснији. Зар би се дакле могао Александар замислити друкче него као мрачни тиран у том граду. Александар је још из македонске Пеле тражио да му противници Атињани пошаљу главе десеторице својих најсјајнијих патриота-говорника, међу којима Демостена, Фокиона, Хиперида и Есхина. Он је презрео Аристотела, свога учитеља. Он је, по примеру своје мајке Олимпије, мучио у кавезу философа Калистена, што му није ласкао. Носио је собом *Илијаду*, не из дивљења према Хомеру, него из љубоморе према Ахилу. Јадао се што нема песника да и њега опева.

Егоист, Александар хоће за себе не само сву силу него и философију: прекорава Аристотела чак из Азије зашто је публиковао један део метафизике, у чије је тајне учитељ био посветио само њега. Помагао је уметност коју иначе није осећао, и то помажући Лисипа који је само њега вајао, и Апела који је само њега сликао... Води собом у Азију целу гомилу философа, Анаксарха из Абдере, Пирона из Елиса, и Калистена из Атине, да се доцније врати у Атину грчка философија трула од скептицизма, сва омађијана утицајем индијских аскета. – Цела Александрова мисија у Азији, то је један блистав роман, једна величанствена авантура, али и биографија једне мегаломаније; хроника једног херојског карактера, али и бајка о једној сујети којој ништа на свету није остало слично. Александра је више водила војничка амбиција него владарска идеја; више авантура него идеал. Нису такви људи створени за срећу света, него је свет створен за такве људе и њихове маније. Онај који све победи, најзад и све унизи. На месту где је закопан у Азији његов коњ Букефал, Александар је подигао град Букефалију; на другом месту, где је закопан његов пас Перит, он је сазидао град Перит. Свугде је зидао и Александрије, али нигде није зидао Атине.

Мало више од Херонеје стоје висока и тамна врата Парнаса, кроз која се улази у његове студене и фантастичне тамнице. Ваздух се овде наједном зацрне од мрачних четинара. У каменом гротлу закотрља се један мутан поток. У висини остаде да виси само уско парче неба, безбојно и сетно. Високи масиви са снегом у врховима и са тмином у подножјима, срљају брзо у небо, један за другим. Ни зрачак сунца да залута у ове хладне котлине. Са четинарâ цури црна вода; низ раскисле падине руше се жути слапови. Ако се отисне која стена, она се сручи у понор нечујно, јер овде ниједан глас нема свога одјека. Све се разбије о нешто црно и хладно што не даје гласа од себе. Парнас није сунчано брдо, него планина пуна тмине. Под самим хрбатима брегова помоли се које село, које, на мом проласку, прође у висини и замине за брег, лагано и лено, као у небу пачје јато. За једно време душа се осећа притиснута овим огромним и студеним стварима, и тело пробијено влагом као ножевима. Поремете се све импресије и измучи мисао. Једино овде живо и радосно, то су орлови. Већ од почетка они облећу сваки врхунац, надлећу сваки пут, и спуштају се до мојих кола, као голубице, па се враћају, не препознавши човека. Вода изливена по друму котрља песак и вуче црвену земљу. Далеко је одавде сјајни пејзаж Атике, вечито провидан и лелујав, сав спиритуалан, нереалан, обмана вида, митолошка илузија.

Онамо су ниске шуме од јасно зелених борића и сребрних маслина. Сенке се вешају од гране до гране, плавичасте и толико танке да једва падају до земље. Сви жбунови сјају пуни љубичастог вреска. Ваздух носи смолу и благи мирис тимаре. Ако која гранчица затрепери, то је да замирише. Ако се кроз крошњу стабла отвори прозорчић, то је да се укаже мали морски затон, типски мотив античког пејзажа: једно модро огледалце, један румен облачић, једно сребрно једро... Цврчци певају да лето никад неће проћи. Ако из даљине што затутњи, то се негде у долини играју деца кентаури. Ако у шумарку зазвижди, то је Пан, којем се виде јареће ноге на некој светлој стени, или му стрше уши иза неког звучног грма. Тако траје до у предвече, кад се цео тај предео истопи у светлост, и раствори у ваздух, и изгуби испред очију, као обмана. Све је још тамо сјајни старински мит, архаички панô, античка буколика.

А у овим затвореним и тамним собама Парнаса, данас је кишовити и студени април породио једног минотаура који је својим дахом окаменио целу ову палату очајања. Као да су сунце однели непријатељи, и затим затворили планину леденим сантама. Долине Парнаса су радосне у повести о његовим боговима, али ништа нема суморније у причи о људима. Кроз ове исте јазбине прошли су, као небројене поворке шакала и хијена, сви народи паликућа, пљачкаша, убица и гробара. Народи обучени у зверске коже, и други у злато и челик; народи босоноги и голоруки, и други на коњима лепим као из апотеозе. Сви језици, све сујете, сва крволоштва, сва божанства. Народи бели и црни; хорде које не знају куда иду; војске чији се војници не разумеју у језицима међу собом. Сва оружја од камене секире до златног штита и кациге... Персијске војске, којима нису грчке реке имале довољно воде за пиће. И Спартанци кад су ишли да руше Тебу, и Тебанци кад су ишли да руше Спарту! И македонске фаланге, којима нису довољно изгледале дуге њихове сарисе, копља од шест метара. И галске хорде, које су дошле само да се огреју на пожару грчких градова. И римске легије, које су увек завладале једном

170

земљом пошто су већ у њој претвориле све у прах и пепео. И словенска племена, која су тумарала овуда као деца, идући за сунцем, и остављајући за собом само своја блага имена рекама и планинама. И турске армије, које су разбијале главе боговима и обарале стубове храмовима кад им је требало да пале креч. И најзад франачки пустолови, који су доносили овамо своју жеђ за пљачку и љубав за насиље.

Цело човечанство се кретало у бој против овог племенитог народа који је први прогледао пред лепотом и први се усхитио пред слободом. Па ипак он је и даље оставио на овим истим кристалним врховима његова божанства и музе, да занавек стражаре на раскршћу између светлости и мрака, вере и сујевере, слободе и тираније. Тако ови масиви стоје као сведоци о фаталности историје: да увек један руши оно што други сазида; да је мир увек само једна кратка интервала између убистава међу народима; да се диже и ствара само у ситним почивкама између обарања; да велики зидају само у времену које отму од малих који све разиђују; и да су људи по инстинкту противници прогреса и непријатељи поретка.

Овај пут од Брала до Амфисе, пун је трзаја и приказа. После мрачних и влажних увала, пут се одавде пење у висине. Наједном, видици почињу да се брзо измењују. Небо постаје све дубље и шире; светлост све чистија и ваздух лакши; обимне височравни почињу да се протежу у недоглед. Искрсавају нови брегови, једни блиски који се сунчају, други далеки по којима сипа киша или снег. Али на крају свега, као каква блистава одгонетка, откри се пода мном једна блага библијска долина. Сва је у сунцу, покривена сивим и густим шумама маслина што иду у крупним каскадама из предела у предео. Цео се ваздух поче да растаче у боје; избијају села од црвене земље; излећу сјајна јата дивљих голубова. Осећа се у дисању близина мора. А оно што се види у самом дну ових маслинових таласа, то је стара Амфиса. Сто пута рушена и поново дизана, лежи под једним травним брегом на којем стоје румене франачке тврђаве, зарђале од небројних сунаца, и пуне птичјих јата.

Хиљаде година су пролазиле кроз светлост ове долине, индиферентно, као да се нису дотицале земље; а стара Амфиса стоји непрестано на свом месту. За хиљаде година кроз њу су пролазиле са грчког севера на грчки југ паганске хаџије у Делфе, где је било светилиште, и где је Аполон прорицао грчке судбине. Ишли су онамо у оном страху од неизвесности који је, откад људи постоје, био увек већи него страх од смрти. Затим су се враћали опет овуда, носећи собом из Делфа неколико замршених речи божанствених, које су биле загонетније него и сама судбина. Хиљаде година у животу најмудријег народа играле су овакве наивне пророчке изреке већу улогу него и саме хомерске и орфичке химне, или епиграми мудрости исписани на самом храму делфијског светилишта. Хексаметри у којима је онамо говорио Аполон кроз уста Питије, били су невешти, и незграпнији од ичег што је остало од старе речитости. Аполон је био бог песништва, али то није довољно: он није био песник.

Ништа се не да замислити лепше и блиставије од ове амфијске долине која силази до на Коринтски залив. Уопште, ништа није на земљи равно путевима кроз грчке крајеве. Свугде по свету изгледају наша путовања бесплодна и беспослена према оваквим доживљајима. Све људске славе изгледају ситне према онима чији се трагови овде осећају на сваком месту. Има других земаља које су чувене због својих шума, својих снегова, свога цвећа или својих животиња. Али је убого свако парче земље на којем се не види стопа великог човека, или не чита запис једног великог времена. Ми се на свету не умемо да дивимо ономе који га је створио, него само ономе који га је покорио. Никакве лепоте нису равне једном великом гласу из историје. А сва су неба бледа према овом своду по којем је Феб терао своја огњена кола. – По свима путевима ове земље осећао сам да је она за свагда дубоко паганска, и по својим рељефима и по својем блистању. Ништа тако није дубоко нехришћанско. Ништа у овој земљи чак не повреди очи колико једна хришћанска капела, нити озловољи слух колико звук хришћанског звона у оваквим долинама. Јер овде све припада другом времену и другим људима. Још свугде стара Грчка говори у овој земљи као божанство у Додони: у шумору свог лишћа и у звуку свог метала.

Зато, долазећи овамо треба оставити већ на граници своје хришћанске заблуде и хришћанске истине; и отурити витлејемски штап и скинути назаретске сандале. Овамо не треба долазити преко Јерусалима. Хришћанство је рођено другде, усавршено другде, и прављено другде. У овим долинама и по овим бреговима велико хришћанство је не победилац, него насилник и уљез; њему овде ништа не припада, нити му је припадало. Чак треба овде доћи као рђав хришћанин, па моћи све осетити без лажи и без збрке. Бити Гете и Анатол Франс, пагани по духу, а не Ренан и Барес, хришћани и Французи по целој форми њихове мисли. Није могуће волети паганизам а бити истовремено и добар хришћанин. И данас још културни људи, у своје недеље, једни иду Аполону, а други Христу, и не разазнају се међу собом. Борба између старог паганског божанства које је све решило у лепоти, и доцнијег хришћанског божанства које је све сконцентрисало у љубави, постојаће и даље, за сва времена. У сјају и тишини ових сунчаних долина, човек не верује да је пагански мит уопште икад победила хришћанска парабола. И није: бар не овде у његовој правој колевци. Пагански мит, који је грчки, нападнут је и оборен коначно у Риму, а не овде. – Рим је почео пропадати откад је постао космополитски; римска држава је посрнула откад је успела да буде царство света; она је престала бити сопственик здравог и снажног Запада откад је постала господар сјајног и перверсног Истока. Пагански мит је стога у Риму искварен шаренилом источњачких богова, комедијаштвом њиних култова, шарлатанством њихових врачева, и сујевером која је одвела у ругобу и у подсмех. У Риму је, са пропадањем угледа сената, све лагано испропадало. У трећем веку није било више старе побожности, али није било ни свега другог што је из ње излазило: ни науке, ни морала, ни уметности, ни књижевности. Паганска вера је била државна, и она се гасила са државом заједно; са пропашћу царства, морала је и она нестати.

Али сâм мит није побеђен новом вером која је дуго остала конфузна, нити је паганска култура побеђена једном другом културом, јер нове културе није ни било. Паганство је зато и даље дуго живело у култу најбољег света. Варвари су долазили да освајају Рим а били су већ хришћани, док су римски грађани још и тад били пагани. Рим није слушао Теодосија да окрене леђа старим божанствима, ни његовог сина који је заповедао указима да се по царству оборе сви стари храмови и полупају главе старим боговима. Јавни култ су хришћански императори и даље дозвољавали, а само домаћи култ су строго проверавали. Рим се дуго опирао учењу јеврејских пророка; он је одиста дуго остао веран стоичкој философији. На Истоку су били већ разбили сва мраморна дела Поликлета и Скопаса, док је Рим још чувао, колико је могао, спомене старог култа и старе уметности. И кад су владике са истока писале папи у Рим хвалећи се колико је који од њих спалио дела паганских философа и песника, паганизам је у Риму још био у свима навикама породичног живота и у укусима елите.

Најзад, хришћанство дугује своју победу једном случају који је ван сваког мерења религиозних вредности. Битка на мосту Милвио између Максенција и Константина није решила само питање трона него и питање олтара. Са побеђеним паганским императором је компромитовано и старо божанство, са Константином је царство добило императора хришћанина. Хришћанска је вера сада постала државном; хришћани су измилели из својих катакомби да окруже престо у новој престоници која је постала била хришћанском. Није хришћанство, дакле, било узрок пропасти римског царства, него су то царство, већ и тако пометено и искварено, упропастиле најезде варвара. Али је пропаст римског царства значила и коначну пропаст паганизма. Јер је са цезаром падао и pontifex maximus.

Зато је паганизам испао више као мученик него као побеђен. То се осетило у две-три прилике кад је мало требало да Аполон обори Христа и да *Илијада* потисне Библију. То се видело за време ренесансе. Ко зна да се то опет неће видети и сваки други пут кад се исти полет духова за културу буде манифестовао са онолико жестине. Паганизам још постоји и постојаће занавек: у основима науке, узорима уметности, принципима права, моделима својих држава. Благи и радосни хомерски мит, који је извор свих тих величина, још држи свет под својим чаром. И данас свима онима који имају култ паганског генија, хришћанско друштво изгледа једно дегенерисано и назадно доба, у којем би човек појео човека кад би се људима поново оставило да живе од хомерског мита и јонске философије.

У старој Атини су странци из Азије и Африке и Скитије за своја божанства имали свагда сва грађанска права. Чак су Атињани та божанства усвајали и за своје богове. Али једини бог хришћански није био примљен! Апостол Павле је за време говора овде на Ареопагу био исмејан, јер атински философи нису разумели његове објаве да је нови бог дошао. Да је тај апостол то објављивао пет столећа пре тога, кад је Атина била слободна а не римска, ко зна какав би тек отпор нашао тај хришћански нови бог код софиста, у Академији, код песника, у аристофанском позоришту, и код смејача на агори. Грчки дух не би никад примио сличну веру ма колико да је већ имао и питагорску и орфичку прошлост, и секте и мистерије, истина све заједно од мањег утицаја на живот него једна једина хришћанска догма. Зар није чудно да је међу свима народима хришћанство наишло на већи отпор него ма која друга вера која се јавила међу људима.

Рим је примио и Астарту, и Сераписа, и Митру, и цело коло азијских богова, али се и он одупро једино хришћанском Богу, и тај отпор је ишао до крвавих прогањања. Зашто само према том богу? Није хришћанство било ни прво које је говорило о једнобоштву, по примеру синагоге. Већ и сам Анаксагора, мудрац од највећег утицаја у златном веку Атине, говори: „Бог једини је онај који уређује материју и ствара свет!" И у једној орфичкој химни каже се: „Једини он је изишао из себе самог, а од Једног је изишло све што постоји." Монотеизам није дакле био разлог отпора према хришћанству. Али се Рим одупро хришћанству зато што је хришћански Бог носио собом друкчу идеју о организацији света него што је имао цезар и сенат римски. Бог хришћански је био аутократ, и није трпео других богова поред себе; све ван хришћанства сматрано је као хуљење и идол. Хришћани су донели нови смисао о општој људској заједници као општој породици; а то је нешто друго него што је била држава римска, која је сматрана за лепшу и вишу него свемир. Црква место државе; свештеник место цезара; божји закони о љубави место римских закона о правди и кривици! Место Капитола, Сион! За шефа такве цркве

Христос, један јеврејски проповедник за којег су већ римски прокуратори помогли да се осуди као кривац!... Нова вера ишла је, дакле, да обори све дотадање вредности. Тако је настао сукоб, не између једне нове вере и једне старе, него између једне старе политичке организације друштва и једне потпуно нове идеје о заједници. Грчком миту је било суђено да падне са римским царством, које је било са њим тесно везано.

Али овде, у самој Грчкој, тај мит је удављен, нечујно. Та се смрт није осетила, и можда није ни постојала него површно и привремено. Бар тако ми изгледа овде у светлости и радости свију ствари на овом тлу. На свему стоје још трагови старог и великог човечанства; одасвуд гледају њихове крупне очи; одасвуд се чује само њихов глас и њихове речи. Свугде мртви стоје испред живих. Још звуче у овом ваздуху речи: логос, психе, етхос... Још ова земља изгледа један посебни сунчани континент, одвојен од света. Нека други народи гледају у будућност; сунце ове земље још стоји у средини свега што живи и што се креће. Стари хероји су убили лава из Немеје, змију из Лерна, птице из Стимфале, вепрове из Калидона и Ериманте, змију из Кадма, и бика из Маратона. Путеви су, дакле, одавно слободни, и слава ове земље може да по њима иде несметано, не гледајући ни десно ни лево. Стога Грчка остаје усамљен случај у људској историји, и она се у духовном погледу не даје ни са чим мешати нити и са чим заменити. И њена Нике носи још штит који није нико сломио, и копље које није никад бачено у траву. А прави и коначни двобој између два божанства и два света доћи ће, можда, некад доцније, и ко зна када.

Пут којим се из равнице пред Амфисом иде за старо светилиште изгледа као пут у небо. Нашао сам Делфе под самим небеским сводом. То је у врху једне падине

Парнаса, над једном котлином која је затворена са свих страна, и наличи на изврнуто звоно. Како су кише падале и прекодан, високе литице пуштале су из себе беле и сјајне магле, и све се пушило на све стране, да је изгледало да се цео овај предео диже у небо. Доле на дну увале падају у сјајним каскадама сребрни маслиници, иде један танак поточић, и вуче се једна сребрна стазица. Кад сам овде стигао, дан је већ био на измаку. Неизбројни мрамори храмова̂ и бедеми који су их опасивали, почињу да румене. На све се одједном просу крв и злато вечерњег сунца.

Аполон, којем идем данас у посету у Делфе, а који је азијско божанство, као и Посејдон, дуго је био странац за овдашње Грке. Код Троје је био непријатељ народа одавде; палио је ахајске бродове и убијао ахајске војнике. Најзад је прешао море, и са светог острва Делоса дошао у Македонију, и оданде у старе Делфе. Ту је отео Геји, богињи земље, ово пророчиште и ову долину, која је затим постала центар побожног и политичког грчког света. Само је један бог могао пронаћи овакву долину за своје седиште и овакво место за прорицање људских судбина. Ништа изузетније, чудније и невероватније него положај овог свештеног скровишта. Ја никад на Акропољу нисам имао утисак да су стари Грци били одиста побожни, и да су веровали да богови постоје и ван стихова, и ван мрамора̂. Али ова чудна долина, којој ништа на земљи није слично, даје већ на први поглед импресију да је и старо божанство мучило душу људску као и наше и да су одувек људи тражили и налазили нарочите долине, брегове или пропланке на којима су веровали да су најбоље са Богом насамо. И наше српске средњовековне задужбине, као Студеница и Дечани и Љубостиња и Манасија и скоро сви остали немањићки и лазаревићки манастири изненађују таквим својим бираним побожним топографским положајем, као да Бог није свугде, и као одиста да постоје једна места верски чиста и друга верски неприкладна.

И нарочито, да је сујевера увек силнија него вера; и да широке масе и не знају за друго него за сујеверу; и да је за њих бог увек већма судија који убија него који награђује. Ова је делфијска долина и данас једно место пуно страха и слутње. Њене тишине – за пуну недељу дана колико сам овде остао – изгледале су ми као тишина после пропасти света. Оне тиште као ледени прст притиснут на нашу вену. Ниједно хришћанско светилиште нема језовитост овог краја где је Аполон држао у једној руци сунчану муњу, а у другој лиру. Само један народ искрено религиозан, или слепо сујеверан, и који је своје религиозне легенде морао друкче тумачити него што му их ми данас тумачимо, могао је да овај предео узме за средиште свог целокупног религиозног живота. Није чудо што га је сматрао и за центар земље, пупак света. Зна се да су два гаврана, које је Зевс пустио да лете, један са истока а други са запада, срели се најзад над овом уском долином.

Брзо је пала помрчина, и небо је целу ноћ остало тамно. У ваздуху ове провалије чуо се врло хучан само онај танки кончић потока што гмили дању на дну долине потпуно нечујан. Тишина је ноћас била толика да се његов шум развио најзад као брујање читаве какве крупне реке што котрља камење или гвожђе. Ваздух се разредио и све је постало звучно; ствари се нису виделе, али све су се чуле. Затим је јутро дошло нагло и одмах све прелило сунцем. Пробудили су ме орлови, лепи и велики, који су цело време летели поред самих мојих прозора. Јупитерова птица у Аполоновој долини! Сунце се наједном расу по свима крајевима и стварчицама. Све поста одједном неизмерно јасно. У литицама руменим и високим појавише се, квадратне и празне, некадашње гробнице или капелице. Свугде понеки знак да су овде живели у побожности неки људи пре више хиљада година. Цео крај доби одмах свој мистичан изглед и издвоји се од свега другог што сам видео на овом путу.

Да сте долазили овамо за време Аполона, из Атине бисте дошли једрењачом доле до једне мале луке, и одатле овамо до Хрисе. Путем до Делфа бисте ишли између великих грмова ловора и мирте, са каквом поворком у којој би се видели људи свих крајева, свих одела, свакаквих дијалеката и ћуди. Какав Аригнот из Самоса носи божанству једну статуу; какав Филимон из Карије, један бронзани троножац; какав Дамофанес из Тасоса, једну рељефну плочу; какав Тимотеј из Книда, неколико лепих ваза са ликом божанства или ликовима хетера; какав Лакаратид из Спарте, са трофејима из последње победе над неким градом пелопонеским; какав Тимофан, корег из Смирне, са неколико својих плаћеника певача за хор богу у Делфима; најзад какав богаташ из Ефеса, са мирисима и новцем... Можда и какав архонт спартански, или философ атински, или скулптор из Арга, или мистик из Кротона, или генерал из Аркадије... Сви се пењу овамо Аполону на поклоњење, и да им Питија предскаже судбину, и на тај начин да се ослободе страшне и немилосрдне загонетке људског живота. Ту су можда фруле, китаре, стихови, смех. Сви се хвалишу, размећу и друге потцењују... Атињани презиру Тесалијце јер су били против њих са персијским војскама; Аркађани мрзе Спартанце као крвне непријатеље; људи из Егине мрзе Атињане као перфидне и насилнике. Али идући даљим путем сви ти људи неједнаког изгледа и неједнаких осећања осете подједнак удар срца и страх што се већма приближују Делфима.

Свакако, у међувремену, један је причао лепоте Атине, други можда свој бродолом на неком предгорју Киклада, трећи своје оргије у Коринту, где су се хиљадама свештеница Афродите давале за новац у корист касе божанства. Такмичећи се у лагаријама, духовитости и мудрости, ови антички грчки људи би овде дошли у подножје Хиампеје и Родони, два висока брега међу којима, као утиснуто између два листа књиге, стоји ово светилиште.

Пут је доводио овамо дном саме долине, поред оног поточића. Изглед који су морали имати поклоници одоздо на светилиште, морао је наличити на неки догађај у небу. Можда на недељу дана пре тога у Делфима су заседали амфиктиони, религиозна конфедерација свих грчких државица, које овамо шаљу двапут годишње своје амбасадоре. Или је то био крај недеље кад су овде биле питијске игре које се држе сваке четири године у дугачком стадиону, који и сад стоји на свом месту. Јер треба знати да су Грци свуда спајали пријатно са корисним, профано са верским и побожно са развратним. Горе изнад Делфа, на путу за Парнас и сада се види сва изгорела од некадашњих свећа и буктиња једна огромна пећина у којој су се правиле верске оргије. Ништа није за хришћанског човека апсурдније од ових паганских конфузија као што је култ Афродите и као што су свештене оргије.

Овакве хаџије би се попеле до извора Касталија, који и данас овде баца своје ледене воде, и ту би се најпре опрали од греха: „Једна је кап довољна добром, а ни море неће опрати рђавог.“ Ту би се преобукли у чисто одело; метнули ловоров венац на главу, узели у руку гранчицу обвијену вуном, и пошли на велику капију тврђаве у којој их је чекало божанство. Од капије почиње Свети пут. Одмах с десне стране један бронзани бик са Крфа; затим група, споменик спартанске победе над Атињанима после Егос-Потамоса. То је Лисандар са свима својим генералима и адмиралима, сви врло космати и врло брадати, по спартанском обичају; и Аполон и Посејдон који их крунишу... Али, одмах пред њима, постављен је споменик који их све оставља у сенци: споменик Аркађана после њине победе над Спартанцима... Већ ту почињу сваће и хвалисања: полемика у бронзи и мрамору, целим Светим путем... Стари писац Паусанија нам је оставио све те спомене.

Са две стране, два реда лепих грађевина у минијатури: то су благајне свих савезничких држава које су овде под протекцијом божанства чуване од међусобних ратова и међусобних лупежа. Атинска благајна стоји и сад, и изгледа један мали кокетни храм; то је у ствари споменик дигнут још после победе на Маратону; у њему су били трофеји из славне битке; а ту је и Фидија поставио кип великог Милтијада са читавом групом богова, за дивљење целог ослобођеног грчког света... Близу је и Лесхе, галерија најбољих сликара. Статуе на све стране! Њихов број је износио до три хиљаде; сам Нерон их је однео у Рим до пет стотина. На једном месту поред самог краља Филипа Македонског била је једна женска статуа од злата. То је Фрина, славна хетера, модел и љубавница Праксителова, најлепша скулптура старог века, чију копију и сад имамо у Риму. Зашто Фрина у Делфима и поред Филипа?... Треба знати да је и овде у светилишту Делфи све било полемика, реплика, алузија и сарказам, као свугде у грчком свету. Лепа хетера коринтска за којом су лудовали и Пракситл, и Сократов ученик Аристип, и мудри Диоген из бурета, славна је била и због тога што је хтела да обнови порушену Тебу, али под условом да се, из пркоса према македонском краљу, на зиду запише: „Александар краљ оборио, Фрина, куртизанка, обновила.“ А у Делфима је Фрина, сва гола, била представљена као Афродита од Праксителa! Је ли то био доказ паганског атеизма? Не, то је био само знак да дубоки људи никад нису разликовали љубав од религије. Пракситeл, заљубљен, сматрао је Фрину као прву богињу, као што су слично радили сви песници на свету.

Цео свет је застајао и пред лепим трезором острва Книда. Свако је дизао главу пред једним високим стубом крај Светог пута: архаички Сфинкс стоји у дубоком небу делфијском, где се говори само о судбинама. Тај Сфинкс и сад постоји у овом месту, недавно ископан пијуком француских археолога. – Сам храм Аполонов био је огроман и грађен тридесет година, са фронтонима испуњеним олимпијским божанствима; али је ту био и Бахус, скоројевић и уљез. На архитравима су висили штитови и сјајне опреме, трофеји из славне победе код Платеје над Мардонијем. На уласку статуа Хомерова, затим престо овенчаног Пиндара са којег је читао своје песме. Унутра једна архаичка наказа, Аполон. Ту је и соба, адитон, где Питија (најпре какво неуко сеоско девојче, а после једног скандала, каква старица), хипнотизирана, у једној пари што избија из земље, бунцаше неразговетне речи које јој је говорио Аполон, а које затим свештеници бележаху у рђаве хексаметре; то су пророчанства онима који су по њих послани из Грчке, Египта, Азије, са Сицилије и из Рима... И чак философима као Питагора и Платон; и владаримa од Креза до Нерона... Видео сам у Јерусалиму поклонике из целог света на Христовом гробу; и у Риму код папе; и у Асизи код светог Франческа, и у Падови код светог Антуна, али ништа од свега тога није личило на хаџилук у старим Делфима. Овде је мешана религија и забава, мистика и сујевера, уметност и спорт, политика и интрига, племенита утакмица и ниска подвала.

Ови делфијски свештеници су били држава у држави.

По њиховој жељи су вођени свештени ратови против Хрисе и Амфисе, противно свима традицијама грчким о толеранцији. Рђави патриоти, које су поткупљивали чак и странци. За време персијске инвазије саветују Крићанима да не помажу грчкој војсци. За време Филипа, они су тајно на његовој страни, а Демостен очајно узвикује: Питија филипизира! Мешају се у све. И противници су науке: проричу Периандру, који је био коринтски Перикле, да одустане од намере да прокопава коринтски канал, јер би то богови сами урадили да су канал хтели! – Поред самог светилишта у Делфима спушта се из неба једна огромна литица, сва крвава, до самог извора Касталија. Та стена опомиње на славног песника Езопа. Сатиричар је био озловољио делфијске свештенике својим подсмехом, и кад се враћао једног дана својој кући одавде из Делфа, њему су доле у Хриси преметнули торбе и нашли неке тобож покрадене свете утвари, а које су му сами свештеници били подметнули. Затим је Езоп враћен у Делфе као крадљивац, и бачен одозго са литице у смрт као хулитељ. – Делфи најчешће нису служили за пророчиште на други начин него као центар и збориште, за општи политички живот грчких градова, као што је и пророчиште у Додони. Из свега закључујем да ко није знао шта су били Делфи, тај није знао шта је била стара Хелада.

Хуљење против божанстава је било већи злочин за старе Грке него неверовање. Аполон није трпео непријатеља: он је држао у левој руци лиру само кад у десној није држао гром. Ни његова лира није инструменат за забаву људи, него да њеним звуцима доводи у ред кретање звезда, ход сати, смену дана и ноћи, и редовни ток годишњих времена. Од звукова његове лире долазила је сва музика сфера и ред у небу и по земљи. Према људима је био неумитан. Повреда таквог божанства значила би повратак света у хаос. Ми данас, који се дивимо лепоти Аполона у мрамору, не можемо ни замислити страх који су људи од њега имали.

Сада избија трава и сунчају се гуштери по последњим мраморима овог светилишта. Између стубова по старим храмовима расту грмови трња и дивљих ружа. Избија између плоча на Светом путу млада коприва и чкаљ. На старе плоче са записима пење се жалостиви бршљан, та чудна врежа која иде само путима смрти и заборава. Млади бог Аполон је умро овде стојећи горд на свом постољу и у свом храму, кад је свет већ био отишао за новим и хришћанским богом. Римске легије, које је водио Сула, почеле су овде прва рушења, а за Нерона почеле су овде прве пљачке. Затим су дошли хришћански императори: Константин, који је одавде однео све што је могао, да украси улице цариградске; затим Теодосије, који је наредио да се све паганско обара; најзад син његов Хонорије, који је заповедио да се доврши уништавање, „ако још што има непорушено“. На тај начин су нестала одавде дела славних старих мајстора, која су у хришћанско доба звана просто идолима. – Тако су и Делфи били уништени доста рано у почетку хришћанског доба.

Остала су у историји хришћанска претеривања о томе да су варвари опустошили Рим. Кад су варвари у Рим долазили, сва су стара велика дела већ била оборена; сачувани су само били Акропољ и неколико римских храмова које су чували њихови грађани, још увек потајно паганци. Аларик, који је највише оптужен, остао је у Риму једва непуна три дана. Додајмо да су многи варвари упадајући у Рим били већ хришћани, док је Рим био још пагански. У сваком случају, императори хришћани Теодосије и Хонорије рушили су и разбијали једно цело столеће. Жалосна је истина да је цела паганска уметност пропала од хришћанске руке.

Паганство је то ипак вратило хришћанству племенитијом мером: све што има највишег у хришћанској уметности, као за ренесансе, све је инспирисано паганством.

Ако и лице Христово није већ првих дана сликано лепо као аполонско, и као што су га доцније већ радили Рафаел и Анибал Караче, то је што је питање о томе је ли Христос био леп или ружан дуго мучило старе мајсторе. Зато није тачно да су паганци утицали да прве фигуре Христове буду рађене ружним. Јован Дамаскин и свети Бернардо говорили су да је Христос лепши од свих анђела; а Тертулијан, свети Василије и свети Кирило уверавали су да је само у ружном телу могла бити лепа душа. Христос је ето зато дуго времена сликан без лепоте човекове и узвишености божанске, и стајао на своме олтару као ругоба младости и иронија мужевности. Абелар, свети Доминик, и свети Фрања Асишки проклињали су уметност проповедајући против сваког украса хришћанских цркава. Папе, као Јулије II и Леон X, били су велике хришћанске мецене само зато што су били ученици паганизма, као што је онај сјајни кардинал Бембо говорио да неће да чита Библију да не би покварио дивни језик Сенеке!... Хришћанство је доцније ипак морало своје фигуре небеске сликати лепим, што значи грчким, да би освојиле сва срца. Грчка је лепота све улепшала чега се дотакла; и азијски богови постали су лепим само кад су дошли у Атину. Азијска Афродита је била једна сиријска и финичанска ругоба кад је на својој шкољци допловила из Азије овамо на Китеру. Тек од тада је она сликана као богиња која је само физичком лепотом господарила светом; и добила је тек у Грчкој плаве очи, јер је речено да је рођена из језера Тризониса од љубави једне нимфе и Посејдона, бога са плавим очима. Само откад се и Афродита родила овде из пене грчког мора, постала је принципом лепоте пре принципа спола и плођења.

Лепота је у овој земљи имала карактер свештени; све што је свето морало је бити и лепо; и ништа ружно није могло бити обожавано. – Христос је био противник

186

уметности кад је богатство прогласио за грех и порок; јер уметност, за своје постојање, тражи не ни само богатство, него и луксуз и беспослење. Можда хришћанство не би ни дало своју уметност да се до краја ишло за еванђељем; или да – срећом – уметнички инстинкат у човеку није виталнији и већи и од религиозног.

Али ако су стари Грци имали сталну потребу да све учине лепим, имали су исту такву потребу да све направе светим. Ништа у овој сјајној и лепој земљи није остало непосвећено! Стари Грци су веровали у божанство зверова: лава, вука, медведа; и у божанство питомих животиња: бика, коња, краве, овце, козе, пса; и у божанство птица: орла, лабуда, петла, гаврана, голуба; и у божанство биљака и шума: у маслину Палас-Атене, лозу Бахусову, ловоре Аполонове, храст Зевсов; и у божанство змије и разних риба; и у божанство извора, река и мора, насељених колико и Олимп; и у божанство брегова, стена и пећина; и у божанство камења, и у божанство ватре... И хришћанство је другим речима исто говорило: истичући да је Бог свугде и на сваком месту. Али овај начин да Грци све у својој земљи посвећују, значио је да је у земљи философа била потреба да се све одухови. Увек дух виши од материје, чак спочетка и невешто изражавана идеја Анаксагорина. Морала је ипак бити срећа живети у земљи где је свака ствар била света. Овакву философију о животу нико пре Грка није имао. Нигде се у таквој земљи није човек осећао сам и незаштићен.

Па поред све безбројности ових богова, и старе грчке побожности која је била утолико дубља и мрачнија што су богови, имајући и сами људске страсти, сматрани несавршеним, самољубивим и подмитљивим – осећај религиозни био је непотпун. Грци су на сваком месту наилазили на нешто кобно поред нечег лепог. Сујевера је увек била јача него вера. Бог није могао стога бити прави бог за људство, које живи престрављено на овом свету, кад није био у исто време и принцип добра и љубави. У грчком политеизму нема ни каузалитета, ни финалитета, и зато није он ни инкарнација морала, ни збир симбола правичности. Грчка религија је постала из посматрања самих догађаја у природи, и зато је она сва у материјализму. Природа се састоји од елемената који се међу собом или бију или спарују; тако исто и богови, који и нису ништа друго него ти физички принципи обучени у шарене символе. Збир свих тих блиставих легенди, који се зове митологијом, то је само физика коју су радили песници, и направили је стога неизмерном поезијом. Али за Грке Хомерове и Хесиодове у природи не постоји друго него физички закони; грчки су богови неморални, јер је и природа аморална. Свако грчко божанство је зато остало азијски тиран и источњачки блудник; они не деле правду него своје прохтеве; не врше доброту, него деле милости; али и то ако су подмићени молитвама и даровима, и ако су пре свега на жртвенику нахрањени масним јелима и почашћени слатким пићима. Никад, ни у доба старих Грка, као ни доцније, људи нису могли замислити божанство друкче него са повишеним врлинама и манама људским, додајући само свемоћ и свезнање као главну одлику за разлику од људи.

Међутим, ако није могло бити у старој Грчкој побожности у нашем смислу, било је страха од божанства какав и данас постоји. Било је, као увек међу људима, богољубаца, теофила, што је један сентименталитет нарочите врсте, и једна важна подршка вере. Али ма како да су стари свештеници могли тумачити легенде о хомерским божанствима, од својих богова се стари Грци нису могли научити ничем добром.

Па ипак велики број божанстава уносио је у живот извесно спокојство: јер зло које учини Хера могао је поправити Зевс; или што окрвави Артемида, залечиће Афродита. Тај политеизам није можда дозвољавао да се код старих Грка утврди верски фанатизам; било је много богова, и свако је себи бирао бога по својој ћуди. Отуда и једна непобитна корист: што стари никад нису знали за верске ратове у нашем смислу. Водила су се нама позната свега два свештена рата у старој Грчкој, и то баш овде против Хрисе и Амфисе, због узурпирања Аполоновог земљишта у околини Делфа, и један трећи против Фокиде, због једног жртвеника. Никад није био вођен рат у име свог бога против једног народа зато што верује у неког другог бога. Варваре су звали тим именом само зато што су били странци, мање просвећени, али не зато рђави људи. Ксенофонт пише о Персијанцима с дивљењем. Нису знали за невернике и кривовернике; било је хулитеља, али не и јеретика. – Чак у честим међусобним ратовима, освајајући туђу престоницу, једни Грци су подмићивали бога нападнутих других Грка да би овај прешао у њихов табор. Освојивши туђи град, нису рушили његов олтар; напротив, они који су били побеђени бацали су се сами камењем на своје сопствено божанство што их није одбранило или што их је издало! Зато, да се ово не би догодило у Атини, повлачећи се пред Ксерксом у Саламину, најпре је Темистокле објавио да је атинска заштитница богиња Палас-Атена прва онамо избегла. Ово је једна врло важна црта у старој грчкој вери. Божанство је било дужно помагати оне који у њега верују.

Само је стари грчки геније могао да и поред онаквог свог политеизма имадне ипак онакво државно законодавство. Осећање једнакости и правде јавља се рано. Већ Солон није давао грађанска права него само онима који имају занимања и рада. Перикле није дао ни да на храмовима атинским раде робови него једино слободни људи, као што се види из Хераклеида из Понта, и, нарочито, из Плутарха. Најзад, Аристотелово правдање робовања као институције (на што хришћани нарочито указују кад говоре о својој моралној суперИорности), то правдање долази – као што се види и из његовог самог дела – тек после великих дискусија које су се већ дотле водиле међу Атињанима о једнакости људи и неправичности робовања. Још пре тога, Ксенофонт каже на једном месту да не може да у Атини његовог времена више уопште распозна слободног грађанина од неслободног, ни господара од роба. – Ако је Сократ суђен што је хулио на богове, то је што кажу да је хулио на божанства искључиво атинска, а не општа грчка; а то није био само верски злочин, него још више политички, патриотски, противдржавни; јер заједничка божанства значила су само заједничку државу. Сократ је дакле осуђен као противник атинске државе, а не као атеист или јеретик. Због овог је осуђен и Алкибијад. Ако су из верских разлога прогоњени Есхил и Анаксагора, Дијагора и Протагора, ни то није било питање атеизма ни јереси, него хуљења. Нарочито хуљења на тајну храма у Елеузини, који је био свети храм за све Грке иако је припадао Атини, пошто га је чувао један од десет атинских стратега и један атински гарнизон ефеба. Колико је духовног либерализма било у паганском друштву грчком, где је увек држављанин долазио пре личности, види се из толеранције према идеалистичком политеизму Платоновом, који је био потпуно противан чисто материјалистичкој теогонији Хесиода, а која се, међутим, сматрала званичном.

Ја сам у Грчкој, и у Риму, и у Египту, и у Шпанији увек комбиновао сате проживљене по старом камењу. Тако комбиновани, утисци су били неодољиви. Тако сам у Атини читао Демостенове филипике на Пниксу, онде где их је велики беседник и изговорио. У Тускулуму, данашњем Фраскати, читао сам *Тускулане* од Цицерона, и то на једном брежуљку, у сенци маслина, на месту где је била једна од Цицеронових сеоских кућа. У Асизи сам читао *Фиорете* свечеве онде где их је он саставио. У Дубровнику сам читао Гундулића и Држића. Ујединити пејзаж и идеју, осећање времена са духом једног творца, то је устостручити силу проживљавања. Кад сам ишао у Равену, имао сам у џепу *Божанствену комедију* да у самоћи онамошњој, где је највећи католички песник испевао те терцине, читам те стихове и без његове католичке душевности. На Генезаретском језеру у Галилеји читао сам – као да сам је слушао – Беседу на гори, у којој је обухваћена суштина хришћанства у петој и шестој и седмој глави од Матеја. – Наше народне песме сам радије слушао по димљивим херцеговачким кућама гуслара, у тескобним крчмама поред пута или пред црквом после литургије, сав срећан што спадам још међу оне који су доживели да чују гусларе, што временом ишчезавају као што су нестали и њихови претходници који су на исти начин носили пуних пет столећа Хомерове стихове, док нису били забележени и сређени у два велика епоса. – Тако је већа радост разговарати са пријатељем у његовој кући или у његовом врту, или срести Енглеза у Енглеској него у Италији или у Цариграду. И ствари и људи и идеје имају свој оквир из којег се не дају издвојити ни ишчупати а да донекле не буду умањене, понекад и нагрђене, а често и профанисане.

После подне је пала по долини делфијској и њеним старим мраморима једна химерична светлост.

Све је добило душевну благост и мекоту. Није било више ничег од оног свирепог и црног што избија из земље у овој котлини у којој су божанска пророчанства претходила толиким људским бедама. Ништа није одавало трагичност једног предела у којем је умро млади и лепи бог, који је оставио толико лепоте за собом, и који је био најзад напуштен и исмејан. Сунце се није видело над Аполоновом долином, и хладна светлост је долазила са празног неба.

Ничег данас од онога чега се опомињемо у овој долини као нарочито горког у људској судбини: да увек већма живимо у хипокризији према божанствима него и према самим тиранима на овој земљи. Замењујемо од памтивека једно божанство другим као краљеве, не толико из љубави за ново божанство које долази, колико да се светимо над оним боговима у које смо веровали дотле без довољно среће и с очајањем. Човеку на земљи није било довољно да зна како једно божанство одиста људима суди по правди и заслузи. Човек се бога увек бојао, али га никад није волео. Веровање у божју милост и човекови напори да је задобије, то је повод антагонизма који иде до мржње, јер је страх свагда извор мржње. Урођена мржња човекова за божанство, то је сва трагичност његовога живота на овоме свету. Откад постоји човек, живи у борби са богом. Лепота и величина божанства постоје одиста само за оне који бога виде ван малих људских судбина, и који ништа не моле и не очекују. Атеизам не може доћи од једног великог уверења и једне идеје о животу, него само од једног ситног човековог осећања о правди и неправди: зато што бог не кажњава само кривце него упропашћава и праведнике. Све иначе у природи уверава о егзистенцији божјој; а само такве противуречности у људској судбини воде у сумњу и атеизам. Човек тражи бога само у себи и за себе, и он ће вечито одрицати његову извесност и логику само због неизвесности и нелогичности у својим срећама и несрећама. Епикур је зато био покушао да човека ослободи од бога: објашњавајући постанак света чистом механиком. А Платон је покушао да измири човека са богом: стављајући, као принципе постања и поретка, истовремено и Нужност и Божанство; прво, које је материја од које долазе сви нереди и погрешке, и друго, које је дух од којег долази сва хармонија и доброта. Али све то није било довољно за човеково спокојство на зе-

мљи. Људи су пошли назад за Христом зато што је об-
јавио Бога који је више бог човека него бог свемира.

Стазице по долини, које се нису јасно виделе, најед-
ном заблисташе и раштркаше се, небројне, на све стра-
не. На један стари мрамор, крај Светог пута, паде моја
сенка, плавичаста као вода. То се сунце опет појавило за
неколико тренутака, осветлило све по глухој долини, и
затим се лагано изгубило за једним брегом.

Али овде, где се одавна више ништа не догађа, ни-
једна ствар није погледала за њим.

ПИСМО ИЗ ШПАНИЈЕ

АВИЛА, маја 19**

Дуго звони вечером у Авили. А кад се најзад умире клатна, и у ваздуху наступи мир, изгледа да је преко града прешло нешто страшно и црно.

Има градова у којима звоњење звона опомиње више на смрт него на Бога. То су стари хришћански градови по чијим тамним пијацама и тесним улицама већ с првим мраком падне дубока ноћ средњег века. Међу њиним зидовима изгледа да се више умирало него што се рађало. Ту је легенда увек већа и живља него стварност. Све што постоји окупљено је око једног имена, једног старог споменика, неке старе куће или каквог живота. Ти хришћански градови ишли су у бој и у пљачку да донесу себи каквог мученика или светитеља, ако сами нису имали блаженство да га роде и дадну вери. А кад су најзад дошли до њега, читаве генерације живе у причи о једном таквом мртвацу, који затим кроз цео живот присуствује њиховим светковинама и ручковима, који је с њима, станује у истој кући и ложници, и о којем се говори старцима као о лекару, а деци као о страшилу. Он је у води и ваздуху, неопходан, неодољив, необилазан, већи од поглавара града и важнији од владике; он иде ноћу по крововима као месечар, и увлачи се кроз прозор као вампир. Он је све потчинио у граду за своју личност и за своју доктрину. Таква је Асиза, град светога Франческа; и Сијена, град свете Катарине; и ова Авила, град свете Терезе, веренице Христове.

Авила је и иначе тако чемерна у својој кастиљанској пустињи која иде од сиере Гуадараме до краја света. Сиве и суве равнице, у гомилама пепела, као да су их од памтивека пустошиле војске, затирале суше, мориле болештине, исплакале кише, помлатиле крупе. Предео је сав изглодан, гранитан, прашинаст, и цео у неразговетним рељефима: наличи на слике које представљају пејзаж месеца. Ништа овде није бацило своју сенку: ни дрво, ни облак, ни човек, ни птица. Овде влада она тишина која заглуне већма него грмљавина, и једноличност од које се у души ухвати нешто хладно и горко. Тишина великих шума пуна је меланхолије, а тишина океана пуна умирења; али тишина ових камених простора, студена је и концентрична, тотална, и у њој не остане ниједно чуло да не буде парализирано.

Тако то иде до Бургоса и до португалске границе. Све у једној монотонији тако поноситој али пасивној, пркосној и циничној, у пејзажу који неће ничег заједничког с људском лепотом и срцем, и који стоји одвојен од живота и дивљења.

Данас је небо ниско и не разазнаје се црта хоризонта која га одваја од земље; све се прелило у ону самртничку бледу боју, негде неранцасту и румену, вечну боју ове земље која је гладна једног зрна, жедна једне капи, земље немилосрдне и немајке и за тицу и за човека; која не даје ником ништа; чије су дојке усахле, и на којој умире све што на њу падне. Прва недеља маја, а ни по чему да се види пролеће. После дугих непогода, небо још не може да добије своју дубину. На крововима Авиле лежи једно светло бледило. Та полусветлост изгледа да је дошла овамо са неког другог хоризонта, одбивши се са кровова каквог веселијег града. Јер сунце које се цео дан није видело, угасило се негде не оставивши ни зрачка на овом небу пуном вековних молитава. А кад почну прве сенке ноћи, из града се разлегну сва звона одједном, и звуци падају по овој гранитној околини као тешко метеорско камење које се котрља равницом.

Авила стоји сва утегнута, угушена, задављена у својим тешким тамничким зидовима. Стара тврђава побожних хришћанских витезова стоји ледена у овом жарком пределу. Овде и дани и ноћи имају исту тишину, лета и зиме исту голотињу; већ столећима нити се овде што руши ни зида; и град не зна ни за старост ни за младост. Некад су ови страшни зидови бранили да ико упадне у овај град; сад као да бране да ико из њега изиђе напоље. Као да ту треба да лагано изумре једно поколење које је у збегу после неке катастрофе на другом месту, и које је живело само у страшном сећању и молитви. Јер ово је једини град чији се шумор не чује кад се изађе изван њега, у пољу, на брегу, или на врху куле. Не избија глас људи, ни јато голубова, ни зелена грана, често ни прамичак дима. Зато кад се вечером сва звона разлегну у исти мах, то убрзано и жалостивно звоњење као да позива становништво да се затвара у куће јер иде на град нека несрећа, или да истрчи на улицу јер се спрема земљотрес. А после звоњења наступи тишина каквог града који мори епидемија.

По овим старим шпанским градовима мрак пада брзо као да се више неће никад дићи, тежак, материјалан. Тако у Толеду изгледају ноћу његове палате као гробнице. У Сеговији тамни зидови изгледају као непријатељске бусије. У Сантјагу, који је сав од манастира и азила, ноћне сенке по глувим пијацама изгледају дубоке као провалије, и нешто црно кипи из земље, и нешто хладно пузи уз наше тело да човек не сме ноћу да се обазре на раскршћу. У Ескоријалу пролази се кроз војске фантома. Али невеселост Авиле долази од оне неме туге и горчине коју даје само апатија камења у коме лежи. У овим градовима који већу половину године обливају афричке кише светлости, и где су месечине беле као снегови, овде се ипак обожава сенка, ради се у сенци, моли се у сенци. У овим старим шпанским местима где постоји само гранит и сенка, све је изражено каменом, испевано стубом, притиснуто плочом, надвишено зидом. Шпанија никад није могла да одвоји лепоту од туге, ни веру од очајања.

У Шпанији је увек све било суморно: и вера, и владаоци, и уметност, и држава. Вера је тражила од људи да буду њени заточеници и просјаци; владари су их учили да буду њихови војници и паликуће; уметност их је учила да буду скептични и цинични; држава је живела само од њиховог пустоловства и вратоломије. Једна страшна вера без милосрђа и једна пешчана земља без лепоте, направили су трагичну душу шпанског човека. Шпанско католичанство нема ону паганску насмејаност и ведрину католичанства талијанског. У Шпанији је вера језовита, ортодоксна, свирепа. Талијанско је католичанство јелинско, а шпанско је јеврејско. Онамо је увек остајао Бахус, а овде Јехова. У талијанској цркви пребива један Бог добродушан и гојазан, као римски сенатор, весео и у димовима мириса као владар са истока, под куполама са којих падају златне капље; Бог који човека, после кратке католичке молитве, испрати до врата, усувши му у џепове млетачке цекине, и обесивши му о руку једну младу и лепу Талијанку. У малим српским црквама целог века пребива Бог који има лице родитеља, председника општине или старешине задруге, помало ноћног стражара и пољског чувара. У шпанској цркви, у којој се гомилају густе и студене сенке од стубова који као да стоје за везивање и шибање, обитава Бог крволок и човекомрзац, који чека човека само да му суди, и да му истргне језик и одсече уши.

Италија никад није могла да се ослободи грчког духа који је био сав у радости и страсти за живот и лепоту овог света; а шпанска раса, која носи вишу половину крви арапске и јеврејске, примила је с њом оно што је немилосрдно у Корану и непомирљиво у Талмуду, и никад није имала смисла за уживање у срећи и за радост у одмору. Ово је земља хришћанства у којој није било оно што је у хришћанству најосновније: милосрђа. Као народ који је страдао вековима од непријатеља друге вере, све што је била друга вера постајало је непријатељ за шпанског човека. Исте године које се ослободио Мавара у Андалузији, протерује у масама и све Јевреје из Кастиље, Арагона и Сицилије. Исти владаоци који су однели победу хришћанства над муслиманством, реформишу инквизицију с циљем да сагорева јеретике и нехришћане. Тек што се ослободила, шпанска нација баца у ватру хиљаде својих сопствених грађана. Тек што се осетила слободним хришћанином, она ратује на све земље хришћанске где има јеретика с циљем да спасава Спаситеља и Богу врати његово место у свемиру.

Ниједан народ није с онолико лудила гледао у небо као овај. Овде се није само за Бога живело и гладовало, него и пљачкало и убијало. Из страха од Бога зидане су огромне цркве, сликане слике, и неколико векова палиле гломаче од којих се и сад помало дими Шпанија. За Бога су бацани у ватру преко стотину хиљада јеретика, клали протестанте по Низоземској, хугеноте по Француској и муслимане по афричким обалама. Као сви народи осуђени на пропаст, као Египћани и Јевреји, и Шпањолци су сматрали себе избраницима божјим и чуварима завета. Шпанско католичанство је дало пример највеће верске нетолеранције; шпански народ је био жандар инквизиције и џелат цркве.

Нема већег беснила од оног које долази од вере, ни мрачнијег убице од оног који носи божју буктињу, ни цинизма од оног којим се купује божја доброта. Две велике религије, хришћанска и муслиманска, ширене су огњеним мачем. Оне су на истоку опустошиле храмове и библиотеке а у Шпанији су опустошиле душу овог великог племена. Требаће векова ове данашње апатије и спавања да је исцели. Она је остала земља неспокојна и узрујана, убојита и жалосна, поетична и крволочна, и непромењиво средњовековна, јер кад се Шпанија промени, то више неће бити Шпанија. Шпанија, то је велика локва крви на светом поду цркве, убиство у олтару, злочин у ложници.

Отуда она горчина у целом творачком генију ове земље. Шпанија је у својој уметности скептична, иронична, цинична. Ироничан је Сервантес који целу земљу слика у једном фантасти као Дон Кихот и једном добричини као Санчо Панса. Апостоли Риберини изгледају клинички болесници, мученици којима је вера испила крв, нагрдила лице и осакатила удове. Веласкес слика краљеве као идиоте, а дворским лудама даје краљевске ставове. Ироничан је Греко, чији апостоли и евангелисти изгледају шпијуни Торквемаде. Нигде радости, ни љубави, ни усхићења. Потпуно одсуство и жене из уметности; савршено хришћанско презирање љубави за лепоту тела. Вера је направила да све што је божје буде страшно, нечовечно, убилачко, и да отрује све бунаре у једном од најсунчанијих делова света. Шпањолац не зна за осмех који није подсмех; ни за хумор који не иде одмах у иронију; ни за иронију која не сврши у сарказму и цинизму. Где помилује, огребе; а где огребе, окрвави.

Овај је народ, више него иједан, био страдалник своје вере. Тек што се ослободио арапског ропства, пао је у ропство инквизиције, кад онај који није хтео бити осумњичен и спаљен морао је бити шпијун Свете уфиције. Једна мрачна сенка горчине и страха још лежи у очима и на лицима ових људи тако лепе и поносне расе. Шпањолац никад није умео бити срећан. Јер где је одиста живела она господштина коју слика Греко у својим портретима и погребу Дуке д Ергаса? Она тако мужевна лица, они отмени племићи са чипкама око врата и око руку, са финим прстима и тужним очима, велика сењерија на којима је стајала највећа и најсилнија монархија свога времена! Зар у оним кућицама у Толеду и Вајадолиду, у истом веку када је по палатама талијанским све капало од злата и блистало у драгом камењу, у гозбама и љубавним интригама! Не, шпански сењори провели су свој живот шеснаестог века по бојним пољима Италије, Фландрије и Француске, по мексиканским и перуанским пустарама, по морима без обала, као неко уклето човечанство без спокојства и без дома, без породице и без отаџбине, оставивши своје жене, најлепше на свету, затворене иза решетки и манастирских зидова. Судбина Шпаније као да је запечаћена да живи у једном трагичном осећању живота, и да оно што је велико мери само по том колико је страшно.

Погрешна је била цела шпанска идеја о животу, о човеку и Богу. Уосталом, Шпањолац никад није био идејан. Шпанска раса није дала ниједног философа; од двојице, Авероеса и Мајмонида, један је шпански Арапин, а други је шпански Јеврејин. Кад је Кордова била неко време центар класичне философије и науке, била је чисто арапска. Кад је Толедо био центар лингвиста, историчара и палеографа, био је јеврејски. Шпањолац није идејан зато што је човек од импулса и од акције. Од свих идеја које се данас налазе у основи светског друштва и организацији мисли, нема ниједне шпанске идеје ни философске, ни религиозне. Има таквих идеја грчких, латинских, германских, англосаксонских, али нема ниједне шпанске.

То ипак не смета слави ове земље. Величина шпанске расе је у величини њених личности које су биле огромне: владари, као Карлос V и Филип II, који су имали хегемонију света, најсилнију и најхришћанскију монархију. И њени светитељи, као Игнасио де Лојола и света Тереза из Авиле, организатори борбе противу реформе и стубови римског католичанства. И њени конквистадори, као Колумбо и Кортес, који су открили светове и колонизирали их у нова царства. И њени авантуристи, као Пизаро и Алмагро, који су се такмичили у слави и срећи са осталим откривачима. И њени морепловци, као Магелан и Делкано, који су под њеном заставом нашли нове путове у пустоши старог света. И њени песници, као Лопе де Вега и Калдерон, који су писали на хиљаде драма и били највећи писци свога времена. И њени сликари, као Моралес, Зурбаран, Веласкес, које нико није превазишао у намерама ни у делу! Све је било огромно у овоме народу који је гледао увек у велико, и који је у више махова живео гигантским животом.

Али је све било и трагично. Колумбо је враћен из новог света у оковима; Кортес није могао прићи престолу краљевом од копаља телесне гарде; Пизаро и Алмагро су погинули од ножа. Јер је било написано: Шпанија роди, убије и заборави. Трагично су свршиле и колоније и сва царства злата. Једна по једна су се подигле на оружје и оцепиле силом мача. Ни то није сметало за величину Шпаније. Њој припада слава што је колонизирала половину света који је открила, наметла безбожницима своју веру коју је тако очајнички љубила, и свој божанствени језик чијој лепоти и поноситости нема пара. Преко четрдесет милиона шпанских душа остало је на америчком тлу кад се шпански освајач морао да повуче. Као Рим, једина Шпанија освојила је земље дивљака да их напусти тек кад су постале потпуно готове нације. Њиним златом користила се не за себе него за славу; а за славу, то значи за цркву. И нови свет је открила само за цркву по вољи божјој, јер је Колумбо ишао за

201

крстом, и место у Индију, дошао у нови свет да га покрсти.

Па онда, само верско лудило било је у стању да овај народ направи тако силним. Да се и данас поведе један хришћански рат, шпански војник би био највећи борац и најсвирепији осветник цркве. Али су нестала витешка времена и Шпанац се уклонио. По Шпанији више не јаше у железо обучени Дон Кихот, фантаст као цела нација, него тетура на магарету трбушасти Санчо Панса, позитиван себичњак као цео свет. Јер оно што је добијао Шпањолац мачем и стиховима, сад се добија парама и лукавством, а он није ни лаком ни лукав. Некадашњег шпанског авантуристу на народном језику замењује сад аргентински хохштаплер. Велика су времена прошла за државе са хришћанским мисијама. Свет је постао мален, мора су исплићала, сви путеви осветљени и протумачени. А цела историја Шпаније само је дело срца и лудила.

Цео први дан сам провео у обилажењу цркава и старих пијаца. Мај се још нигде не види, али се осећа. Кретање хоризонта показује да се најзад земљи враћа њено небо. У уличици где од јуче станујем, јутрос су певала два слепа певача једну невеселу астуријанску хоту. Та музика слепих и то млако сунце које је само за сунчање болесника, испунили су меланхолијом ову улицу где су сва врата забрављена, прозори затворени, вртови опасани тамним и високим зидовима. У дну перспективе, једна снуждена црквица, сва од сталактита и комада леда, једна од оних што већма него ишта дају апатије оваком тихом реду фасада које никакав глас не потреса. У те црквице улазе људи згурено као злочинци, и снуждено као погорелци. У ваздуху улице остане нешто од чемера неке сузе и горчине нечије молитве.

Пошао сам да тражим кућу дон Алфонса де Сепеда, малог кастиљанског властелина, који је био отац свете

Терезе. Мало гнездо је одавна разнео ветар; на месту где се родила светитеља подигнута је, после педесет година након њене смрти, једна црква, и посвећена Светој из Авиле. На стрејама цркве сунчају се голубови, а пред прагом просјаци. Једна лепа авиљанска госпођа у црној свили и једним шалом из Маниље, са арапским дубоким и тужним очима, изиђе из цркве. Један одсев паганског пролећа паде на фасаду цркве са силуетом ове младе жене. Јер она није могла однети у цркву пред стопе светитељке други бол него онај од којег је сагорела и сама света Тереза, највећа песникиња љубави жене за човека. Нема земље на свету где љубав изгледа толика беда човекова као у овој мирној Шпанији. Нигде путеви срца нису толико мученичке степенице као овде. Нигде жена није већма женско него на шпанској улици.

Јер можда нема у историји људске мисли интересантније жене него што је светитеља из Авиле. Постала је свештеницом божјом кад је мало требало да постане љубавницом човековом, са истом поезијом и егзалтацијом љубави која је код жене једнако чулна према Богу као према човеку. Тереза де Ахумада је у десетој години побегла са једним братом да је ухвате Арапи и одсеку јој главу, да на тај начин заслужи царство небеско; у петнаестој, читала је романе о витезовима и љубавним интригама, и чезнула за љубавником; у двадесетој, затворила се у манастир где је остала насамо са Христом, коме је дала свој дух и завештала своје лепо тело. Имала је срце чисто и машту болесну – две особине да се безумно ода вери без повратка, и себе осуди без милости на изгнање из живота. Док су шпански женски манастири XVI века били места љубавних састанака, као доцније у XVIII веку у Венецији, Тереза де Ахумада није знала за човека другог него Богочовека, лепог младића из Назарета, са модрим очима и плавом брадом, којег је гледала голог у цркви. Њему је у свом бунилу страсне шпанске жене и романтичне девојке тог доба, подавала се у својој ложници и на самом поду цркве, у екстазама које су долазиле после поста и бичевања, у мрачној жељи сваке жене за љубави и миловањем. Саму је себе звала љубавницом и вереницом Христовом и венчала се најзад за свог божанског вереника у својчистоти тела и непорочности мисли. Њему је написала најлепше и најстрасније странице и најнежније стихове, у којима се верска егзалтација утапа у разуздану путеност, и где цело њено младо тело изгорева сломљено у наручју уображеног љубавника који је био бог. Само једна Сапфа у веселом Лезбосу могла је да дадне онолико чулности својим стиховима колико је дала ова хришћанка XVI века у самоћи манастира Светог Хуана, у пустињи Авиле; и само је једна библијска Саломе, у својој крволочној љубави за љубавником, могла да онолико вапи за човеком.

Као цела њена шпанска раса, она је очајном љубави за веру испунила све своје бесанице и све своје намере. Жена, која је верски фанатик, то је најсвирепији завереник догме. Верски мистицизам код жене прелази у физичке нереде и егзалтацију спола. Тако је у целом животу и акцији ове светитељке из Авиле све било френезија и обест чулности. Али и њено дело из црквене политике, и њено дело књижевно, обоје показују једну до крајње мере интегралну природу: у њој су и контемплација и акција биле уједињене у савршеној хармонији, онако како су то показивали само неколико светитеља дубоког средњег века.

У црквеној политици, светитељка из Авиле била је реформатор великог кармелитског реда, чији су се манастири били дегенерисали до крајњег разврата. Она је, међутим, потпуно реформисала те манастире, и довела и женски и мушки клир тог реда до оне строгости и аскетизма какав је тај ред имао само у пустињачком животу у Египту и Палестини седмог века. Нешто ново и потпуно шпанско. Знамо за жене светитељке и мученице, али не и за организаторке и реформаторке. Затим је света Тереза број манастира знатно умножила. У овом послу је имала против себе и папу и краља, и језуите, и инквизицију. И све их је најзад победила тиме што их је омађијала својом женском грацијом и својом мужевном акцијом. Ишла је целог живота поред понора и између замки, и није се до краја њеног живота могло предвидети да ли ће бити спаљена као вештица, или ће бити призната као светитељка.

Њен лични чар, који нико од савременика није демантовао, могао је бити раван само њеном генију. Она је неминовно носила собом френетичну атмосферу љубави којој ни поглавари хладне и свирепе шпанске цркве нису могли одолевати. Та љубавница од расе, имала је и седукцију жене од духа. Целог живота није ни сама знала да ли има посла са богом или са ђаволом – онако, уосталом, као и све друге страсне жене. Али њена очајна борба да сачува од греха своју телесну чистоту, види се из њене горке двоумице и лутања. Њени исповедници и биографи међу савременицима, фра Родриго Алварез и фра Педро Ибањес, и нарочито фра Диего Хепес, доцније мистични песник свети Хуан де ла Круз, морају да бране ову светитељку од њених сопствених исповести отворено казаних у њеном *Житију*. Загонетност њене личности, двосмисленост њене праве унутрашње егзистенције, то је оно што њу прати до краја младости.

Има женâ које не носе свој чар у линијама лица, него у изразу лица; ни у боји очију, него у погледу; ни у црти уста, него у осмеху; ни у говору, него у музици гласа; ни у формама тела, него у покретима тела. Ту лепоту која се не даје срачунати ни формулисати, имала је по целом изгледу и ова светитељка. Први и највећи знак женскости, жељу за допадањем, имала је Тереза де Сепеда у највећој мери у свима својим односима, чак и у

целом свом књижевном делу, писаном с толико просто-
те и природности. Њен гласић љубавнице избија као
врели млаз крви из сваког ретка њене тако суптилне
верске прозе. И ко је год дуго читао њене исповести, он
их је оставио помало заљубљен и залуђен том лепом ду-
вном кастиљанском. Перипетије њене телесне страсти,
мучења самоће и фантазије, њен говор о греху, који је
очевидно зачарани круг целе ове подсвесне верске хи-
покризије, све је то дало један љубавни роман првог реда;
и од свете Терезе направило најчистији тип заљубљене
жене оног чудног доба када су шпански мужеви путова-
ли и откривали нове светове и правили нова царства с
ону страну океана.

Света Тереза је стварно и сама била ранга и замаха
тих славних конквистадорâ. Мало је требало да буде
спаљена за разврат, а умрла је у девичанској чистоти, у
наручју свог љубавника божанске крви, који је силазио
у њену ложницу само у њеном болесном сну за љубав и
миловање. Ако је она физички залуђивала све оне полу-
светитеље међу поглаварима цркве, она их је и разору-
жавала својом ватром речитости за спасење угрожене
вере. Папа Урбан VIII је спасао свету Терезу да не буде
проклета у Риму, а краљ Филип II да не буде спаљена у
Шпанији. Међутим, десет година после њене смрти, пап-
ским указом је проглашена за светитељку католичке цр-
кве. После других десет година, кармелитски ред је успео
да у Мадриду заседне Кортес и изгласа свету Терезу као
покровитељку Шпаније, наместо апостола Сантијага, и
да то Филип III призна декретом, чак и да то једнодушно
усвоји и одржи шпански народ, поред све борбе приста-
лицâ омаловаженог апостола Сантијага, међу којима је
био чак и велики песник Кеведо, витез његовог реда.

Света Тереза је несумњиво била једна од највећих
фигура шпанске историје. Била би велика ма у којем на-
роду и ма у којем веку, као што се то каже за Јулија Це-
зара. Да је живела у Вавилону, била би Семирамида, у

Египту Клеопатра, у Грчкој Аспазија или Лаис, у Србији Јелена Анжујска или Милица, у Француској Помпадура, у Енглеској Јелисавета, у Русији Катарина II. Као генерал дуке де Алба, у војсци шпанског краља, или Игнасио из Лојоле у мрачној легији папе, ова велика реформаторка и организаторка имала је ону невероватну расну моћ ондашњих шпанских духова да се у исто време бори против неколико скоро елементарних сила: против клира огрезлог у разврату, против интрига вишег свештенства које је бранило злочинима и огњем сваки покрет који је ишао за увођењем ичег новог, и против камариле једног од најсвирепијих краљева, који је носио у себи душу правог калуђера-разбојника. Ломила је своје ноге по целој Шпанији, прелазећи је више пута унакрст, болујући, гладујући, зебући, спавајући на земљи.

Њена надчовечна снага долазила је само из уверења да је њен божански љубавник увек с њом, и да јој он својим младим и лепим устима шапуће нежне речи љубави која охрабрује и опија, божанствени хидалго који је једини херој њеног љубавног романа, једини господар њеног тела које је било лепо, и њеног духа који је био чист као снегови на сијери Гуадарами. Нема ни данас за шпанску душу савременије књиге него *Животопис* свете Терезе, који је сама написала, а који се није смео штампати за њеног живота, него је био читан само кријумчарењем у рукописима. – Нико није потпуније изразио шпанску жену крвавог XVI века, ни Вега ни Калдерон, него проза ове светитељке. А у њеним песмама, ако замените речи љубави за Богочовека као да су испеване човеку, то је најљубавнији и најжалоснији плач и најболније речи једне жене своме љубавнику.

Ова теологија љубави збуњује, без сумње, нас људе овог нерелигиозног времена. Ја сам чак уверен да ми ближе стојимо и паганским вековима него свету једног

Јакопона де Тоди или друштву ове светитељке из Авиле. Нико не може ни замислити духовни и душевни живот у првим манастирима светог Бруна и ермитажима светог Нила. Али свеци не лажу. Они су живели у вери, а не у истини. Било је написано божјом руком: „Ко чува моје заповести и слуша их, ја ћу га љубити јер ме љуби; и открићу му се." И они су живели само за то да слушају, да љубе, и да најзад открију. То је чинила и света Тереза, у Шпанији која је одувек била најхришћанскија земља, и чија је страшна религија продукт етички и расни, нераздвојна од њеног живота, њене историје, славе и пораза̂. Њени тадашњи градови су пуни манастира, вртови пуни мртвачке мелодије звона, путеви пуни калуђера, улице пуне просјака који гладују у Господу, и небо пуно молитава и заклетви.

По кућама се живи у страху од сотоне. Лепе кастиљанске жене су остале без мужева који изгибоше у бојевима на јеретике и у америчким освајањима. За све младе душе тог времена Христос је био млади кавајеро, херој и песник, идеал кастиљанске душе тог витешког доба. Христос није носио штит са грбом племића шпанске монархије, ни пасао танки толедски мач, али је Христос умро као што умире само један шпански кавајеро. Није задобио ране код Павије и Сен-Кентена, али је умро од копља на Голготи, и умро само онако као што је умирао какав хидалго у Романцеру... Од женског милосрђа до женске љубави нема ни корак. И жена шпанска га је волела. Учени оци из инквизиције, добивши у руке рукопис животописа који је написала дувна из Авиле, осећали су ову конфузију у осећањима будуће светитељке; али тај рукопис је ипак читан, тајно преписиван у хиљадама примерака, и за време док је та дувна још живела и певала своју такву чемерну загонетну љубав.

У мушким манастирима су сви млади калуђери заљубљени у младу Богородицу, а све младе дувне у мла-

208

дог Христа; никад се не догоди обратно. Свети Франческо је правио себи жене од снега. На два века пре светитељке из Авиле, света Катарина у Сијени вапи у свом болу: „Крв, крв!... Моја је душа пијана од крви!" – „Купајте се у крви, напијте се крви, заситите се крвљу, одените се крвљу..." А после два века откад су у Сијени изговаране ове френетичне љубавне речи, лепа кћи кавајера де Сепеда у Авили вапи: „Умрети, умрети... Vivir sin ti no puedo!" Као сви мистици (песници, хероји, апостоли, револуционари) и ове две жене су имале егзалтацију која је ишла до крајњих могућности воље и енергије. Света Катарина није била у својим *Писмима* онако велики писац као света Тереза у свом *Животопису*. Међутим, она је била позивана да посредује за мир међу зараћеним талијанским градовима, учествовала у односима ондашњих талијанских комуна, и била једина у стању да папу Григорија XI врати из Авињона у Рим.

Али је свакако њена јавна акција била нежнија и скромнија него акција свете Терезе. Мистичарско лудило у Италији било је, већ после ублаженог утицаја свеца из Асизе, на један век пре свете Катарине, разводњено првим дахом ренесансе, и силаском онамо провансалских трубадура са песмом мушке снаге и љубави за авантуру. Али Шпанија је остала увек доминиканска, ортодоксна; и љубав за бол је била и даље формула небројних живота. Црне печате на љубавном делу свете Терезе ми зато не можемо разломити. Можда оно што је најчистије и најдубље у њој, ми не можемо данас ни осетити. Све нам то остаје недокучно као што је недокучно срце у делима Дантеа. Хришћанство још постоји, али више не постоје хришћани. Човек у смислу Протагоре – једина мера свију ствари – то је ипак жалосна мера; јер ствари остају исте, а човек сваког века постаје други. Љубав свете Терезе, то је огњени ликер који је текао кроз њено младо тело; једно доживотно конфузно искушење, и крик у небо какав се није чуо откад постоји хришћанство. Ми смо данас тако далеко од свих дубоких дела, јер смо далеко од свих дубоких осећања.

Са песником Хуаном де ла Круз, једним од највећих свештених песника хришћанства, који је био Терезин ученик и исповедник, а доцније и исповедник мрачног Филипа II, књижевно дело свете Терезе представља целокупни шпански мистицизам. Међутим, ничим Шпанија није била горда као овим својим мистицима. Свети Бонавентура и свети Франческо из Асизе, исто су толико понос Италије; и Данте зове Асизу истоком, а њеног свеца Сунцем. Мистицизам и једне и друге земље су исти по суштини; и иста тенденција да се вера врати примитивном хришћанству и добу Григорија Великог – који је био папа и слуга божји, а не краљ и господар ограничене државне територије; враћање добу апостолства и скрушености; враћање самом Христу који је дао култ простоте и сиромаштва; враћање еванђељу које је књига нишчих.

Папе су биле изгубиле престиж светитеља откад су посукнули за престижом владара. Постајући владаром, папа је престао стварно да брине о цркви, него је бринуо даље о својој територији. Да би је проширио, или само сачувао, правио је савезе и ратове, служећи се мачем и отровом, користећи се интригама, и живећи у развратима, дакле сасвим као и други владари њиховог доба. Немачки императори заштићавали су папе од њиховог сопственог народа у Италији, чим је морални углед црквеног поглавице падао дотле да је долазило да се по тројица у исто време проглашују законитим сопственицима Свете столице; и најзад, престиж је папства потпуно пао у корист престижа немачких царева. Светац из Асизе је у најтеже доба очајања и унижења донео био своју благу еванђеоску реч у којој је био највећи лиризам и љубав која се чула од доба назаретских парабола. То је почетак мистицизма талијанског XIII века, који је требао да спасе католичанство од тадашњих папа који су били постали владарима, и од владикâ који су били постали баронима. Учење светог Франческа је била вера која је почивала сва на савести оног који верује, на сазнању божанствене истине само путем визије и екстазе, што је значило лом са многим традицијама црквеним, и запостављање јерархије клира. То отворено одступање од дотадашње ригорозности верске био је прави пут слободном тумачењу, значи који је издалека водио право у реформу.

Али светац из Асизе је проповедао сиромаштво у Италији, радосној земљи сунца, слатких вина и лепих жена, и говорио детињим језиком о птицама као својим сестрама, и поточићима као о својој браћи, и онда када су папе и краљеви признавали само силу и насиље, сладострасти и разврат. Истина, то је говорио у једно бедно доба када су људи били почели да бегају један од другог, и затварали се у пећине и манастире од страха, верујући да је свет коначно пропао, и да сотона иде око градова и зидова у облику змије. – А шпански мистицизам је постао три века доцније, кад је талијанска мистика већ прошла била кроз тумачења, и изгубила се у магловитости, и кренула да изгуби и свој прави смисао. Тако сад шпански мистицизам постаје главним браниоцем цркве пред западном шизмом. Али се шпански мистицизам и родио у монархији која је била огромна и војнички силна; и није се родио као реакција на разврат извесних папа, него као реакција на поквареност по манастирима, и уопште на скептицизам који је – као што се види из песникâ тог доба – носио све знаке духовне дегенерације и горчине према животу.

Ничег овде иначе сличног са свецем из Асизе. Јер је света Тереза говорила о љубави, али у страшној и мрачној Шпанији, која не би никад осећала ни довољно разумела верску идилу и теолошку пасторалу асиску. Зато је света Тереза говорила гласом мушким, скоро заповедничким. Говорила је о реду и поретку као какав генерал краља шпанског. Свети Франческо у својој скрушености изгледа какав мали паж свете Терезе, која у својој верској грозници говори мање о Богу и рају него о паклу и сотони, и често подсети на Савонаролу више него на свеца из Асизе.

Свакако, шпански мистицизам је постао онда кад је у Италији већ свет био поново постао паганским. Света Тереза је држала у свом младом наручју Христа у време кад је у Италији било опет враћено божанство Аполону. Свети Хуан де ла Круз је певао своје екстатичке химне хришћанском божанству кад је у Италији био добио Пан свој нови венац од свеже лозе. У Шпанији је говорено још о еванђељу кад је већ у Фиренци одавна Козмо де Медичи био отворио широка врата своје академије Платонове.

Можда утицај свете Терезе и осталих шпанских мистика није био мањи за шпанску уметност него појава светог Франческа за уметност талијанску. Личност овог свеца, његови *Фиорети*, и нарочито његова легенда (која, као у случају свих светаца, премаша и његову личност и његово дело) држали су под својом сугестијом још цео један век после његове смрти. И Ђото и Данте су били усхићени тим назаретским пастиром: први у благости и простоти линије и колорита, а други у самој основи своје католичке егзалтације. Тако је и Лутер претходио и био учитељ доцнијих немачких мистика Себастијана Франка и Јакоба Бемеа. – Била је у Шпанији једна духовна атмосфера и књижевна форма пре свете Терезе, а друга и атмосфера и форма после њене личности и њеног књижевног дела. Њен стил, интиман, чист, без гиздавости, био је нов за то доба формализма и концептизма. Њена топла душевност и девојачка срдачност и мекота, биле су откриће за скептичне духове оног друштва закованог за педантизам и прецепте.

Сликар Ел Греко из Толеда је извесно највећи католички сликар, онако како је Данте био највећи католички песник. Он је од свих уметника стајао најдаље од паганског духа ренесансе, и није чудо што је презирао Микеланђела као мазала и празнослова који се не инспирише црквеном хришћанском побожношћу него старозаветним митом. Ел Греко је морао лично познавати светитељку из Авиле у самом Толеду, где је она долазила, и писала свој неодољиви *Животопис*. Оно што је код Ел Грека есенцијално, то је побожност католичка, и то католичка шпанска, и он је ученик свете Терезе nolens volens. Веласкес је могао бити и Фламанац и Француз, али је Ел Греко више Шпанац него и Моралес и Зурбаран и Рибера. Између његове инспирације и општег душевног тона свете Терезе има један неоспорни афинитет, и који пада у очи: екстатичка побожност, верски бол, визија а не наук. Ел Греко је мистик колико и света Тереза, колико и Хуан де ла Круз, оним што се види у аскетско-екстатичким фигурама не само Грекових светаца, него и његових грађана са онолико тужном душом у очима. И Лопе, и Торес, и Сервантес – ученици Фрај Луја де Леон, аскете и великог писца – сви су најзад били под утицајем ове светитељке песникиње. Она је унела, осим своје природности и страсти, своју антипатију за емфазу и ерудицију, које су тада биле у моди. И насупрот доктринаризму и талијанским узорима за којима је ишао Сервантес, нарочито за Бокачем, она је унела своју огњену шпанску крв и своју неодољиву песму о љубави и борби.

Као у Италији, и овде је утицај мистика оплеменио уметност, зато што су мистици највећи истраживачи унутрашњих вредности, дубоки посматрачи рада духа и душе, унутрашњег немира и унутрашњег блаженства. Они су најбоље подвајали универзално од личног, божанствено од људског, њиховим дубоким описом борбе и буре у бедној судбини човека који се увек губио пред сложеношћу психичког проблема. Мистик је једини човек сав предан унутрашњој тајни; он рони у себе; мучи свој дух хиљадама највећих и најкомпликованијих питања. Бог и душа, вера и природа! То је дубоки понор који човек носи у себи; а мистик се креће једино у том омађијаном кругу трагања и слутње. – А овде, то је значило психологисати шпанску литературу, истанчати опажања, дићи се до најсуптилнијих могућности анализе човека и његове судбине. Зато ова светитељка из Авиле није само крупна књижевна личност и крупно књижевно дело; она је сама за себе један покрет, и један преокрет.

Шпанија није разумела петнаести и шеснаести век обнове људске мисли, јер од постанка није била лакома на идеје, и имала је један хришћански ужас од прогреса. Нити је имала линије у политици, ни философије у религији. Да је имала линију политичку, император шпански могао је довршити и утврдити шпанску хегемонију над светом. А да је имала философије у религији, Шпанија би се препородила са реформом. Али је у то доба био њен крик: Крви и злата! То злато је нашла у Мексику, да га цело потроши на најамничке војске против хулитеља њене цркве. – Она није имала ренесансу. Она је остала пасивна према једном од највећих догађаја људске мисли у историји: том добу укрштања паганизма и хришћанства, мирења Хомера и Библије, Бахуса и Христа. Кад по талијанским црквама сатири са козјим ногама трче за нимфама, у Ваядолиду се пали прва гломача обновљене инквизиције. Док талијански кнежеви и кардинали присуствују по атељеима сликању и вајању, као мецене и као модели, шпански краљ присуствује са целим двором убијању јеретика на Пијаци Мајор у Мадриду, или благосиља са балкона војске које шаље да покољу француске хугеноте и холандске протестанте. Папа Борџија, који је рођен у шпанској Валенсији, пирује као паганац, али и убија као шпански хришћанин. Шпанија је остала ван сукоба она два чудна и противуречна духа ренесансе: паганског дионизијства и хришћанског аскетизма, и није имала у исто доба и Лоренца де Медичи и Савонаролу. Јер Шпанија није земља игре контраста̂. Она је била и остала само хришћански аскет.

Ренесанса је за њу постала догађајем од оног дана кад су антички узори живота и уметности повели и све друго тумачењу и еклектизму, и потресли из основа стубове католичанства, и испољили горостасну фигуру Лутерову, који је веровао да ће хришћанском религиозном љубављу створити нешто темељније него што је било и само римско царство. Слобода савести у тумачењу догме и црквених нарави води, сасвим природно, и тумачењу ствари у држави. Устанак противу апсолутизма цркве води устанку противу апсолутизма монархије, монархије тог времена кад је она била постулат цркве; ослобођење хришћанина води ослобођењу грађанина; обарање власти духовне, води обарању власти световне. Када је Лутер почео да учи да је сваком човеку довољна сопствена савест да разуме еванђеље, у којем су божји закони, значило је тим самим да сваки појединац постаје сигурни тумач и закона и одредаба државних. Са падањем папе, морали би пасти и краљеви и кнежеви, световни представници божји и експоненти цркве, која је била постављена у средину космоса. Католичанство није било само угодни разговор са Богом насамо, него и једини извор политичких и социјалних принципа, извор организације мисли и друштва тог времена. Са једним је падало и друго. Зато је Лутер био сматран Антихристом, и протестантизам сматран као најопаснија од свих јереси од постанка наше вере. Он не одбија догму, него учење о догми; нити даје нову доктрину о човечјој природи Христовој, ни нову космогонију, ни нове заповести, али одбија учешће свештеника у учењу о догми! Тако догма постаје ствар слободне савести, као што је за мистике била ствар срца.

А за хришћанско друштво тог времена, то је значило смак света, пут у хаос, у скептицизам и материјализам, у отворено непријатељство према Богу, и у анархију према Држави, јер је Држава подигнута на камену Цркве, са којом је нераздвојна. Лутер је дакле био први Немац који је учио да сви мисле, и према томе први родитељ немачке философије, али његова идеја о слободи водила је у грађанске ратове и завршила у Француској револуцији. Шпанија, дакле, није могла имати свирепијег непријатеља.

Као највећа хришћанска монархија, најортодокснија и најапсолутнија, Шпанија је прва била погођена реформом. Још у једанаестом веку јавио се у Италији један претеча Лутеров који је покушао да дели духовну од световне власти: величанствени Арнаулдо из Брешије, и против њега је дигао мач император немачки, који је онда представљао најјачу монархију основану на католичкој цркви. Било је дакле природно да се сад и шпански краљеви дигну први противу Лутеровог учења о слободи савести, и да цео шеснаести век паганизма заложе у борби за спасење цркве. Зато није било љубави за ренесансу у таквој држави чији су се темељи љуљали ширењем науке о слободи савести. Филип II и Игнасио из Лојоле били су они страшни војници Христови који су први дигли мачеве осветникâ. Али против новог свештеника није био у стању да се дигне стари свештеник. Против проповедника дигао се солдат.

Мрачна фигура Филипа II остаје заувек везана за историју цркве. Тиран, фанатик, сумњало, хипокрит, крволок, сматрао је да му је поверена божанска мисија за спасење католичанства у добу када је само црква била владар света.

Кад сам неколико пута, за ове четири године што сам живео у Шпанији, пролазио кроз тамне ходнике његовог Ескоријала, ја сам осећао колико је хладног и горког и убилачког морало бити нагомилано у души тог бледог, мршавог и страшног човека. На свакој стварчици која му је некад припадала, осећала се језива сенка овог хришћанског крунисаног џелата. Његов је отац носио кацигу, јахао у железо окованог коња, и водио војске, и цео живот провео ван дома; Филип II је носио свилени шешир, и седећи у једној леденој и мрачној ћелији, наређивао клања према којима злочини Нерона изгледају ништавни преступи. Јер нису тад убијане личности, ни гомиле, него народи. Ван његове државе, његове војске пале и пљачкају; у његовој земљи, на свима пијацама, или гломаче или тортуре. Нико у Шпанији се не буни против најсвирепијих мера за спасење Спаситеља. Присуствује се гломачама као литургијама или народним празницима. Јер ко је непријатељ цркве, он је сматран непријатељем и државе. Уосталом, тако је јерес тумачена и давно пре тога, још и у доба Теодосија Великог. Али шпански владари оглашују непријатељима Божјим и оне народе који су само против папе.

Грчки цар Ираклије, од којег тражаху Персијанци да се одрече Христа, некад тако исто објављује својој војсци, већ потученој, да непријатељ није устао против Грчке него против Бога, и војска се после тих речи враћа као муња и побеђује неверника. Цар грчки је ушао затим у Цариград на четири бела слона, носећи на својим леђима крст дрвени на којем је некад распет Син Божји. Он одмах затим иде и у Јерусалим да, обучен у кострет и босоног, изнесе старим путем на Голготу исти онај крст који је већ онде пре толико векова служио за распеће првом мученику своје цркве. Филип II је сматрао чак да је Лутер устао не само против Бога хришћанског, него против и саме идеје о Богу. Православни владаоци нису никад знали за такав устанак против јереси какав је дошао из Шпаније. Али је тај устанак спасао папу, а то значи и католичку цркву.

У јелинској егзалтацији за ствар божју није никад било ни труна шпанског мрака ни верског беса. Православље је било и остало вера невина и чиста, весела и полупаганска, пуна благородног јелинског духа за радост на земљи и мир међу људима, без својих инквизиција и Торквемада, вартоломејских ноћи и енглеских прогонâ. Оно није инспирисало дубоку римско-католичку уметност, али је дало велику уметност византијску; и не смета ни данас словенској уметности да постане великом. И, најзад, нема опасности да православље икад устане против носилаца науке и препорода.

Најапсолутнија црква и држава, Шпанија је имала ту кобну дужност да инквизицију направи моралним и политичким средством. Па ипак Филип II није ништа могао против реформе, осим да је удави само у својој земљи. Да нису пропали бродови Гранде Армаде, послани за освајање Енглеске, и да је Енглеска заиста покорена за шпанску круну и цркву, где би одиста данас био либерализам европски! Ходећи кроз мрачне собе Ескоријала, исклесаног у једној тамној планини гранита, ја сам мислио на овог мрачног краља чији сам саркогаф са ужасом гледао како преда мном лежи у сутерену Ескоријала, поред осталих краљева и инфанта, а мислио сам на најнехришћанскију личност у историји. И мислио сам на горко очајање које је тај краљ морао осећати видећи да се половина света одваја од папске цркве, а да је његова мисија пропала. Имао је у рукама све злато Мексика да га распе на најамничке војске против неверника; и славне генерале као дуке де Алба и Алехандро Фарнесио; и бродове који су пронашли били све путе и континенте славе и победе. Али та крволочна хипохондрија завршила је уступањем пред прогресом историје којем се ништа не да одупрети. Једна слободоумна религија је ипак победила, и на њој једна нова цивилизација и нова идеја о држави подигнута, упркос Филипа II. Ничији тријумфи нису били крвавији, али и ничија смрт није била потпунија.

Други је човек шпанске расе, чистокрвнији него овај краљ, успевао у борби против реформе: дон Иниго Лопес де Рекалде, из Лојоле, који је постао свети Игнасио. Некада паж католичких краљева, њихов официр, рањен код Памплоне, велики авантурист и љубавник, истински шпански човек XVI века. Хладан, сув, мрачан, херметичан, без верског усхићења које долази из еванђеоске љубави, али са пуном мером отрова, која долази из хришћанске мржње. Није до у дубоке године читао дела Светих отаца, него, напротив, срицао књиге о витезовима и њиховим злочиначким јунаштвима за цркву. Он ствара језуитски ред за ширење вере, али нарочито за одбрану папе. Ово је једна од најгоростаснијих фигура које је Шпанија дала вери.

За ширење хришћанске науке по другим континентима заслужио је одиста ореол и златни ковчег у олтару од лаписа лазулиса у Риму, у његовој цркви. Дао је ред великих проповедника и учитеља. Али, и поред тога, њихова дела XVI, XVII и XVIII века у самој Европи по дворовима, канцеларијама и домовима великих породица за спасавање апсолутистичке монархије, и за престиж папе, против сваке слободе мисли и прогреса, само су утисли још један црн печат на историјској мисији шпанске расе. Њихов мач и отров и гломача против сваког доносиоца нових идеја и осећања, њихово узурпирање људских савести и имања, учинило их је страшним продуктом крвавог шпанског монархизма. Њих истерује из Португалије маркиз де Помбал, из Шпаније Карло III, из Француске Луј XV, и сам папа Клемент

XVI укида њихов ред својим указом. Паскал и Босије устају у Француској против њиховог двосмисленог морала, и њихове девизе да успех оправдава сва средства. Само шпанска идеја о апсолутној монархији и суверенитету цркве, војничка држава по превасходству, могла је истаћи један религиозни ред који је био до ове мере искључиво политички. Јер оно што је сањао Филип II, то је урадио свети Игнасио из Лојоле. Зато ми се чини да шпанска монархија тога времена нити је изражена у делима великих писаца, ни великих сликара, ни великих генерала, него у концепцији Филипа II и светог Игнасија о организацији света, која је сва у једној формули: у чувању нераздвојивости духовне и световне власти, и у цркви као вечном средишту космоса.

Вечерас ћу се вратити у Мадрид преко сијере Гуадараме, у којој се већ види флорентинско пролеће. Прођох главну пијацу старе Авиле, на којој су некад за један дан спалили четири Јеврејина, четири ваљда само зато што није било могуће сагорети четири стотине или четири хиљаде. Велика тешка капија у дну пијаце отворена је у тешком каменом зиду који опасује ову непобедиву кулу хришћанства, зиду који изгледа непотребан откад је једна светитељка подигла овде своју тврђаву љубави.

Са једне терасе види се тиха речица Адаха како протиче у падини брега на којем је Авила, носећи своје плитке али модре воде даље у пустињу где неће наићи на брану, ни мост, ни човека. Мала и побожна река, као да је потекла из Библије.

ДРУГО ПИСМО ИЗ ГРЧКЕ

АТИНА, сейшембра 19**

Лежи на мору пред Атином острво Егина, као какво привиђење које мења свој положај свако четврт сата. У сјајна јутра оно изгледа етерични морски облак који ће се у првом ветру распасти и сав разићи у прашину; а у вечери, наличи на високи и тешки брод који се насукао на песак, поломљених катарки, и на којем је све људство умрло од страха и чекања.

У овом сјајном пределу и ноћи прођу на сунцу. Само Егина у све сате остаје нешто нереално, пред чим не верујемо својим сопственим очима. Као морска сабласт јави се у зору са својим блиставим металним краљуштима; а пред подне се зарони у дубине и изгуби са видика, да се предвече опет појави, и то на сасвим другом месту. Ово је острво једна невероватна прича и пука превара. Овако су морали изгледати само уображени и уснивени континенти првих морепловаца; фантастичне земље које су они ишли да траже по пустињама океана; нешто што су били исткали из саме сујете и лудила; и у што нису ни сами веровали, и о чему су друге обмањивали.

Најбоље сам осећао античку грчку душу у овакве часе када цео овај предео постане етеричан и спиритуалан. То су они чудни сати проведени овде, седећи између два тучна стуба Партенона, у мирна априлска или септембарска поподна. У то време сунчана светлост по старом камењу претвори се у неко млечно сијање, у неки сјај који је између сунца и месечине, и у којем се изразе оштрије све контуре и прокажу сви рељефи. Овде нема боја; има само блеска. Овде се не замагљују и не расветљују шуме; овде живи и расте камење. Мирише свака травка и светлуца свака стена. Све што се догађа у небу, претвори се на овом тлу у ваздушаста чудеса и непрестане игре и интриге сунца. Нигде земљиште не живи у том сталном очекивању и усхићењу.

Очи свију ствари гледају по цео дан само у небо; и ничег нема што један зрак сунчани не би изменио из основа. Небо и земља нигде нису овако тесно везани. Има тренутака када између широке атинске долине и морског огледала у Фалерону нема ничег што би означавало усијану црту која их раздваја. Зачас престану све пропорције и међе у простору; брегови се одалече и шуме се растопе и угасе; сјајни бусеви покрај пута постану невидљиви. Велики и црни чемпреси, који су вечером у Шпанији и на Сицилији пуни злата и крви, овде изгубе боју, постану стакленасти и прозрачни; и не остане од њих друго него једна етерична силуета која се једва држи у ваздуху. Овде све живи од сунца, због сунца, за сунце.

Три велике основе старог античког духа биле су Идеја, Лепота и Тишина. Из Идеје је, говораше философ, постао космос, и она је од њега већа и стварнија. Али додајте и да је из Лепоте поникла религија, која је више музика и песма него мистика и догма; а из Тишине је изишла архитектура, јер је цела у тријумфу праве линије. Само је оваква долина била колевка вере у којој је оно што је било најлепше било и најсветије. И колевка философије, у којој је оно што је најјасније било и најдубље. И колевка архитектуре, која је остварила најсавршенију еуритмију и најспокојнију лепоту, узевши само једну сребрну црту с овог хоризонта. И колевка скулптуре, у којој и снага и мудрост говоре са подједнаком мирноћом. – Иктин, Фидија и Платон истоветно носе ово поднебље на својим делима, као неке птице родно сунце на својим крилима. Да би горка философија о животу постала само лепотом, једна пчела оставила је на уснама Платона, кад се родио, кап меда са Химета; јер као што је велика снага ћутљива, велика је мудрост слаткоречива.

Све је овде одвећ осветљено и разговетно. Народ који је живео у овој долини није могао имати она горка осећања која долазе од слутње, ни дубоке немире што долазе од сумње. Све изгледа овде увек исто, увек непомично на свом месту, све сјајно, одређено, разумљиво, решено. Нас у другим поднебљима учи сама природа великим срећама и великим несрећама, показујући нам своје катастрофе и своје тријумфе, своја грађења и разграђивања, своје облаке што све побију градом а ожаве сунцем: своју непрекидну игру смрти и живота. Ова блага долина, у којој никад једна ствар није узела другој њено место, и где сав живот стоји у сјајној непокретности, и чија се црта видика нити шири нити сужава, и чије се море никад не таласа нити чује – морала је бити колевка и онакве вере и уметности, и науке, које су, све уједно, само деца сунца. И то сунца које се звало Аполон, и које је било младић, и свирало у флауту пред краљем Фригије. Аполон је могао само овде бити божанство по чијим су се звуцима лире кретала сва небеска кола, и које је овде умрло само с последњим човеком старог света.

Небо је без облака, ноћи без росе, чемпреси без шумора; сви су дани пуни сунца и све ноћи пуне звезда. Нема годишњих времена да се осете кризе у природи и срцу; све изгледа истоветно и заувек непромењиво. Живот и смрт, обоје се догађају у светлости и измирују у тишини.

Нигде није била виша човечја судбина него на овој стопи земље. Ниједан народ, ни пре ни после овог, није имао толико генија да од свог боравка на свету направи само величину и лепоту. Ниједно друго људство није успело да од своје мисли и своје енергије направи толико општу срећу. Нико није дао више узора свог типа и свог идеала. Један од највећих беседника са Пникса, Есхин, каже: „Ми нисмо живели животом људским; ми смо рођени за чудо потомству.“ Одиста, за цео један број векова није у овој земљи било разлике између људи и богова. Уосталом, и сам Хомер и Хесиод говоре да је Зевс подједнако отац богова и људи. И далеко доцније, један песник тебански, сам Пиндар, почиње једну своју химну речима да су богови и људи истог порекла и да је иста мајка дала живот овим двема расама; о њиховој сличности сведочи исти физички изглед и заједнички развијен разум, а о њиховој разлици сведочи само то што је човек слаб и смртан, а бог силан и бесмртан.

Први Пелазги у Додони, у данашњој Албанији, жртвовали су својим боговима, и то као старијој браћи, не знајући ни њихово право име, ни места на Олимпу, све до појаве Хомерове *Илијаде* и Хесиодове *Теогоније*, које су прве направиле јерархију грчких божанстава. Доцније, са блеском у којем су се рађали један за другим небројни генији на свима пољима мисли и акције, све више се утврђивало мишљење старих рапсода да су богови и људи истог божанског порекла; – онако исто као што, од пре једног века, ми верујемо да су људи и животиње истог порекла, постали различни само диференцирањем фела. За некадањег атинског човека наш горки дарвинизам би изгледао или један незграпно изражени култ животиња, или крајња безбожност да се једино по извесној аналогији физичких феномена оспори оно што је непобитно божанствено једино у човечјој мисли и стварању. У оба случаја, ареопаг би тражио смртну казну.

Јер без веровања у сродство човека и божанства не би постојала за атинског човека она љубав за небо која је била основа његове ведрине и оптимизма, и извор целе грчке мисли и стварања. Без тога, никад ни грчка божанства не би била добила ону егзалтацију лепоте људског тела и израза, нити би људи и жене на метопама његових храмова имали оне потпуно божанске ставове и покрете. Људи грчке земље долазили су у непосредан додир и разговор са самим Зевсом преко једног храста у Додони, и са Аполоном преко његове свештенице у Делфима. Између божанства и човека је пут био увек отворен. Демостен сматра чак овај додир људи са њиховим боговима као главну срећу грчког живота. Ко је, дакле, после тога могао лишити тај народ таквог блаженства на овом свету? Најбољи знак што то није нико ни покушавао. Било је јеретичких мисли, али никад није било јеретичког покрета. Грчки бог је до краја остао брат и заштитник грчког човека: ни бољи ни виши, него само јачи и бесмртан. Лукијан сатиричар погађа право осећање свог народа када на једном месту каже, иако с подсмехом: „Шта су људи? Богови смртници. – А шта богови? Људи бесмртници."

За грчке богове и грчке људе постоји и заједнички све што је грчко: земља, плод земље, и лепе грчке жене. Богови су се женили тим женама, и оне су им рађале хероје, нарочиту расу између богова и људи. Богиња младости Хера, са златним сандалама, истовремено сестра и жена Зевсова, љубоморна је на односе громовникове са људским женама, и у својој љубомори посејала по перју пауновом стотину очију Аргусових. И Зевс проводи распусне ноћи у Арголиди, љубећи лепу Алкмену и Данају; и узима за жену лепу Лаудемеју, која му рађа хероја Сарпедона, што гине под Тројом, обучен у челик; и претвара се у лабуда да би ишао и другим људским женама. Ни Аполон није бољи. Он краде девојку Кирену, коју преноси на афричку обалу, где је прави краљицом земље која се и данас зове Киренаика, по њеном имену; и лудује за девојком Коронидом, са лепим веловима. – Ни грчке богиње нису чедније од грчких богова. Хесиод износи читаву генеалогију богиња које су узимале себи људе за љубавнике, рађајући опет расу хероја блиску боговима. Богиња земље и плода, Церера, имала је љубавника Јасија, и с њим родила Плута, на Криту, „у пољу трипут браном“. Кћи бога рата Ареса и богиње лепоте Афродите, Хармонија, рађа четворо деце са краљем Кадмом, а у вези са Зевсом родила је Диониса преко своје кћери Семеле. Од свих богиња остале су чедне само Атена, „са јасним очима“, и Артемида, „са златним стрелама“.

Овакав Олимп, ако није заносио својим моралом, опијао је својом радошћу и залуђивао својим блеском и, нарочито, једном постојаном љубављу божанства за све што је људско и земаљско. Зато су и сами људи учествовали у распусним свадбама својих божанстава. Град Атина сваке године празнује празник символичног венчања бога Диониса, а у Елеузини венчавају Зевса са богињом Церером, одводећи их затим у ложницу на сасвим људски начин. На исти такав људски начин грчки људи и закопавају своје богове када умру. Бог Дионис је сахрањен у Делфима са оваквим профаним епитафом на гробу: „Овде лежи мртав Дионис, син Семеле.“ Према традицији, у том је месту сахрањен и Аполон. На Криту је све до хришћанског времена и показиван гроб Зевсов. Богови су бивали негде чак и краљеви на земљи међу људима: Зевс је владао Критом, Посејдон је владао Крфом, Плутон је владао Сицилијом. А тај култ, где се толико меша човечанско са божанским, не показује унижавање бога, него уздизање човека, којег су друге религије сматрале ништавилом и грдобом.

Тај грчки бог, пријатељ и брат човеков, није, дакле, био законодавац и судија, као бог јеврејски и хришћански, него само човеков заштитник и пророк. Зевса, оца свију, не моле за милост на оном свету него за помоћ на земљи; јер на оном свету и не влада Зевс него Плутон. Аполону иду у Делфе да им прорекне будућност како би се сачували од преваре и изненађења. Богови су чувари слабијег од премоћи јачег. Ово сте видели у *Илијади*. Под зидовима Троје не боре се само људске војске него и две групе божанстава, од којих једна група помаже Тројанце, а друга Ахајце. За прве ратују Арес, Аполон, Артемида и Афродита, а за друге ратују Хера, Атена и Посејдон. У десетој рапсодији Хомер опева велелепни конгрес на Олимпу и бучно дељење божанстава у два противничка табора. Кроз цео епос, за свих десет година опсаде Троје, богови не напуштају људске бојне редове. Тако је сваки тројански херој био сигуран да уз њега ратује и један бог заштитник. Ахила прати у корак такво божанство; њега штити његова мајка, богиња морска Тетида, са сребрним ногама; а његов штит је поклон божански.

Овај највећи и најхуманији народ на земљи остварио је, у таквом измирењу своје религије, све величине и проживео све среће. У ово наше дивљење треба метнути и мало хришћанске зависти. Пре свега, његова религија је била национална, производ његовог сопственог генија и срца. А колика је срећа веровати у своје сопствено дело, које иде чак до остварења своје сопствене религије. Европским хришћанима је наметнута једна вера семитска и азијска, јер је хришћанство пре свега производ семитског генија и расе. А само онај народ који је имао своју сопствену националну религију могао је створити своју националну уметност, на начин египатске, грчке, индијске и арапске. Историја уметности није била никад друго него један део историје религије. Не постоји, бар по мом мишљењу, уметност талијанска, енглеска, француска, руска, пољска или српска; постоји само египатска, грчка, индијска, муслиманска и хришћанска... Микеланђело, Рафаел и Леонардо да Винчи нису представници националне талијанске уметности, а још су то мање Ђото и Данте; први су представници неопаганства, а други су представници опште хришћанске уметности: и ни једни ни други немају националног талијанског него то што су никли на талијанском тлу. Толико су исто мало представници шпанске националне уметности Моралес и Греко, чија је инспирација била дубоко верска, а не национална. Да су којом срећом Словени задржали своја стара словенска божанства, која би временом била усавршена, онда бисмо могли веровати да би се временом одиста створила и једна оригинална и битно словенска уметност. Да су и римски Латини остали при својим примитивним латинским божанствима, и продужили историјски живот и развитак заједно са својим старим и расним олтарима, не примајући грчки Олимп за своје небо, врло је вероватно да би стари Латини имали и своју националну уметност. Овако, они су усвојили грчка божанства и, следствено, остали били заувек заточеници уметности везане за ту туђу религију. – Јевреји су народ који није имао своје Музе; али су бар доцније, и кроз све перипетије хришћанске ере, могли видети како јеврејски дух и религија налазе свој уметнички изражај у делима хришћанских артиста, пошто је хришћанство продукт и усавршење синагоге. Универзална хришћанска црква, у уметничком погледу, развила се на штету не само националних култова, него и националних уметности.

Јер отаџбина и језик не значе још нацију; нације, то су, пре свега, домаће религије. Могли су имати своје сопствене уметности и једни Астеки или Итити, али хришћанске нације представљаће, све уједно, за будуће људство далеке и нове ере, само уметност хришћанску, која је дошла у низу осталих. Није национална уметност, као што неки мисле код нас, она која описује националну историју и слика народни живот, јер су то елементи само спољни и јевтини; оригинална национална уметност тражи дубље изворе, и то у односу човека према његовој судбини, што је изражено само у једној религији која је увек продукт једне тоталне и сопствене идеје о животу.

Грчка стара религија је била аморална, као што су то и хришћани вечито истицали. Али је она морала бити аморална кад се зна да грчки богови нису били друго него символи елемената природе, обучени временом у шарене бајке, значи чист материјализам. Морал грчки није стога ни био садржан у космогонији, него у философији, законима и уметности. Да је грчки морал био везан за религију, онда би се судбина тих двају идеала била кобно везала једна за другу: са опадањем религије падао би и њен морал, и обратно; онако како се то види данас у хришћанству. Међутим, грчка етика, онако постављена на основе науке и логике, и не представљајући, као што је хтео Сократ, него само збир практичних принципа за живот, није никад била изложена игри судбине.

Морал грчки, продукт грчке мудрости и логике, а не грчке мистике, остао је ипак на висини до краја античког света. Када хришћански писци говоре с омаловажењем о моралу паганског друштва, нису то могли чинити мислећи на просвећено атинско људство, него на александријску декаденцију; нити на високе грађанске врлине из времена римске републике, него на дегенерацију царства. Напротив, Грци су већ од почетка па до краја били велики моралисти, сматрајући морал мудрошћу живота човековог. – Сократ је био први моралист старог света. У животу и духу претходио је узвишеном примеру Христовом. Ни у величини самог назаретског Богочовека нема ничег дирљивијег него у смрти и мудрости атинског философа. Сократов говор ученицима о бесмртности душе на дан смрти, служио је и самим хришћанским оцима као основни докуменат о бесмртности душе. Платон такођер има дубоки морал апостола и евангелисте, и замало није проглашен доцније хришћанским спаситељем. – За хришћане је морал у дужности заједничке самилости и у страху од божје казне; за старогрчке духове, морал је био у принципу мудрости и у осећању дужности. Од Сократа па до краја грчког света морал се сматрао као наука о срећи, а не као поука о милосрђу.

Постојало је, истина, у Грчкој и ропство, чију институцију није, уосталом, философија ни створила, ма колико да је било философа који су га различито дискутовали. Али је поред ропства постојало, као култ, и милосрђе. У Атини су постојали олтари милосрђа пре него што се игде раније у свету знало за ту божанску реч. На такве олтаре милосрђа упирао је прстом философ Демонијак да осујети намеру оних који су хтели довести овамо римске гладијаторе, и ту намеру осујетио је. За време Солона постојала је и свештена проституција, импортирана с друге обале, али је храм Афродите нестао брзо и нечујно. Скитски бог плођења, Пријап, на путу за Рим, није се могао задржати у Атини, граду чистих нарави. Овде је било разврата и развратника, али ван дома и породице који су увек одржавани неоскврњеним. Стара атинска породица била је морална бар онолико колико и хришћанска из њених најбољих времена. Алкибијад је био велики господин атински, али и познати велики развратник. Овај Периклов рођак и Сократов ученик био је вољен због његове изванредне физичке лепоте, беседничке способности, и дара војсковође, али је био и врло омрзнут због свог разврата. Тако је било и са Темистоклом, победником на Саламини; и са Кимоном, сином Милтијадовим; чак и са праведним Аристидом. Плутарх, говорећи о чистом животу Перикла, није пропустио да рђаво обележи као развратника и самог трагичара, божанственог песника Софокла. – Брак је у старој Атини био дужност сваког грађанина који мисли о судбини државе; нежењен човек, атимос, сматран је за кривца пред друштвом. Атина је била једина стара држава где је, бар у принципу, постојала и брачна парница. Атински племић који би силовао своју робињу кажњаван је смрћу.

Грчка стоичка школа је била највећа школа о дужности, значи о моралу, која се икад видела. Цицерон, Сенека и Брут учили су овде. Републиканска партија у Риму, која је срушила Цезара, била је дело грчког стоицизма. Катон је био херој тог морала. – У самој Атини никад блуд није био елеменат верских церемонија. Човек је био бољи од својих богова, а жена боља од човека. Песник Есхил ратује против Олимпа у име хуманог морала, за који богови неће да знају. Врлина се увек ценила као знак духовног здравља и физичког савршенства. Жене из тројанског епоса и атинске трагедије имају све врлине мајке, сестре, кћери и жене. Софокле слави Ифигенију, а Еврипид слави Проксену, због њихове наследне поноситости. Добри људи су у Атини били предмет општег признања. Песник Калимах из Киренаике има овакав епитаф: „Овде, Саон из Аканта, син Даконов, спава побожни сан; не реците да умиру и добри људи.“

Хермес је од свију богова имао у старој Атини највиши број кипова; једно од средишних места града звало се његовим именом. Атињани су прегорели освојење Сицилије да би шефа своје експедиције Алкибијада вратили одонуд да га суди атински суд што је то божанство увредио једне његове распусне ноћи. Овај бог трговине и лопова био је до те мере обожаван у граду Минервâ. Али је то и стога што је Атина, нарочито после Саламине, била и трговачки град Хермесов, град који је најзад постао центрум једног великог економског савеза. Хермес је био дакле обожаван скоро колико и сама богиња Палас-Атена, пошто је у једно време Атина била трговачка колико доцније Венеција. И најпознатија имена атинска били су синови трговаца и индустријалаца; често и сами трговци. Солон је био законодавац, песник и трговац; Платон је, каже Плутарх, продавао зејтин по Египту; Демостен је имао фабрику оружја. Непоштење се и тад звало својим именом, али је перфидија у овом граду трговачком била и средство мудрости. Некога преварити, била је окретност; али сачувати се од преваре, била је скоро ствар даровитости. Између онога који хоће да превари и оног који је варан, постоји пре свега један однос духовних могућности. За мудраца је кривљи онај који се дао преварити него онај који га је преварио. Лукавство је у Грчкој било божанског порекла, јер је средство за акцију, утакмицу и победу. Новац је цењен, без сенке хришћанске доктрине о сиромаштву, али и без хипокризије. Платон сматра новац, заслужен часно, као једну од четири главне врлине савршенога Атињанина. И много доцније, Калимах пева: „Не може човек доћи до угледа са новцем без врлина, али ни са врлинама без новца. Зевсе, дај нам врлина и новца." Исти песник, међутим, пева на другом месту: „Аполон се показује само добрим."

Брег Анхесмус, данас Ликабет, диже своју пирамиду насупрот Акропољу, изнад свију ствари у овој сунчаној долини. Нема више на њему храма Зевса Анхесмијског, нити се ту више види гроб хероја Прокла. Данас је тамо једна неукусна хришћанска црквица и једна ружна икона светог Ђорђа. Падине овог брега посадила је боровом шумом једна краљица немачког порекла. Цео дан се овамо пентрају гомиле странаца који по свету терају ветар капом. Амерички туристи који не знају за име ове земље него само по монети у коју су променили свој домаћи новац; и гомиле француске које знају за Акропољ само по Ренановој *Молитви*; и енглески путници који с истим пометеним изразом на лицу гледају каријатиде на Ерехтеону, пирамиде у Гизеху, или голе црнце у Судану... Срешћете ове људе на атинском Акропољу, и у египатском Луксору, и у сиријском Балбеку, или на старим зидовима по Месопотамији, увек унезверене и нестрпљиве да што пре пређу с предмета на предмет, и да се попну из једних кола у друга.

У доба персијске инвазије још су у Тракији и Македонији живели лавови и нападали азијске војске што су ишле да поруше Делфе и Акропољ; Холанђани су отварали бране и плавили своју земљу да се одбране од непријатељских војника; руски народ је запалио свету Москву да не падне у руке освајача. Али нема више никакве силе да спречи ове поворке пустолова који профанишу све у што погледају. Сјајни француски песник Албер Самен умро је с раном у души што није никад имао довољну суму новца да из Париза пређе Алпе и види Италију. Мој драги пријатељ Иво Ћипико, који није имао мање талента него један Алфонс Доде, хтео се потући са неким отменим странцем на Акропољу кад га је тај путник запитао шта је ово, показујући му штапом Пропилеје! А колико би убогих песника и философа дали свој живот да виде бар један залазак сунца над овом свештеном атинском долином.

Сунце овде свако јутро отвара на модром Химету нове вулканске кратере, а свако вече у свеобимном пожару сагорева поново све персијске бродове у Саламини. По свима стварима падне екстатички израз рађања и умирања у светлости. По морском огледалу леже овде крупне огњене локве, према небу које се распада од превише ватре. Стубови на Акропољу завијени су у модре и крваве велове и паучине. А дуне долином поветарац, за који су стари говорили да излази из мирисних уста богиње Киприде.

Срећни сој људски који је некад овде тако веровао у породично сродство са својим боговима, јер он није могао живети у страху од живота и у страху од смрти – та два страха која чине трагичност наше хришћанске проповеди. Могло би се питати да ли је антички човек овога града уопште знао за обичне и праве људске беде, које не само да његова вера није откривала и увеличавала, него их је баш намерно скривала и ублажавала. Најмање би се могло говорити о таквом осећању људске беде по оном што је од њега остало написано, извајано, насликано и саграђено. Међутим, ниједан народ старог света није имао свирепијих искушења него грчки. Постојала је најпре дорска најезда са Ете и Пинда, која је растурила ахајски свет и оборила његове културне центре; и затим персијска инвазија, која је за собом оставила крв и згариште; и најзад свирепи пелопонески ратови са међусобним убијањем и рушењем, по старом прорицању: „Доћи ће дорски рат и куга са њим." Затим Филипова и Александрова македонска окупација и, на крају крајева, римско запоседање грчке земље, као конац свију других ужаса. Али су се ипак велике ватре лагано гасиле. После једног пропалог културног центра отварао се нови такав центар на другом крају... Грчки људи и грчки богови преносили су се стално из места у место; било је самих десет Атина у десет разних грчких насеља... Геније грчки није био тренутни продукт рафиниране средине или само једног историјског раздобља, него привилегија расе. У првом веку после римске окупације атински артисти су се листом преселили у Рим;

али тамо нису више дали једног нарочито великог уметника. Убило их је најпре ропство, а затим хришћанство. Грчки народ, међутим, није изгубио свој стваралачки геније док није изгубио своје богове.

Грчки геније је изгубио свој задњи залет у египатској Александрији, где су измиривали *Илијаду* и Библију. Аларик, аријанац, оборио је храмове Церере и Коре у Грчкој, и тада су коначно завршене магијске ноћи откровења у Елеузини, што је први пут већ несумњиво и неповратно значило конац паганског грчког друштва... Већ су и пре тога цезареви генерали забранили били у Атини панатенејске литије, и радосне празнике Диониса, и изговарање Есхилових и Софоклових стихова у старом позоришту атинском. Можда су на тај начин за једва непуна два столећа попуцале све основе старог грчког света. Али за та пуна два друга века владао је онај чемерни сутон у коме су попадала коначно једно за другим божанства и идеали старог друштва, да дође најзад победоносни и неодољиво велики и спасилачки геније хришћанства.

Али у доба Периклово, које нам је најбоље познато, нигде знака нашег побожног бола, мученичког самоодрицања, верске туге, моралног песимизма. Паганизам је живео и умро у дионизијској радости и олимпијској узвишености. Грчка трагедија је несумњиво најжалоснија песма која је икад испевана о човечјој судбини, али њена основа није песимизам него детерминизам. Жалосна група Лаокоона, сина Пријамовог, жреца Аполоновог, кога заједно са синовима даве две морске змије што је хтео открити тајну Илову, исто је тако најплачевнији мрамор старог света. Али ово дело није израз атичког генија, увек ведрог и хармоничног, него дело једног другог племена, са другог континента, из друге епохе: са Родоса, из доба дегенерације, из половине века пре хришћанске ере. У Периклово доба и у његовом граду, та емфатична група била би исмејана. Помиње се један случај да је одбијен један скулпторски рад у Атини само зато што је један умирући херој имао на лицу израз физичког бола. Уопште бол никад није био извор инспирације ни еленемат лепоте грчког уметника, него или узвишена мирноћа и измирење, или дионизијска радост пуна наивности, док је хришћанство бол направило завештањем самог мученика Христа. Само на једном месту Софокле каже да је смрт боља од живота. „Не родити се, то је боље од свега; а што човек после тога треба највише да воли, то је да се што пре врати у ништавило откуд је и дошао", вапи Едип.

Песимизам уметнички, то је дело нашег века. Леопарди није имао претходника ни у грчко ни у хришћанско доба. Он је у европски дух унео онај бол који се у Француској назвао mal du siècle, и који је вештачки направио највећу патњу неколиких генерација, и mal de vivre који се осетио у нереду многих идеја, и који је продужио тамни конац вертерства... Бол хришћански био је свештени бол за искупљење праотачког греха, а бол хришћанских песника била је, у главном, једна трансцендентна верска туга. Таква је била и туга Петраркина, као што је и његова љубав за Лауру била само једна хришћанска молитва. Микеланђело је имао бола у свом мрамору, који је далеко од грчке ведрине или пасивности; али је у том болу његовом било мушкости и снаге пред животом. Данте је био тужан, јер су га људи мрзели, а његови сопствени земљаци прогонили из отаџбине, али је његов бол био поносит и без одрицања. Средњи век је, дакле, знао за један бол који је долазио од успомене на првог мученика Христа, али средњи век није знао за наш песимизам Леопардија и Шопенхауера, значи песимизам књижевни и философски.

Најмање су за песимизам знали грчки артисти.

Мистицизам је ствар источњачка, а Грци нису имали мистикâ који би их завели у помрчину и песимизам. Мистицизам у Елеузини и Самотраки имао је карактер само једне ћабе, и није улазио у односе човекове у животу. Питагоров мистицизам није ишао даље од једног култа; њега су, уосталом, презирали неки и највећи философи, а Сократ је погинуо борећи се против непријатеља здравог смисла и чистог разума. Као Сократ, ни многи други нису хтели да буду посвећени у елеузинске мистерије, које су, углавном, биле црквени театар и политичка институција. Важно је да је питагоризам, иако је Питагора био Јонац, дело једног дорског центра у Кротони, а не каквог јонског центра, Милета или Атине. Питагоризам је био философија дорског духа а не јонског, и он је имао у Атини својих следбеника, али ниједан од њих није наставио овде његову школу.

*

Када вечерње сунце баци своје усијане велове по старом камењу Химета, и када поред позлаћених стубова храма Зевсовог очекујем да се међу ситним борићима око њега ухвати први љубичасти атински мрак, никад немам оно религиозно трагично осећање живота и смрти као гледајући са Авентина смркавање изнад хришћанских ствари у Риму. Грчка је зато остала непромењиво паганска. И на данашњој Атини лежи једна непоремећена античке и паганска светлост. Рим је папски град већма него и хришћански центар.

Аполон је овде у Грчкој био стрелац, песник, врач и лекар. Имао је у својим рукама све да ову светлу тачку земље сачува од верске туге. Вера је овде остала до краја бајка и сујевера, и свако је тумачио како је хтео и разумевао. Што у овој долини и данас највећма осваја наш дух, то је оно измирење грчког човека са својим божанством. Ово је један битни случај грчког генија који ми једва можемо и да схватимо. Није Грк имао другу библију него његов тројански епос; није имао догме ни свештених књига; није имао ни нарочите свештеничке касте. У храмовима су служили службу само најугледнији атински грађани, с изузетком само две атинске породице које су по праву наследства давале свештенике за Атену-Полиас у Атини и за Цереру у Елеузини. Није имао шизме ни шизматика, ни кад је примао нова и туђа божанства, Аполона, Афродиту, Диониса. Да је атински народ имао свештеничку касту, она би пре или после од вере направила баука, а од цркве институцију опасну по државу; и да је имао догму, она би изазвала шизму и верске ратове; и, најзад, да је имао свештене књиге, оне би задржале за себе сву мудрост и теологија би убила философију.

Историја религија била је увек историја људскога срца; пошто је бог осећање и машта, а не осведочење и наука. Да је осведочење и наука, сви би народи веровали на исти начин, и најзад би пали пред исто божанство. Али пошто је бог ствар осећања и маште, сваки је народ правио своју веру на начин на који је правио и своју музику и песму: према темпераменту, пределу, клими, степену културе, историјској судбини. Бога је човек правио потпуно према своме обличју. Јер је вера сума свих других осећања, и збир свих идеја о животу и смрти. Идеја о судбини човековој на земљи, то је основа једне вере. Живот је несумњиво свугде исти: подједнако везан за алтернативе срећа и несрећа. Смрт нарочито није друкчија на једном месту него на другом. Зато је довољно говорити мало дуже о животу, па да и срећан човек падне у тугу; а говорећи дуже о срећи, ми се осетимо помало несрећним. Религија, то је философија судбине.

А кад је један народ морао да прими, насиљем као обично, туђу религију, која није производ његовог темперамента ни духа, он је бар одмах покушао да је преправи према својој природи и својим условима историјским. Хришћанство је у Египту потиснуло стара божанства Тебе и Мемфиса, али је то хришћанство убрзо постало монофизитско, добило велики број апокрифних еванђеља, и утонуло у магију и сујеверје из фараонских времена. Код Грка се хришћанство претворило у реторику и церемонију култа; код Латина у систем и политику; код благих Словена у леност и дружељубље. Да је Христос био рођен у старом Египту, не би се звао Бого-Човек него Краљ-Бог, именом фараона чија лоза силази право од Сунца. Рамзес би се звао још и Исус или Саваот, као што се звао Ра и Амон; а хришћанска наука добила би на том тлу ко зна какав дефинитивни изглед. Хришћанство је мењало народе, али су и народи мењали хришћанство. Код Срба светосавље значи идеју која уједињује веру, државу и нацију. Није случајно да су Латини упорно остали римокатолици, Германи постали најзад протестанти, Словени православни, а пустињска племена муслимани. Словени који су римокатолици, изгубили су много словенског измирујући у себи крв и веру; које изгледају помало стране једна другој и неподударне, скоро неизмирљиве.

Није ипак било могуће да материјализам грчке религије не мучи понекад грчке метафизичаре. Изнад Зевса била је Мојра, нужност, силнија од њега. Излазећи из физике, која зна само за детерминизам, та је вера била следствено фаталистичка. Питагора је покушавао да је ослободи фатализма и спиритуалише; Ксенофонт верује у једно божанство које је, према њему, Богиња; и, најзад, Платон верује у једно божанство које сматра духом, и то свесним, слободним, разумним, и правичним. Постојале су, дакле, и онда све основе за монотеизам и верски морал. Али то није долазило из теологије, која није ни постојала, него опет из философије, чији су прваци веровали више и дубље, али често и друкчије него остали свет. Такви су били и Ксенофонт и Есхил.

Секта орфиста покушала је да морализира Олимп материјалистички и аморални, да у религију унесе идеју одговорности, да богови не буду само заштитници, него и судије и џелати; чак да унесе и идеју да су сви људи грешни по наследству туђег греха, или да су сами лично преступници. Значи да је временом јонски материјализам само падао. Велики атински трагичари, као што се по овом види, били су ученици орфизма. Едип носи анатему богова за туђе грехе, а Тезеј у Еврипиду за сопствене преступе. И они приписују боговима улоге судија. У драми о Антигони тебански краљ приписује боговима хумани морал, и каже: „Јесте ли видели да су кад богови ценили рђаве људе?“ На другом месту стоји: „Само су богови у стању да поправе преступнике.“ Колико је ово далеко од теогоније Хомерове и Хесиодове!

Али стварно, орфизам је остао трачка доктрина, страна јонском духу, и, поред свег огромног утицаја од Питагоре до Платона, нешто туђе и пролазно. Сва је уметност ипак остала и даље хомерска. Вајана су и сликана као и раније божанства узвишена и мирна; ниједно нема поглед судије или замах џелата. У боговима и даље има људских порока, а у људима божанских врлина. Пакао је остао стари хад, сјајна грчка пољана покривена ружичастим асфоделама, какве расту и данас међу атинским камењем у подножјима светлога Химета. Богови нису били никад морализирани; морал је био поука за људе, а не прописи за богове. У исто време кад се проповедао орфизам, славио се и разуздани култ Диониса, најмлађег међу божанствима, пијаног од животне радости. И даље је остала Хера, богиња младости, и Ерос, бог сполне љубави, и Пан, бог златоруних стада, музике и плеса. И свима морализираним орфичким божанствима остала су и убудуће хомерска имена... Стихови из *Илијаде* се званично и даље изговарају у панатенејским литијама поред богиње мудрости коју је Хомер направио богињом више него ико други.

Зато није у старој Грчкој никад било опасности да наступи доба верске туге док траје и последњи грчки човек. Чак и сам Софокле у једној од најгорчијих својих трагедија меће у уста једном лицу ове стихове: „Када људи престану бити радосни, нису више ништа за мене; то су живи мртваци..." Читав низ философа, од најсјајнијег доба грчке мисли до њеног сумрака, тражили су само доктрину о срећи: Аристип, Теодор из Киренаике, Антистен, Еуклид и Стилипон из Мегаре. Атински философи и грађани нису презирали тугу, али је нису ни тражили, као Индијци или Руси. Услов за живот и његов крајњи циљ треба да буде једино срећа. Грк је био већ нашао срећу у спокојству своје религије, и није престајао да је увек тражи и у дубинама своје философије.

Без познавања ових односа између Божанства и Човека у старој Грчкој, ништа се не даје потпуно разумети ни у њеној књижевности, ни у уметности, чак ни у философији. Ничег није било у тој цивилизацији што није било везано за Олимп: ни *Илијада* Хомерова, ни атинска трагедија, ни јонска философија, ни Фидијина и Праксителовa скулптура. Нигде ничег земаљског, профаног, искључиво људског. Чак је и држава представљана појединим божанствима, а не државним владарима; значи државним олтарима а не краљевским престолима. Ово је, чини ми се, не само карактеристичан него и изузетан случај и у старом и у новом добу. Наиме, било је толико Хера, Афродита, Хермеса и Аполона различних колико је било и различних грчких државица. Богиња Атена у Атини је друго божанство него богиња Атена у Аргу. И Афродита у Книду коју је побожно вајао Праксител, сасвим је друго божанство него Афродита у Сикиону коју је скрушено вајао Скопас. И стога книдска Афродита брани само Книд, а сикионска Афродита брани само Сикион.

Било је ипак искрено побожних уметника и философа. Велики песник Есхил је ратовао против олимпијских божанстава због њихове аморалности, али је он био син свештеника у Елеузини, и сам посвећен у онамошње мистерије, а био и иначе познат као дубоко побожан. Био је познат као велики богољубац и Софокле, иако је описивао злочине богова над човеком. Уметност скулптора Фидије, иако је он био ученик Анаксагоре, била је цела прожета верским осећањем. Један стари писац, Диодор, каже да је тај велики вајар радио своја дела побожно као какав хијерофант грчког храма, и да ништа није било од толиког верског утицаја колико његов Зевс у Олимпији, у којем је представљен истовремено тип краља неба, бога мира, најмилоснијег творца свих живота и свих добара, и чувара свих људи. Платон у његовим *Законима* уверава геометра Теодора да је циљ сваког човека уједињење с богом. Пиндар, песник врло побожан, жртвује лично на свима олтарима; имао је чак и пред својом кућом олтаре богиње Церере и бога Пана. Сократ, иако признаје да не зна ни права имена боговима, приносио им је жртве најскрушеније. Ксенофонт у Персији жртвује сваком приликом, и распитује божанство за сваки свој важнији корак.

Али, иако је било у старој Грчкој побожних философа као Платон, није било философа-теолога, на начин Шелинга или Шлајермахера. Никад се грчка философија, и кад је улазила у најосновније принципе теологије, није дала одвести на тло чисто теолошко. Није се утапала ни у суву полемику француских енциклопедиста, који су стављали насупрот једну другој веру и науку. Није постојао грчки Лесинг који је правио хришћанство разума; ни грчки Кант који је веровање цркве подвргавао критици разума, помешавши веру и етику, и направивши од бога само један стаклени идеал. За дубоке Грке религија је била једно, а морал људски друго. Вера је била слика и прича без догме и учења, а морал је био наука. Легенде и мисао нису ишле заједно: једно је била вера широких маса, а друго вера философа. Вера се није учила од попова; до ње се долазило интуицијом и љубављу. Минос и Ликург говорили су да су своје законе примили с неба, као што су то говорили и Мојсије и Нума, али ни то није одвело мисао на беспућа мистике. Ни сами Питагора није могао понети дубоки грчки свет у магле теологије. Грк је био превасходно метафизички дух, сув, логичан. Свугде другде, Анаксагорин „дух“ претворио би се можда у теолошки мотив. Овде је, међутим, остао само појам о механичном регулатору свемира, принципом поретка у материји, душом ствари, али без ичег моралног и религиозног, што је имало огромног утицаја и на саму уметност његовог века.

Зато је грчки народ знао и за краљеве, и за тиране, и за олигархију, и за републику – али никад за најжалоснији од свих режима: за теокрацију. У том погледу ова је земља била изузетак међу старим источним народима. У Египту је свештенство било изнад народа, изнад класе ратника, и изнад самог краља. Стога је и идеја смрти била великим делом важнија од идеје живота. Свештеници откад постоје, били су пропагатори смрти на штету живота. Египатски свештеници у Саису и Хелиополису били су утврдили да је тело тамница душе некадашњег грешника, и то у реду истих таквих оптерећених предака, и да је сва судбина човекова да се искупљује од тог кобног наследства.

Али ову страшну идеју нису могли пресадити на грчко тло ни они прастари египатски колонисти који су овде ударили темеље првим градовима, Аргу, Атини и Теби. Солон је био у египатском Хелиополису, и говорио онде са свештеницима. Доцније је онамо био и Херодот и Платон; али нико од ових великих и ведрих Грка није био заражен духом онамошње теокрације, ма колико да су они поднели утицај далекосежне египатске мудрости и науке. У Индији је теократија била одувек нормални систем државе и друштва. Брамани су били моћнији и од краља, који није ни био друго него њихова играчка. Закон Ману каже да ко дрзне да учи брамана његовој дужности, томе да се сипа вtoo зејтин у уста и у уши. Тај систем је и довео онамо до одвратности за живот и акцију; понова се родити, значило је увек највећом несрећом. А грчки песник каже: „Олимп је боравиште богова; ни ветрови ни олује не кваре његово спокојство; ту светло небо рађа дане без ноћи и без облака.“

И сада су ти дани без ноћи и без облака над овим свештеним стварима атинске долине.

И данас су овде пуни музике небо и земља. Ништа се ни сада овде не даје одвојити од митолошке лепоте и дионизијског блаженства. Понестајали су мрамори и књиге старих генија, али је остала ова природа, која се у њима огледнула са толико екстазе и среће. Још стоји спрам сунца отворена сребрна утроба брега Пентеликона, одакле је ишчупан мрамор за цео народ статуа и читаве шуме стубова. Још овде долином иду путеви којима су некад на све четири стране света отишли људи и идеје да прошире по свету највећу реч лепоте и мудрости. Још овде сјаји у небу модри Химет, на којем су се одмарале очи оних чији поглед није имао граница. Један од највећих народа који је икад живео изумро је овде заједно са својим божанствима, од којих је био нераздвојан за три хиљаде година. Као ни тај култ, несравњив по својој лепоти, тако ни тај народ, несравњив по својој величини, неће се под сунцем никад више јавити. Зевсови близанци, богови и људи, закопани су овде заједно, као што су заједно били и рођени... Може атинска долина опет постати некад највеће насеље једног новог света, али ће она заувек остати само гробље једног далеког и божанског људства. Стари Атињани су звали себе аутохтонима, и хвалили се што други људи нису пре њих обитавали овај сунчани предео. Он је одиста и после њих остао заувек само њихово Острво блажених. Грчки су богови били љубоморни: они су понели собом све оно што није смело живети без њихове љубави.

Атињани су – верујући тако у нешто што је било више илузија у животу него идеја о животу – сами себе сматрали вишим од свих народа. Јевреји су то исто веровали за себе, јер су имали верску мржњу за све друге људе, и Египћани, зато што су сматрали да је први човек рођен на Нилу. Али су стари Грци веровали у своју супериорност, јер су они друге народе научили чак и о том шта је семе и храна, открили прве изворе воде, и први показали употребу ватре. А када је грчки геније у Атини израстао доцније у својој потпуности, ова је долина прва била сматрана средиштем свемира. Сви су песници певали усхићене химне овом граду. Познат је Софоклов дитирамб његовој Атини, који ставља у уста Едипа, на Колону, крај Сефисоса, „куда цветају шафрани са сунчаним очима“. И тебански песник Пиндар пева да нико није у слави надмашио овај град још од доба Ерехтеја, његовог митског краља. Еврипид, син једне атинске пиљарице, али велики и божанствени песник, тврди да његови генијални земљаци имају природно право да владају свима другим народима.

Аристотел, тумачећи речи овог песника, каже да је велики трагичар хтео рећи како он све друге народе сматра равним робовима. А зна се да је Аристотел правио чак и телесне разлике између једног роба и једног слободног човека. И у наше доба, више од две хиљаде година доцније, у британском парламенту, правили су такођер такве разлике између црнца и белца онамошњи противници ослобођења робова... Ако су, дакле, стари грчки рапсоди оставили као завет своје уверење да су богови и људи браћа међу собом, то се односило само на оне људе који су боговима били равни по величини разума и по телесној савршености. Тако се могао и развити онај култ интелектуализма који је у Атини затим постао теоријом о друштву и држави. Платонова је идеја да државом морају управљати само философи дошла од тог култа. Истина, ова идеја није чисто спиритуалног карактера, него и моралног: философ је био за Платона само онај човек којег је мудрост довела до савршенства не самог ума него и срца, а то значи који поседује четири капиталне врлине: праведност, умереност, храброст и опрезност. Један велики српски писац пише недавно да би такви Платонови државници били најгори управитељи државе, јер би себе сматрали непогрешивим. Напротив, глупаци су једини људи који своје погрешке не увиђају; јер када би глупаци увиђали своју глупост, и они би већ тиме постали атинским философима...

Старом грчком државом су одиста, и пре Платона, управљали философи на које је Платон могао овде и помишљати: у Атини Солон, у Спарти Ликург, у Сицилији Карондас. Филозофи су те државе и направили државама! Било их је још много других. Темистокле није био особити говорник, али је био велики организатор, и затим славан војсковођа. Кимон је био велики беседник и велики генерал. Перикле је био не само један од најбогатијих грађана, него и ученик највећих философа, и друг највећих песника, одличан оратор, и можда у свему, као и Јулије Цезар, најпотпунији тип шефа државе какав је могао уопште имати један просвећени стари век. А сва та тројица управљали су Атином у њено најблиставије доба.

И тек после таквих примера култ интелектуализма могао је у време Платоново да достигне до врхунца. Један једини Перикле успео је да за четрдесет година своје владавине створи највећи век културе и углађености који се икад видео на земљи. Није остварио и уједињење велике грчке нације, али је остварио један велики грчки савез. – Философија је, одиста, у Атини на тај начин била апсорбовала и теологију, и морал, и физику, и политику. Мудрост је била стога сва врлина којој треба да тежи човек позван за више смерове; она је решење живота и државе. А пошто се не може без философије управљати државом, следствено је излазило да њом владају философи, и да је према томе политика само један део философије.

На једном месту у *Федону* стоји колико је Сократа индигнирао Анаксагора, који не сматра као организаторе космоса ни божју силу, ни законе добра и нужности, него елементе без интелигенције и морала. У једном дијалогу с Адимантом, у *Политији*, говори Платон на уста Сократова: „Али, ако гомила једном успе да разуме истину коју ми говоримо философима... хоће ли онда и она веровати, с нама заједно, да једна држава неће бити срећна него само онда кад њен план буду израђивали ти артисти који раде по моделу божанском?“ – Никад демокрација атинска није зато ни престајала да на велике положаје доводи само људе великог имена. На власт је долазио или човек који се прославио речитошћу, или пером, или оружјем, или човек који има за собом велико богатство, што је онда носило собом и породичну репутацију: Тразибул, Калистрат, Еубул, Демостен. Када су философи били велики оратори, они су успевали да на Пниксу наметну своја мишљења сенаторима да их ови усвоје као готова; а демагози на Агори решавали су своје ствари дубоком иронијом и сјајном духовитошћу. Демокрација – више можда него иједан други систем – као и данас, и као увек, била је у рукама једне духовне олигархије. Међутим, у нашем данашњем добу на власт долазе људи једном механиком изборних система која избацује на чело државне управе људе без имена, без талента, без морала, без побожности. Али у граду мудрацâ, владали су одиста мудраци. Клеон је владао само у једном добу помрчања и очајања.

Нама је, извесно, данас тешко разумети, чак и историјски, тај грчки култ интелектуализма. Нарочито у оним размерама какав је био код Платона, љубитеља философског система, толико искључив; и код Аристотела, теоретичара ропства, толико нечовечан. Само је хришћанство успело да донесе ослобођење ропства, и само заслугом једног хришћанског владике забрањене су указом борбе гладијатора. Истина, откриће Америке ропство је, мислило се, било опет постало историјском потребом: пошто је требало стварати Америку као некад Акропољ, Олимпију и Делфе, не само духовним него и физичким средствима. Међутим, ново доба није бар имало свог философа да ту потребу ропства документише и нарочитом философијом. Напротив, модерна философија није после Христа делила људе на више и ниже, од којих би једни били по природи господари, а други робови, једни дух, а други тело. Док је за Аристотела мисао човекова била нешто спољње, неусађено у самој природи, и способно да се развија поступно, Декарт је већ тврдио да постоји дуализам тела и мисли. Али је нарочито наше доба, са Бергсоном, утврдило да не треба ставити интелигенцију и инстинкт насупрот једно другом. Мисао је свест и активност, и главна моћ стваралачка; инстинкт је моћ примене и варирања. Али мисао не схвата суштину као што је схвата инстинкт, него само облике ствари и односе међу стварима. Није, дакле, мисао изван природе човекове, ни различна од његове природе, ни само способна за чисту спекулацију, као што је говорио и сам Кант, него, напротив, део општег живота и сваком урођено средство за сазнање и акцију. Друго средство је интуиција, незаинтересовани инстинкт, свестан себе, способан за размишљање о свом објекту, и то до његовог развијања у бескрајност. Само се интуицијом сазнају крупне тезе као трајање, стварање, и витални елан; али се опет само разумом досегне до интуиције. Интуицијом и разумом, само кад су уједињени, долази се до апсолутне слободе.

Монтењ, Бекон и Декарт хтели су да ослободе друштво од традиције индивидуализма, тврдећи да друштво квари истину у њеној примитивној чистоти; Кондиљак и Русо покушавају да је врате природи; католички философи, као де Боналд и Ламне, сматрају мисао за јерес. Паскал тврди да постоје две истине, интелектуална и религиозна. Тек у наше доба, ново доба великих философа, доћи ће Диркем да утврди да се мисао развија паралелно са друштвом, и да религија и наука значе једно и исто, и да између примитивног менталитета и менталитета научног и слободног постоји потпуни континуитет. Теорија Аристотелова о вишем и нижем људству, о господару и робу, мисли и инстинкту, одавна је, дакле, изгледала апсурдна у погледу моралном, али верујем да част припада само нашем добу које је показало ту Аристотелову мисао апсурдном и у погледу научном.

*

Сада стоји Акропољ као трагични споменик некадашњег измирења у космосу богова и људи. Стоји усамљен и стран у овом времену новог односа неба и земље.

Ни на једном комаду света његов Партенон не би стајао прикладније него што стоји у овом сјајном и мирном пределу. Атински пејзаж је пун поносне тврдоће ствари и несравњиве хармоније благих и дифузних боја. Сликари свих векова гасиће овде своју жеђ за таквим бојама, и губити памет између реалног и нереалног; и две-три старе и згурене маслине довољне ће бити једном сликару да постане бесмртан. При заласку сунца које тоне у Саламински залив, Партенон има изглед једне мједене палате која се сва раствара у запаљеном ваздуху, и која је сва испуњена ватреним демонима и модрим змајевима. Ни у једном сату дана његови простори нису подједнако велики, нити је његов мрамор исте боје. Мрамор карарски брзо постане зелен и жалостан; а овај мрамор пентелички, који с почетка има боју девојачког тела, доцније узме боју бакра, и најзад благи прелив злата. И зато је цео ваздух пун злата у овом мирном и пустом пронаосу у којем проживимо стотину живота у једном очараном сату. – Али је само ноћу Партенон музика и молитва, а не камен и архитектура. На овом истом зиду старог храма на којем сада мирно стоји моја зелена сенка, ономад је прошла сенка Сократова и Софоклова, и малочас Цицеронова и Плутархова... Исти овај мрамор под ногама зазвечао је истоветним звуком Александру и Цезару... И пре и сада био је Партенон средиште света на којем су застајале очи обожавалаца и рука рушилаца, с истим дивљењем и страхом.

Било је и пре Партенона, а има и сада, цркава које су својом лепотом подражавале величину свог божанства, али ништа није могло бити поређено са овим храмом атинске богиње мудрости. Херодот помиње на истоку као највећа архитектонска дела храм Артемиде у Ефесу и Хере на Самосу, а сам је видео у Тиру један Херкулов храм са стубом од чистог злата и другим стубом од смарагда који су ноћу бацали невероватни и засењујући блесак. Велики је био и храм богиње Церере у Елеузини, и у Васеји храм Аполонов; постојали су и чувени храмови у Сиракузи, и четири у Селинонти; и био је славан храм у Фигалији. У атинском пољу поред Илиса стоји још триестину стубова и од храма Зевса, који је био један од највећих споменика старога света; а леже, најзад, и у Олимпији остаци храма истом божанству. – Али је само Партенон могао представљати решење свих дорских ар-

хитектонских лепота. Иктин и Каликрат, његови гради-
тељи, дали су му сву поноситост линија и сразмера; а
Фидија, са његовим ученицима, сву раскош фронтона и
метопа. Поменимо још један важан случај: цео Акро-
пољ радили су само атински уметници, и сви су остали
највећа имена у уметности. Најзад, Партенон је био и
први храм рађен у мрамору. Иако је брдо Пентеликон,
још на стотину година пре, отворило било своје мајдане,
нико се није дрзнуо да оданде извлачи огромне блокове
и за изградњу самих храмова. Партенон је била прва мо-
литва грчког народа, рађена у мрамору, која је одгова-
рала његовој екстази и љубави за небо.

Без Партенона, космос би био умањен. Да и нестане
римске катедрале Светог Петра, несравњиво богате по
свом накиту, остала би још за дивљење човечанства па-
риска Богородичина црква, интересантнија и побожни-
ја. Остала би и катедрала у Ремсу, хармоничкија и умет-
ничкија. Остао би и кристални и ваздушасти Домо у
Милану, што се креће у католичком небу као огромна
сребрна кадионица. И остао би, затим, Свети Марко у
Венецији, загонетнији и сјајнији; и, најзад, цариградска
Света Софија, од свију других хришћанских цркава ме-
лодичнија и трагичнија. Све се на свету даје заменити,
осим Партенона! Чак и златарско дело Ерехтејон, цен-
трално светилиште у којем је чувена дрвена статуа бо-
гиње која је пала с неба, није овде постојало него само
узгредно: зато да би дало више охолости Партенону,
славном Иктиновом делу. И Пропилеји, музичко дело
Мнезикла, били су овде само епизода. Линије Партено-
на саме би биле довољне да покажу данашњем свету цео
израз узвишене мирноће с којом се некад веровало.

Међутим, грчка архитектура сматрана је само као
оквир за скулпторска дела. Архитекта Иктин био је по-
знат и као творац храма Тезејевог у Атини, и храма Апо-
лоновог у Васеји, али је остао славан само због Парте-

нона. То име, стечено овде на атинском Акропољу, није помрчала ни његова слава у Елеузини и Олимпији. И Фидија је поставио своју огромну Минерву насред Акропоља, чије је златно копље сијало изнад целог атинског хоризонта, велики творац који је вајао Зевса у Олимпији, његово најсавршеније дело. Само његова Атена-Партенос, рађена од злата и слонове кости, била је најпотпунија и најспиритуалнија фигура богиње мудрости и енергије, коју је такођер поставио овде на Акропољу свог родног места, и у средину Партенона. – Само је овај народ имао идеју да се величина састоји у уједињењу мудрости и енергије, и то изразио у том свом највишем државном божанству. – У свом сјајном говору, који нам је сачувао Тукидид, каже Перикле на једном месту: „Нико боље од нас не уме да помири отменост са једноставношћу, ни културу с енергијом... Код других, енергија долази од глупости, а неодлучност од претеране мудрости.“

Нажалост, нигде рушевине нису толико рушевине као данас овде на Акропољу.

Све је овде скрхано, преломљено, смрвљено, згажено. Нигде смрт није проговорила страшнијим језиком него на овом старом камењу које је било овамо донесено за богове и вечност. Не постоји нигде друго овакво бојиште на којем се геније једног народа хватао у коштац са варварством својих непријатеља. Нема овде ни комадић мрамора који доцније није поднео једну погрду, и на којем нема једна тешка рана. И сад све свештене ствари застрепе кад зачују шум човечјих корачаји. И оно што овде није још оборено, изгледа да ће само пасти од страха. Са трговима некадашњих грчких мудрих људи, који су били рођена браћа боговима, помешале су се доцније стопе злочинаца. Овуд су прошли Скити, Римљани, Гали, Турци, Венецијанци. И као да су сви прошли једне најбезбожније ноћи.

Слобода у своја кола упреже зверове који не знају пута ни смера него иду по сили инстинкта. Историјска правда не даје из своје руке просјацима него онима у којима ратује снага природе. Нигде се то није посведочило толико колико у овој малој Атини. Када је Персија, највећа држава на свету, која је бројала толики број азијских и афричких народа да им сам њихов персијски цар није знао свима ни име, кренула против грчке земље, што је тада значило против Европе, онда је Атина била скоро једина да, са једним витештвом какво свет није више никад познао, прими на себе дужност спаситеља будуће европске цивилизације: против све војске Ксерксове и против издајства других грчких држава! Победе Атињана на Маратону, Саламини, Платеји и Микали биле су до сада најважније победе у историји света. Да су Персијанци победили Атињане, Европа би постала персијском сатрапијом, а ко зна и какав би изглед имало затим човечанство све до данашњих дана. Акропољ је стога највећи споменик слободе какав се игде видео: то је споменик који су Атињани дигли у име будуће Европе и њене судбине, иако верујући да га не дижу него својој Атени-Полиас, заштитници овог малог града! То је била емоција дубока и моћна, коју сам осетио кад год сам изишао на овај свештени брег. Има, дакле, у овом сјајном камењу нешто од судбине свију нас.

Само грчки народ могао је да дадне овакво архитектонско дело са онолико мудрости и мирноће. Јер ма колико да је Партенон са Пропилејима један споменик државни, ратни, патриотски и политички, геније Периклових другова знао је да га сачува од сваке државне реторике, ратничке емфазе, патриотске декламације и политичког патоса. Само су атински мудраци схватили да победа мале Атине над бескрајном Персијом није само победа малобројног грчког оружја, него победа једне више силе, а то су грчка божанства. Зато је овај споменик дигнут државним боговима, а не генералима и државницима. И овај случај доказује оно што сам напред тврдио: ничег профаног у грчким тумачењима, а све божанско у њиховим доживљајима.

Богиња Атена-Полиас је напустила прва Атину да у заливу Саламине сачека персијску флоту, и да је сатре. Ни грчка коњица на фризама не представља атинску коњицу у борбама на Платеји, него свештену кавалкаду из панатенејских литија за Елеузину. На целој једној страни виде се борбе кентаурâ и амазонки... У фронтонима рађање Венере на једној страни, а на другој страни препирка богиње Атене са богом Посејдоном, које ће од њих двоје бити заштитник града... Онако исто дирљиво као у метопи на храму Победе без крила, где мала Нике са највећом грацијом везује своју златну сандалу... Страшни атински војници који су били господа, и атински државници који су били мудраци, подигли су тако овде на Акропољу споменик победи над варварском Персијом дајући му више и карактер философски него ратнички, више карактер атинске мудрости него физичке силе.

Карнак и Рамесеум у Египту подигли су ратни заробљеници. То победилац каже изрично у једном натпису: „Ниједан урођеник није на њему радио.“ Подижући свој Акропољ, Перикле је, напротив, мислио да атинска мудрост не би дозволила да један споменик слободе граде робови, и на њему су зато десет година радили само слободни грађани. Али ни атинска побожност никад не би дозволила да један храм њиховом божанству подижу странци и неверници, као у Карнаку. Овде су градили овај храм само они који су од најмањег до највећег подједнако веровали у његово божанство. Зар има ичег узбудљивијег од овог случаја!

Али Акропољ, чији је сјај и лепота истакла Атину изнад свију других грчких држава, и о чијим је уметничким делима архитект Хелиодор написао некад петнаест књига, имао је неописиву несрећу да види највеће рушиоце свију времена, и Ксеркса и Мардонија, и затим Касандра, Поликлета и Лисандра, и римског генерала Сулу, и најзад Мухамеда II, и Морозинија, и Решид-пашу. Његове бедеме је једанпут оборио спартански генерал Лисандар, а други пут римски генерал Сула. Мухамед II је лично заузео Атину и ударио крај њеној повести. Вековима су после тога пораза бледе каријатиде стајале овде разголићене у гомили турских војника, најстрашнијих паликућа које је свет познао. За време Луја XIV, Јакоб Спон, на свом путу за исток, нашао је, смештен у Ерехтеону, харем турског команданта, и слушао целе ноћи дерњаву турских војника са Акропоља да плаше гомиле гусара, који су одоздо с мора упадали овамо да пљачкају атинску околину... Авај! Страх од шаке гусара у граду Атене-Полиас, у који ни сам Аларик, порушивши храмове у Елеузини, није смео ући, бојећи се копља богиње која је бдила на његовим тврђавама... Време је овде извршило не само све ужасе, него и сва унижења; и починило не само сва рушења, него и све безбожности.

Зато је Акропољ највећа трагедија у свемиру. Пропада старо камење као што вене трава. Затиру се ликови хероја у метопама, и гасе очи каријатидама, као што се бришу сенке по води. Нигде ћутање није тако трагично као овде где се некад певало, заветовало, проклињало. Ветар са Пникса нанесе овамо коју горку фразу из филипикâ; тишина прокаже у ваздуху који заостао стих Есхила одоздо из старог театра. Са Агоре, где је, у почетку још прошлог века, од старе Атине било остало само једно гадно арнаутско село, наиђу овамо горе мукли гласови некадашњих зборова, и речи демагога и шарлатана који су на том мрамору односили победе интригом и каламбурима. Човек на Акропољу пати заједно са каменьем. Враћајући се одавде низ степенице Пропилеја, изгледа нам да се враћамо са неког губилишта где су стрељани светитељи. Безбројне очи овог мрамора гледају с очајањем у све што се покаже на његовом видику.

Често ме је, за ових шест мојих блажених атинских година, затицало вече на једном античком гробљу, међу мраморним стелама које су откривене на овом месту и понова исправљене. Од четири стара паганска гробља, пред четири тадашње атинске капије, Дипилон, који је лежао крај Светог пута за Елеузину, једини је враћен сунцу. Темистоклова утврђења мешају се овде са гробовима старе атинске господе; нови и млади бршљан понова вуче овуда своје жалостиве виньаге; нова и сребрна јата Афродитиних голубица опет гугучу овде свој кратки пагански рефрен. Али наоколо, никаквог блеска ни богатства. Стара грчка гробља нису била раскошна, као што нису били ни домови ни улице града; јер је сав блесак и торжество било остављено храму, центру свега. Стари грчки век није оставио ниједан гробни споменик, дело великог мајстора, чак ни на Дипилону, где је легао цвет атинске госпоштине и величине.

Уопште, смрт није имала велико место у духу атинског човека: ни њена трагичност, ни њена поезија, нису занимале овај свет који је тако разумно ценио овај земаљски живот и његову стварну лепоту. Зато ни овај град мртвих није био мање радостан него град живих. Мртви су овамо испраћани уз музику флаута. Још законодавци Солон и Карондас забранили су били да жене нагрђују своје лице за својим покојником. У спроводима су плакале само унајмљене нарицаљке, као и данас у Египту и код нас у Црној Гори. Јер грчки богови нису волели тугу, него игру и песму, жртве које се претворе у сјајне ручкове, и молитве које се обрну у дитирамбе живота. А људи су често у свему ишли за боговима. Перикле је био оставио осамдесет дана у години за велике државне празнике, пуне литија и бакљада, да би радост и дружељубље били један фактор патриотизма.

Зато ни на овим гробним плочама, овде на Дипилону, исправљеним изнад праха тих старинских мудраца, нема ничег тужног, него свугде поноситост пред животом и охолост пред смрћу и разорењем. Нигде смрт није оволико умањена, обеснажена, унижена. Атински мудраци, у својој идеји о нужности, измирили су афирмацију и негацију, биће и небиће, светлост и сенку, и нестајали овде на гробљу Керамикону са спокојством оних који су живот победили. Разилазили су се пред вратима смрти као некад на обали у Фалерону излетници са веселе и распусне шетње до Егине или Китере или Коринта. Бол обичних смртних био је презрен; стара атинска трагедија је сликала само бол који је био божанског порекла, бол људи једне више лозе и веће судбине. Сократ је, осећајући како му се отров, полазећи од ногу, диже и хвата срца, покрио своје лице одећом да га не виде ученици.

Бледе стеле на овим гробовима стоје индиферентне. На неким грчким стелама стоји реч *хере!*, што значи *здравствуј!*, поздрав пун мирноће. Како је леп и онај натпис негде на гробу неке грчке балерине: „Нека ти буде лака земља која те није ни осетила.“ Колико има радосног спокојства и у неком епитафу једне грчке куртизанке: „У част Афродити, Симона куртизанка, завештава своју слику, свој појас, и мали кип Пана, и тирс којим је витлала на брежуљку.“ Грчки су епиграми једна од најизрађенијих и најуспелијих страница њихове литературе. – На овом атинском гробљу једна стела представља неког младог јунака на коњу; то је Дексилеј, погинуо код Коринта, у четвртом веку. Ниједан хришћански уметник није дао веселију коњичку статуу, толико у овој стели има победничког, а не тужног и гробљанског. Ниједан наш свети Ђорђе није поноснији у победи над аждајом него овај атински коњаник.

За старе Грке је уопште живот био шетња, луксуз, банкет који је трајао неколико сати, кутија бисера која се овде види на светлом гробном мрамору лепе девојке Хегесо – а не гомила црног греха као што су доцније веровали хришћани. Зато лепотица Хегесо, поред које стоји робиња, узима од ње свој бисер као да су је те вечери одвели на бал, а не у гроб... На другом месту две младе Атињанке, Деметрија и Памфилија, извајане су као да овде слушају музику или стихове свог најмилијег песника... Ни патетичности за нестали живот, ни плача на судбину; свугде само измирење у једном вишем закону нужности и у хармонији двају контраста, живота и смрти. – На атинским стелама лице које одлази у смрт рукује се мирно са другом равнодушном фигуром која остаје на земљи, и треба погађати које је од њих двоје мирније и ведрије. Има и таквих фигура на атинским стелама где једна даје руку другој као да иде на весели излет, у лов на фазане са сјајним перјем, или јелене са смарагдовим очима. Живот је за овај народ заувек изгледао један златни мост између два сунчана континента.

Сада мрак пада по овом паганском гробљу, спуштајући се као сребрна паучина што се једва дотиче земље и једва разазнаје на стварима. На сваком другом гробљу мрак је дубљи и чемернији него на улици или у тамници. А овде помрчина никад није потпуна. Сенке се једва утапају једна у другу. Понекад се бледило ових стела у њиховом дну још рељефније открије и раздраганије озари. Овде су, како се зна, легли и Перикле и Платон, две личности које најпотпуније изражавају стари атински геније: државу и мудрост. Плашите се у овом тренутку да гледате по земљи. Мала сова атинска прелети од мрамора до мрамора, као нека језива мисао. Нога не сме да закорачи са буса на бус. Горе на Акропољу, све изгледа скрхано до смрти; овде све живи. У атинској долини је време све поравнило и изменило, а овде на гробљу је смрт одржала сву величанственост своје тишине и апатије.

Ноћно атинско небо је неизмерно високо, а месец иде ниско. Са сваког вишег рељефа угледа се сребрна и усијана плоча мора пред Фалероном. Чемпреси су у пољу сиви од месечеве прашине; мирише цвет мандарине и дуне у тишини дах јасмина и тимаре. Светлост и сенке при месецу су тако силне да лепршају по зидовима и по земљи, као беле и црне заставе. Овде је само ноћ остала дубоко паганска. Огромни стубови храма Зевсовог држе на себи цео ноћни небески свод. На литицама Пникса, где су изговорене чемерне филипике, етеричне утваре сву ноћ играју у месечевим зеленим копренама. На другој страни, само ноћу протече ваздухом млаз старог Илиса, по чијим је обалама Артемида први пут ловила, и куда је, у сунчане дане и уз песме цврчка, говорио ученицима Сократ своју ненадмашну мудрост. Дуж некадашњег Светог пута, куда је ношена у распеваним литијама богиња лепоте и ума, лежи античка ноћ у свој својој чистоти. Ниједна црква на свету није толико религиозна колико је поноћ атинске долине.

Нема овде ниједне стопе тла куда није прошао један бог; ни камена на којем се није одморио један мудрац; ни тачке видика на којој се нису замислиле очи каквог песника; ни пута којим није дотрчао какав херој да прими маслинов венац победе; ни брежуљка са којега нису изговорене најблиставије речи беседника... Све је у овој земљи доведено до крајње мере могућности, и успело до егзалтације. Свака се чаша пресула и свака жеља преситила. Једна једина старинска реч постајала је евокација и симбол, имала своју безграничну пластику, и често сама за себе значила је једну мудрост, кључ и синтезу. Нигде истина није била толико у служби савести, ни мудрост у

корист човека. Нигде хипокризија није мање профани-
сала веру човекову.

То је оно што чини овакве паганске атинске ноћи
опсесијом и магијом. У ваздуху има меда са Химета; у
шуму ветрића има благости античке мелодије; у камич-
ку који се одрони са пута, нешто коначно и беспомоћно.
Ништа у ове сате не постоји овде од оног што се данас
догодило по свету. Ноћу цео овај предео је острво које
се отргло од свог дна, и које носи неко бело море и те-
рају светли ветрови. Човек се загледа у ове свештене
ствари, и на усне му саме долазе ове екстатичке речи из
орфичке химне Аполону: „И ти видиш, у истини, цео
бескрајни Етар и богату земљу под собом; и у тихој но-
ћи, ти прекријеш своје лице маглом са звезда. Твоје су
жиле с ону страну; и у твојим су рукама границе Космо-
са; и ти си почетак и крај свију ствари..."

Јер људи не знају више за бога који је у лепоти, ни за
побожност која је у љубави, ни за мир који је у ведрини
и у свакој величини. Између бога и човека отворени су
понори, и у небо, куда се гледало са љубављу, доцније се
гледало са страхом и очајањем. Између живота и смрти
порушен је мост преко којег се блажено и спокојно пре-
лазило из једне лепоте у другу, из једне бесмртности у
другу. Земља је остарела; и људи, верујући у хиљаде
истина, не верују више ни у једну. – „А пошто ти држиш
кључ Космоса, сажали се, о Блажени."

ПИСМО ИЗ ПАЛЕСТИНЕ

ЈЕРУСАЛИМ, маја 193*

I

Идем већ неколико дана овим прашњивим путевима којима су ходили апостоли и евангелисти. По долинама хватам у прегршт воду са истих извора са којих су пили и библијски пророци и светитељи Новог завета. Међу маслинама се беле, као стада оваца, ситна села која још носе своја имена из времена Соломонова. То су куће четвртасте и без крова, које изгледају утонуле у траву, а у којима је некад можда заноћио Христос... Све још стоји непокретно на свом вечном месту. Сваку ствар је овде озарила мирноћа и усхићење, и травчицу и камичак, и брдо под небом, и врућу сенку под дрветом. У пољу бацају свој хлад чемпреси и платани које су можда посадили побожни крстоношки краљеви или источњачки освајачи. Тишина тла нигде није тако дубока као у палестинским крајевима. Ниједна ствар неће да се прокаже, и ниједан гласић да се ода. Све је овде алузија, симбол и опомена. Свака се ствар дубоко загледала једна у другу.

Све је овде вечито и све је овде свето. Мит о Богу је најлепша али и и најчуднија и најсвирепија човекова творевина: једина у којој човек сам себе одриче, преносећи све своје на извор који је ван њега, и на вољу која је изнад њега! Има ли ишта мање схватљиво и приступачно здравом разуму? А тај мит небески је, међутим, овде у сваком удаху ваздуха и у свакој капи из неба. Две хиљаде година су плачне очи целог просвећеног света гледале овамо из свих крајева, и веровало се да су све среће и несреће пореклом из ове земље. Дом божји је био утврђен на Сиону откад је престао да буде усађен на Олимпу. Човек је први пут нашао своју утеху откад се обрнуо на беспућу између две најлепше своје утопије: многобожачке легенде и хришћанске вере, и у чистоти једне рибарске и пастирске параболе нашао најзад решење своје судбине и своје место под сунцем.

Путеви по Светој земљи су без путника. Од јутрос до вечерас, од Јерусалима до Генезаретског језера, не сећам се да сам иког срео. Бели облаци, велики као планине, пролазили су мирно са севера на југ, бацајући дебеле и модре сенке које су се котрљале по светлој цести, по каменим пољима, по шумарцима згрчених маслина.

Само, требало је овамо доћи као крстоносац или као поклоник. Јер ко би умео заправо рећи колико одговара стварности и суштини све оно што сам ових дана овуда видео очима човека свог времена и свога постанка. Шта смо ми данас према онима који су некад долазили овамо да за ово свето место гладају или погину! Савремени човек има такођер своје истине, али оне немају више никакве везе с овом земљом. Све је о хришћанству већ речено, протумачено, решено, и нико нема шта ново да дода за љубав Христа и у корист вере. – Нестао је дубоки човек средњег века. Шта, дакле, може данас видети овде његов потомак кроз своје сухо и празно срце, којем је, уосталом, све већ постало страним, и оно што је било хришћанско, и оно што је било паганско. – Човек средњег века је живео само за веру и за рат; а најчешће су и вера и рат постојали само за љубав и узношење личности самога Христа. За њега се две хиљаде година све на свету исликало, испевало, измудровало. Он је најчаробнија личност коју је икад саздао човечји дух у каквој вери или у каквом епосу. Хришћанство, то је пре свега личност Христова. И хришћанска догма, и хришћански морал, и хришћанско тумачење, цео наук, схваћа дух људски само кроз личност Христа, који је то све омогућио, посведочио, уобличио.

Тако је једна пастирска легенда постала целом једном универзалном црквом. Први херој и први мученик свог учења изражени су једном причом какву никакав други творац међу толиким ралигијама није имао. Сама личност овог пророка осветљава својим блеском, али и заслепљује као сунце. Такав случај није ни са Зороастром, ни Мојсијем, ни Будом, ни Мухамедом... Људи су вековима ишли за његовом личношћу и примером пре него за његовом науком. Зато се овде у Палестини живи од самих привиђења. Христос стоји овде као сјајно дрво на брду, као чиста вода у долини, као мирна светлост на пустињи. Обучен у бело, као у Капернауму, кад му је млада Марија Магдалина прала мирисима нарда уморне ноге, и брисала их својом косом; или обучен у црвену хаљину, као кад је осуђен из Пилатове суднице пошао на губилиште. Такав он свугде овде постоји за машту и срце човеково.

Једини од свих твораца разних вера, Христос је имао своју Палестину, свој Јерусалим, свој Назарет, своју Јудејску пустињу, своју реку Јордан, и најзад своје језеро Генезаретско, који сви укупно тако ненадмашно украшују његов неодољиви божанствени роман... Али зато у Палестини нико други и не обитава него једини Христос! Цео овај сунчани оквир, свака стазица, свака сенчица, све је из њега саткано. Све је и створено за самог њега. Огромни Стари завет има такођер хиљадама изванредних личности, једну крупнију од друге: цареве, краљеве, пророке, судије, хероје и страдалнике, домаће и стране завојеваче, али сви ишчезавају пред величинама и лепотама Христове личности. Има у Старом завету и догађаја који својим чудесима превазилазе све што је људска историја забележила и људска памет запамтила по трагичности и дубини, а све ишчезава пред тихом и чистом легендом сина Маријиног. Нико и ништа од свега тога не засени хероја који је у овој земљи имао и своје бојиште, и своје губилиште, и своје победе; хероја јачег од свих цезара, убедљивијег од свих философа, праведнијег од свих законодаваца.

Синоћ сам, долазећи из Назарета, заноћио на Генезаретском језеру. Са прозора сам дуго слушао шуштање воде и ветра. Као да је шкропила тиха киша по црној води. Ову ноћ не могу упоредити ни с чим што сам дотле доживео. Ноћивао сам у египатској стовратној Теби, годинама познавао светле ноћи Атине, годинама самовао у дубоким ноћима Рима, и дуго бдио у језивим ноћима Либијске пустиње. Ово су све била чудеса за људско срце и људску памет. Али на овом Генезаретском језеру, за једну једину ноћ, доживео сам ненадмашне случајеве. Осетих и маштом, и срцем, и духом целу легенду мученика са Голготе. Ништа се овде не види и не чује осим његова озаравајућа личност. Као да су и ваздух и вода и сада пуни његових речи, изговорених рибарима из Капернаума: Симону Петру, доцније тако значајном за хришћанство, и у чијој је кући у Капернауму учитељ становао; и његовом брату Андрији, ученику Јована Крститеља, и затим Јакову сину Забедејеву, и брату му Јовану, и мајци им Саломи, и Марији из Магдале, која га је пратила до Голготе, и Томи, и Матеју, и Филипу, и проклетом Јуди из Кериота, његовим ученицима и проповедницима, и статистима његове божанствене драме... У плавој помрчини, преко језера, лежи село Капернаум, куд је био избегао Христос из ироничног свог Назарета, да овде развије највећу своју акцију. На западу су ове ноћи светлуцале неке ретке ватре: то је Магдала, село Марије Магдалине, чија је дубоко човечанска

264

личност унела у легенду Христову чар без којег би та легенда била непотпуна.

Малочас прођох кроз Кану Галилејску, која је сва у смоковом лишћу, поред беле цесте пуне прашине и сунца. Видех место где је први мученик своје цркве претворио воду у вино, а затим видех доцније место где је камење претворио у беле хлебове. Ја сам у те митове најпре поверовао кроз њихову поезију, као што би савршенији од мене најпре поверовао кроз своју веру. Остали ће најпре поверовати кроз љубав. Срећом, дакле, што ће вечито бити на земљи поезије и љубави, од којих је и вера саздана. Тако ћемо увек моћи поверовати да у светим рукама вода постане вином а камен хлебом. Јер ко није у стању да верује у невероватно и у немогућно, он није створен за веру ни за акцију, и он је проклет. Човек је увек ишао за чудима више него за истинама; и он зна само за велике истине које су душевне, пошто и нема других великих истина него душевних. – Пророци су проповедали хришћанску веру народу који је веровао само у чудеса а не у речи. Само су Христова чудеса омађијала народ, који је затим поверовао у обећани свет; и само је Христово васкресење учинило да се поверовало како ће сви људи најзад васкрснути, то јест да је и човек бесмртан! Ова Кана Галилејска, са женама на старом бунару око којег оне беле своје платно, са децом која чувају јагањце што су се тек јутрос ојагњили, са јатима голубова који су се као пламенови превртали у сунцу, и са црним тракама ласта које су врискале гладне и алапљиве у јутарњем ваздуху! Кана изгледа и сама као нека мирна хришћанска парабола. Изгледа као село где људство никад није умирало, и где никад ни ветар ни суша нису затрли људску муку и творевину. – Одиста, ништа не измени карактер и изглед граду или пределу као каква верска легенда која је за њега везана. Кад бисмо мислили и да је Партенон био кућа Аспазије, а не светилиште богиње Атене, нико се овом храму не би дивио осим архитекти; али је одавде протерано једно божанство, и негде даље убијено, а та лепота драматичности постаје неодољивом пре него и идеја да је ово најлепши храм античког света. Човек пре реагира душевно на ствари добра и зла него естетички на ствари лепог и ружног. Човек је на сваком месту најпре душа па онда дух; најпре дете а затим човек; и човек мисли увек са напором воље, а осећа спонтано и слободно.

Ишле су овим путем Палестине небројене војске крсташа, на десетине и стотине хиљада. И то војника обучених у злато и челик, жена и деце и стараца и свештеника и блудница, сви певајући песму о Христу, личности чаробној колико и светој. Рушили су путем туђе градове, и палили села, и убијали друге људе, али су њихове очи биле упрте у небо, и, поред свега тога, они су безумно веровали у највишу веру љубави и милосрђа. И сви су певали песму о Христу, носиоцу мира и добра! И сви су га звали у сузама и вапили за њим. Овакве парадоксе људска историја није никад раније познавала. – Пејзаж палестински је одиста хришћански пејзаж Новог завета, по мирноћи ствари и ваздуха. Кад овде што дође до нашег уха, долази као шапат неких речи које не разумемо али потресно осетимо: и вода која негде зажуберка, и шума кроз коју се провуче ветрић који је дунуо са мора или из пустиње. Грчки пејзаж блиста у заносној радости, а палестински лежи смирено и скрушено у својој благости и чистоти. Небо је неизмерно изнад Ханаана, туробно изнад Самарије, и цело запаљено изнад Галилеје, која је сва избраздана у широким црним ораницама, и осветљена као у снежним усовима.

Ако је ико овамо дошао безбожан, вратио се кући побожан; а у његовом срцу и машти ништа више није могло заменити Христа или надмудрити Соломона. Све што се роди на једном тлу носи боју и атмосферу тла на којем се родило: у Грчкој, идеја о лепоти; у Египту, идеја о смрти; у Палестини, идеја о Богу. И то о Богу хришћанском, који суди али и прашта, убија али и васкрсава, који је строг али и нежан, и који пуно грми али мало обара.

II

У Јерусалиму сам одсео у једном хотелу који је безбожно наслоњен скоро на сами храм Христовог гроба. Са мог прозора према истоку гледам Маслинову гору, од које ме дели само неколико старих јерусалимских кућа. Испод Маслинове горе, где скоро нема више ни горе ни маслина, налази се Гетсимански врт у којем је млади Христос сањао о вечном царству, мислио о спасењу људи, и говорио о доброти и милосрђу, а где је најзад једне ноћи био ухваћен, и одведен да буде распет. Неколико голих литица сјају још на пролетњем сунцу; то су оне на којима је извесно Учитељ редовно седео говорећи ученицима. Затим белуцају неколико стазица између ловора, рузмарина, маслина, сикомора. Три-четири чемпреса бацају овде сенке модре и широке, као читаве комаде неба. Тишина је у овом вртићу као у каквој прашуми.

Лепота хришћанске легенде лежи у њеној чистоти и наивности – две лепоте које су, уосталом, недељиве. Наивност је, несумњиво привилегија изузетних духова, који ако нису генији да постану великим творцима, онда постају великим несрећницима и благим светитељима; али никад ситним логичарима и одвратним мудрицама. Како се малим језиком и са мало речи говорило о највећим и најдубљим стварима! Кад је Мухамед навршио четрдесет година, отишао је са слугама у планину Хара и настанио се у пећини, осетивши како је дошло време да затим објави свој наук. А кад је дошао к њему архангел

Гаврило, рече му: „Читај!" А Мухамед одговори: „Не умем читати." Тад му архангел рече:„Бог је дао човеку да се служи пером, а у његову душу унео науку." Али Мухамед одговори: „Не знам читати." А Гаврило му на ово рече: „О, Мухамеде, ти си божји апостол, а ја сам Гаврило..." Овим је ето завршио своје посланство Мухамед, један изасланик небески.

И Јевреји, кад су слушали прву проповед Исусову у јерусалимској синагоги, чудили су се говорећи: „Како овај зна књиге а није учио..." Тада им одговори Христос: „Моја наука није моја, него онога који ме је послао. Ко хоће његову вољу творити, разумеће је ли ово наука од Бога, или ја сâм од себе говорим. Ко говори од себе, славу своју тражи; а ко тражи славу оног који га је послао, он је истинит, и нема у њему неправде..." Сличним смиреним језиком говори и Сократ у Платоновим дијалозима. Али нико међу античким мудрацима ипак није надмашио Христа, ни у простоти идеје, ни у чистоти израза. Сократ је био мудрац и говорио као логичар, а Христос је био пророк и говорио као посланик небески. То су две разне личности и два разна језика. Један се обраћао уму а други срцу.

Али Христа нико, ни сам Сократ, није надмашио у снази и жестини његових реплика. Верујем да уопште Христове реплике представљају јединствен пример у беседништву целог света. За такве нису знали ни атинска Агора ни римски Форум. Треба знати да су Јевреји који су слушали Спаситеља били уопште народ мрзовољан, загрижљив, злурад и језичан, да и не говоримо о њиховом фанатизму и искључивости. Јевреји су били увек највећи скептици на свету. Није то скептицизам човека који не верује себи, као што је скептицизам старих Грка, него који не верује ником него себи, а ово је чисто дух јеврејски. Затим, ниједан беседник на земљи није, колико Исус, био различнији од својих слушалаца. Зато

сам Христос не штеди ни сарказам, ни иронију, ни крај-
ње понишитавање слушалаца у његовој цркви... Они му,
међутим, одговарају насртљиво, простачки. Нарочито
су беснели на његове мисли замотане у метафоре и из-
ражене у алузијама. Због тих метафора су Јевреји били
ван себе, и у више махова покушали да га каменују или
растргну. „Ја сам још мало времена с вама, па идем оном
који ме посла...“ Нико међу Јеврејима није разумео ко
га је послао. Затим додаје: „Тражићете ме и нећете ме
наћи; а где сам ја, ви не можете доћи...“ А Јевреји се пи-
тају: шта значе те речи, и куд ће отићи? Неки слушају-
ћи све ово што не разумеваху, говораху: „Никад ниједан
човек није тако говорио као овај...“ Исус им говораше
даље: „Ја сам видело свету. Ко иде за мном, неће ходити
по тами, него ће имати видела живота...“ Он им непре-
стано узвикује: „Ја сам видело... Ја сам виноград... Ја сам
хлеб живота... Ја сам врата...“ А Јевреји, бачени овим
мистичним изражавањем у право беснило, дижу песни-
це према њему, називајући га хвалисавцем који сам себе
велича, и чије сведочанство није истинито – значи сма-
траху га варалицом и шарлатаном. Христос им опет од-
говара: „Ако ја сведочим сам за себе, истинито је моје
сведочанство: јер знам откуд дођох и куд идем...“ Кад им
је затим додао Христос: „За мене сведочи Отац који ме
посла...“ тад тек Јевреји дигоше узбуну, и викаху: „Где је
отац твој?“ А Исус одговори: „Нити мене знате, ни Оца
мојега; кад бисте знали мене, знали бисте и Оца моје-
га...“ Опет Јевреји вичу разјарени: „Ко си ти?“ А Исус
одговара: „Почетак, како вам кажем...“

И тако цело време кроз књиге свих евангелиста.

Христос баца Јеврејима у лице: „Куд ја идем, ви не
можете доћи...“ Тада Јевреји рекоше: „Да се неће сам
убити говорећи: куд ја идем ви не можете доћи?“ А он
им узвраћа: „Ви сте од нижих, а ја сам од виших; ви сте
од овога света, ја нисам од овог света...“ Јевреји стоје

бесни али помућени. Најзад му вичу: „Не говоримо ли ми право да си ти Самарјанин, и да је ђаво у теби...“ И даље, сваком приликом, настаје распра међу Јеврејима. Христос им поново узвраћа: „Ваш је отац ђаво; и сласти оца својега хоћете да чините: он је крвник људски од почетка...“ А истичући непрестано своју божанску мисију, Исус каже: „Ја сам врата; ко уђе кроза ме, спашће се...“ А многи од Јевреја међу собом говораху, не разумевајући ничег од свих ових његових сјајних метафора: „У њему је ђаво, и полудео је; што га слушате...“ А нашавши једном Христа како у Јерусалиму иде по трему Соломонову, Јевреји га опколише и питаху га: „Докле ћеш мучити душе наше?...“ Исус на то каже: „Ја и Отац једно смо...“ А Јевреји раздражени на ово, узеше камење да га убију. А он наставља: „Ја сам син Божји!“ Тада они гледаху да га ухвате; али им Исус овај пут измаче преко Јордана.

Цело еванђеље, нарочито Јованово, у овим је сукобима и свађама. Поменимо и да је у међувремену Христос чинио и чудеса: најпре претворио у Кани воду у вино, затим на Брду блаженства претворио камење у хлебове, и затим излечио човека слепа од рођења... Али ни чудеса нису Јевреје уверила о том да је он пророк и син Божји, и да је он Христос и месија, који је међу Јеврејима од вавилонског ропства очекиван. Излечени слепац је тврдио за Исуса да је пророк. Али Јевреји позваше слепчеве родитеље да провере да ли је слепац био одиста слеп, а не да ли је Исус пророк.

А овако како се Исус односио према Јеврејима у синагоги и на пијаци Јерусалима, често се тако односио и у ужем кругу према својим ученицима, које је волео, али који су ипак били скептични и језични Јевреји. У Капернауму у Галилеји, бежећи често из Јудеје где га хтедоше убити, он је најзад посумњао и у уверење својих ученика према његовом науку. Једном рече: „Имају неки међу вама који не верују...“ И затим рече: „Због тога вам кажем да нико не може доћи к мени ако му не буде дато од Оца мојега.“ После овог, многи ученици отидоше натраг и не иђаху више с њим!... Тада се обрати познатој дванаесторици које је био нарочито изабрао за ученике, питајући их да неће и они отићи. Ови се брањаху. А Исус им одговори: „Не изабрах ли ја вас дванаесторицу, а један је од вас ђаво.“ Казао је унапред Јуди из Кериота да ће га издати, а Симону Петру из Капернаума да ће га се одрећи пре него петао запева. А уверавао је остале ученике да и они не познају оног који је њега међу људе послао, и да ће га сви напустити, и разбећи се свако на своју страну... Догађало се одиста да неки од његових ученика питаху, као и свадљивци из синагоге: „Шта је то што нам каже.“ Чак кад се јавио Исус ученицима по други пут после своје смрти, на Тиверијадском језеру, питаше Симона Петра, који га се већ одрицао у Јерусалиму: „Симоне Јонин, љубиш ли ме?“ Симон Петар одговара да га љуби. Али Христос три пута пита. А Петар најзад поста жалостан што му рече и трећом: „Љубиш ли ме?...“

Овде је, мислим, највећа трагедија божанственог мученика са Голготе. Нико га, очевидно, није разумео! Његов бол, полазећи на губилиште, био је зато, по мом мишљењу, највећи бол који се икада видео између неба и земље. Према свима својим еванђелистима, из реченица какве су оне горње, излази да је Христос умро с уверењем да није успео, да је његово дело пропало, да ништа од њега неће остати на овом свету, – а на овом свету, то је онда и онамо значило међу Јеврејима. На једном месту, тај истински Син Божји баца у небо овај најгорчији и најболнији узвик који се могао рећи: „Оче праведни, свет тебе не позна, а ја те познах.“ С таквим осећањем је отишао с овог света.

Али је погрешна идеја да је Христос био јагње, својевољни паћеник, сиромашак који се прави мањи од сваког. Такав је био светац из Асизе, али не проповедник из Галилеје. А ова два карактера не треба мешати. Христос се у свима еванђељима види солдат своје цркве, борац у сталном налету, пркосу, изазивању, ударању где кога стигне. „Не мислите да сам ја дошао да донесем мир на земљу; нијесам дошао да донесем мир него мач“, каже у Матеју. Он у јерусалимској синагози истерива фарисеје и изудара трговце који су мењали паре и продавали голубове, и испреврта њихове тезге и ћепенке. Наилазећи на непрестане замке фарисеја, садукеја и свештеника јеврејских, да га кушају и ухвате у речи: да ли треба плаћати данак који тражи ћесар Август; да ли има васкресенија о којем је говорио Мојсије; и које су заповести највеће у закону о којима говори синагога, Христос баца у лице овим људима да су разбојници и лопуже, и слепе будале, како пише у Матеју. Лечећи чак узете и слепце говори им: „Роде неверни и покварени, докле ћу бити с вама? Докле ћу вас трпети?...“ Он се обраћа и самом Јерусалиму речима: „Јерусалиме, Јерусалиме, који убијаш пророке и засипаш камењем послане к себи...“ Прети да ће се Јерусалим порушити, ако њега не признају као посланика Божјег, и да ће тај град и његов храм пасти да ни „камен на камену неће остати“. Он прети и другим градовима у којима је направио највећа чудеса, а они се нису покајали: „Тешко теби, Хоразине! Тешко теби, Витсаидо! Јер да су у Тиру и Сидони била чудеса која су била у вама, давно би се у пепелу покајали...“ Најзад прети и Капернауму, где је највише нашао љубави, али и највише мржње: „И ти, Капернауме! Који си се до небеса подигао, до пакла ћеш пропасти: јер да су у Содому била чудеса што су у теби била, остао би до данашњег дана...“ Он у Матеју чак и својим ученицима говори: „Заиста вам кажем да ће цариници и

блуднице пре вас уђи у царство Божје." Његово мишље-
ње о јеврејском народу је ужасно, као о раси бестидној
и нечистој, која оскрнави, обешчасти, укаља и сурва све
што није у њеном укусу или у њеном интересу... Кад је
из мртвих дигао Лазара у Витанији, Јевреји су хтели да
га убију. Кад је узетог оздравио, слепцу вратио вид и
жену дванаест година болесну дигао из постеље, Јевре-
ји се саветоваху на који начин да га погубе. Чак Јевреји
његовог родног места Назарета хтедоше да га баце са
неке стене у провалију. Кад је излечио бесног, они реко-
ше: „Овај не изгони ђавола друкче него помоћу Велзе-
вула, кнеза ђаволскога." Кад је пред своју погибију у
Гетсиманском врту ишао да се моли Богу да му откло-
ни чашу која га чека, нареди ученицима да стражаре,
али кад се сваки пут вратио, нађе их да спавају, што им
оштро приговори. Кад су дошли војници да га вежу и
воде на суђење, сви су се ученици разбегли... А на суђе-
њу је Петар учествовао да, мирно и непознат, прису-
ствује парници...

Христос је, дакле, херој, а не сладуњави светац и си-
ромашак; то је јунак који се бије на месту, осветник ко-
ји прети смрћу и разорењем. Ово се јасно види из свих
еванђеља. „Небо и земља проћи ће, али моје речи неће
проћи", каже у једном моменту херојског поноса, и охо-
ле вере у своје божанско порекло.

Али је Христовој речи била ипак одређена победа,
и то већа него ичем другом што је изговорено међу љу-
дима.

Његови ученици после његове смрти, озарени при-
мером првог мученика своје цркве, одлазе на све краје-
ве света: свети Тома проповеда у Индији, свети Симон у
Персији и Месопотамији, свети Марко у Александрији,
свети Павле у Атини на Ареопагу и по Илирији, свети
Јаков у Шпанији, свети Вартоломеј у Јерменији, свети
Андрија у Ахаји, свети Јуда у Либији, свети Матеј у Ети-

опији, свети Филип у северној Азији. Од једва двадесет и седам малих грчких рукописа срећени су били пуно доцније документи Новог завета, нове истине коју су они проповедали, и која је брзо омађијала мале и велике међу људима. То су четири еванђеља, двадесет и једно писмо о делима апостола, заједно са Откровењем које је свети Јован, као изгнаник у Патмосу, написао у својој дубокој старости. Истина Христова је била, дакле, неизмерно шира него ма колики оквир и ма какво слово. Њу нису наметнули ни људи ни светитељи, него је та истина сама собом крчила пут као највиши закони природе.

III

Данас је недеља, и остао сам код куће.

У мом хотелу налазим једно моје друштво које сам сусретао на путовању по Доњем Египту. Ни научници, ни мудраци, ни песници, ни паметни људи, него туристи. Један пар богатих Швеђана, заљубљених у живот, који су бежали из Цариграда од колере, из Русије од полиције, из Напуља од лопова, из Грчке од стеница, из Немачке од проблема. Они се крећу по хемисфери земље беспослењачки и лагано, враћајући се кући само сваке треће године. Са њима је и њихов син и млада снаха, чији брак изгледа хришћанска идила: да их је сликао Ботичели, направио би их са два бела крина у рукама. Снаха је сва ружичаста и са очима зеленим као трава; а кад вечером пође да се повуче у своју собу, приђе мужу који игра бриц, и пољуби га срдачно али по навици, као што се пољуби Христово распеће. Она ме уверава да никад није никог мрзела, а он ми тврди да није никог у животу волео; а на тој основи су ово двоје направили срећан живот на земљи. Не могу да се начуде да има глупака који истовремено и мрзе и воле, а ипак не погину под таквим теретом... Он је у својој земљи председник друштва за заштиту животиња, а заветовао се у Јерусалиму да кад се буде други пут родио, постаће ветеринар да би животиње лечио бесплатно. Ово двоје манијака, иначе пуних духа, били су у празним вечерима на тераси хотела понеки пут једино друштво које је вредело срести и чути. Имали су своје маније које су биле срдачније и лепше него људске врлине. Ако немате среће да општите са генијима, желим вам да општите само са лудацима.

Ова је породица Швеђана била и на Балкану, који је за њих земља без религије и без философије, и где не само људи не верују у Бога, него не верују ни у духове. По градовима терају лопове, а по селима вампире; али и лопови и вампири живе онамо слободније него и политички противници и мислиоци. Од свих Балканаца ипак највећма воле Србе, што су добри и трпељиви, и што сваку тиранију трпе по пет векова. И то тиранију увек горих од себе. Међутим, нешто су ипак осетили о нама ови добри људи са севера: осећају да кад би Срби имали лепих манира колико имају витешких врлина, то би био први народ на свету. Истина, у нас искрен човек већма загорчи живот другом човеку својом истином него најокорелији хипокрит својим лажима. Нека вас Бог сачува од оног што вам Србин може да каже у очи, Бугарин на ухо, Талијан у новинама, а Грк у рачуну.

Људи са европског севера никад се не могу да надиве јужњачком сунцу, и начуде јужњачким људима. За њих је Француз шарлатан, Талијан комедијаш, Енглез егоист, Рус тиранин, Грк интригант, Шпањолац разбојник, Балканац простак, Турчин дивљак. А ове добре Швеђане нарочито занима овде један мој пријатељ јужноамерички дипломат, љубавник и добро дете. Узима удела у свачијој срећи и у свачијем браку! Слаткоречив интригант и паметан лакрдијаш: значи човек светски. Он први скида шешир, љуби жене и у рукавицу, и крсти се кад прође поред цркве: значи увек коректан не само према људима, него и према Богу. Никад ништа није читао, нити што зна, а о свачем уме да говори, и то лепо, и са уверењем. Наличи на оног Талијана који се двадесет пута тукао на двобоју препирући се да ли је Ариосто већи од Таса, а на самрти изјавио да није читао ни једног ни другог.

Упознао сам овде и неког Енглеза који путује само по Азији, и који четврт века није читао новине. Он не зна за Југославију. – „Југославија?...“ пита се он преда мном. „Је ли то енглески доминион, или колонија, или протекторат?...“ Он је извесно заборавио и да у Риму пребива римски папа, а не англикански владика. Каже да тридесет година носи собом немачку граматику, а не може да научи немачки језик. Сматра Немце не за генијалне него за ограничене, пошто Немац мора сваку именицу да напише великим словом да би свих осталих осамдесет милиона Немаца знали да је то немачка именица... Овај Енглез ипак све записује што види, а некад ће објавити све што буде записао. Рекао сам му да греши. Најбоље је описивати своја путовања као Французи, који нигде не путују него седе код куће, али који зато напишу најлепше путописе. Један је од њих написао ремек-дело о путу око своје собе, а то је био Гзавје де Местр. Ни други Французи не путују много даље. Не верујем ни да је Морис Барес био у Толеду, иако га је он открио; као што ни Бифон није био у Америци, чију је природу први протумачио; или као што ни Шатобријан није био на Мисисипи, чије је водопаде описао у свом бесмртном опису.

Нигде човек не упозна људе као на путовањима. Нису више данас туристи само научници као у осамнаестом веку, или песници као у деветнаестом столећу. Данас путују сви снобови, очајници, распикуће, стари и млади, учени и неуки, свако коме је предуго време код куће, или коме је досадило са сопственом женом. Али по старим храмовима по истоку, по палестинским светим местима, по грчким рушевинама, најређе ћете наћи Србина. Он путује само кад је експерт и владин делегат. Иначе, ако путује за свој рачун, он оде у Париз, и онамо седи у кавани где чита београдске листове, или се сунча на песку у Ници. За такве Србе је Југославија држава на Балкану, са главним градом Паризом, а главном плажом Ницом. Ако путују браћа наша Бугари, онда путују удвоје: зато што један зна да пише а други зна да чита, али ниједан не зна обадвоје.

Лако ћете увек познати сваког од ових туриста из које је земље, било по том како су весели, или по том како су тужни. Кад је Француз весео, он прави духовите реплике и развратне бутаде; кад је Рус весео, он пијанчи; кад је Талијан весео, он пева своје најтужније песме; а кад је Мађар весео, он разбија огледало. Чак при уласку једног човека на врата салона свака се раса помало ода. Кад уђе Талијан, сви други покушавају да буду насмејани; кад уђе Немац, да нико не буде насмејан; кад уђе Енглез, свако се намешта да лепо седи, да не држи незгодно руке или цигарету, и да не говори широко, а нарочито да не говори дубоко. Свако на свету мудрује на исти начин, али свако лудује на своју руку.

IV

Пошао сам улицом каменитом, кривом и тескобном да обиђем Јерусалим; она носи име цара Давида.

С обе стране кућице чији сводови прелазе преко улице, и дућани на којима се местимице види готски стил грађевина крсташких. Људство овде ради занате јер се чује чекић; и тргује наглас и са галамом; и торбари нападајући пролазнике; и проси јадикујући. Пуно пољских Јевреја у нечистим црним дугим капутима, у дубоким проваљеним шеширима, са масним дугачким витицама у золувима, и који ћуте, или у групицама шапућу на угловима или се препиру на пијацама. Раснији типови свакако него они Јевреји који су и после Титовог разорења Јерусалима заостали овде у Палестини да се доцније мешају са многобројним инвазијама. Нарочито да се помешају крвно са Арапима, који данас господаре бројем, храброшћу и безобзирношћу. Онако су расно изражени типови како су Јевреје сликали хришћански сликари, Рафаело или Лука Сињорели. Пољски Јеврејин, то је оличење типа који нам се намеће у памети када читамо Библију, или доцније распре у синагоги. Имају данас унезверене очи људи који су гледали у толика страдања и унижења, нарочито унижења. Ниједан народ на земљи није био толико не само злостављан, него омражен, одгурнут, избегаван, протериван. Ни овде их не чека ништа боље. Истина, Јерусалим, боље Јерушалаим, значи Привиђење мира на језику првих његових твораца; а, међутим, био је најмање град мира, рушен и окрвављен већма од свих градова на земљи. Основан још две хиљаде година пре Христа, он ни за ове друге две хиљаде година није престајао бити предметом отимачине, сујете и скрнављења. Пророк Исаија прича како је Јехова, у своје време, рекао за цара Набукодоносора: „Он неће никад ући у град, нити ће у њега убацити иједну стрелу... Ја ћу бранити тврђаву, и спашћу је за мене и за Давида, слугу мога...“ И одиста, кад је ангел Јеховин дошао, за једну једину ноћ је заклао сто осамдесет хиљада асирских војника, који су сутрадан пребројани на сунцу...

Али узалуд. Јехова је остарео, а људско зло се сваким даном подмлађује! Сви народи из свих крајева света дођоше затим да овде руше и убијају. Чак и сви пророци Израиља бацаху се каменом на овај град као на легло сваког зла. Пророк Софоније му прориче да ће пропасти због његових порока и непријатељства према истини. А и за ове две хиљаде хришћанских година овај несрећни јеврејски народ носи ето на себи одијум целог другог људства. И Мојсије је двадесет година остао у Синајској пустињи да би изумрло поколење које је он, заражено сваким злом, повео био из Египта да доведе у Ханаан, – за који се такођер пише да је био тако исто поприште свих порока: неморала у породици, оргија свештеника, свештене проституције, приношења људских жртава божанству. Хиљадама година, одиста, у овом небу виси, као црни громовни облак, анатема која није никад промашила ни ове људе ни ове ствари. Откад човек постоји, он је овде живео у борби са својим Богом.

Давид је овај град заузео; фараон Сесак га је освојио; Набукодоносор га је опљачкао и у вавилонско ропство одвео овај народ у којем је био и пророк Данило. Александар Маћедонски, ученик Аристотелов, овде је, међутим, једини, занесен причама старих пророка, спустио мач. И чак принео жртву у храму Соломоновом, као што ће се у Египту затим направити свештеником Амона. Римљани, који су највише на свету сазидали, оборили су најзад све до ископа у овом граду Христовом, за којег још нису знали да постоји као пророк ни да ће бити осветник и највећи њихов победилац. Крстоносци су такођер овде рушили и зидали. Рушиоци као и градитељи имају увек своје разлоге, своје планове и своје мишице; а човек се пита, у наше доба можда већма него икад, да ли са више сладострасти рушиоци руше или градитељи подижу.

Пророк Мухамед је такођер долазио у Јерусалим, али не да га обори него верски освоји. Његов наследник Омар је подигао овде на самом месту храма Соломоновог данашњу огромну осмоуглу и лепу џамију са куполом, под којом се налази велика гола литица на коју је Аврам био дошао да принесе на жртву Исака. Осим Александра Великог, ово је једина чиста слава међу освајачима овог града. Откад је први освајач, цар Давид, овде поставио свој олтар, на истом месту су стално рушени и поново подизани храмови Соломонови, грађене и рушене цркве хришћанске и грађене и обнављане џамије. Стао сам јутрос пред Омаров храм који је себе поставио за средиште у земљи Старог и Новог завета, на овој литици некад сматраној средиштем света. У њему се показује Мухамедова стопа у камену и чува длака из браде. Са арапским светом који окружује данас Јерусалим, неоспорно тај храм Мухамедов остаје као гоподарећи центар, онако како је то био за време Соломона. Јерусалим је данас пре свега Мухамедов па онда Христов. Свугде се у граду и по околини виде најпре Арапи. Несрећни Јевреји, ни у Давидовој земљи нису више у својој кући. Требали би нови крсташки ратови па да ишта измене од ове стварности.

Побожна архитектура овог муслиманског храма је хармонична колико и једноставна. Раскош је требало да се изрази у декорацијама. Признајем да не осећам лепоту арапског стила, ни у Алхамбри а камоли овде: свагда ми је тај стил изгледао сићушан, тесногруд, немужеван, неархитектонски, ствар женских везиља, ствар орнаментике а не архитектуре. За храмове свако има своје осећање, а и ја имам своје. У египатском Карнаку осетио сам бога Амона, зато што је тај храм направљен великим као што је био велик и бог безмерне пустиње и бескрајног Нила. У овом Омаровом храму сам такођер осетио Бога у смислу Мухамедовом, Бога једног великог војсковође, завојевача и законодавца, више него Бога каквог светитеља. Али у ватиканском Светом Петру и шпанском Ескоријалу, који такођер изгледају зидани за Бога освајача и војсковођа, нисам осети благо божанство хришћанско. Христос се не даје осетити ни у огромним црквама, ни под широким сводовима, ни међу безбројним стубовима; Христос је био страшни солдат своје цркве, али његова истина је тиха, нежна, идилична као пастирски мит и рибарска парабола.

Ма колико Бог био један, идеја о њему је била свагда друкча откад све постоји. Јевреји се горде да су били први једнобошци; међутим, и први обожавалац ватре, и први обожавалац парчета дрвета или каквог камена, тако би исто имао право да се зове једнобошцем; Бог је и у његовом духу био један кад га је већ замишљао у једном предмету. То значи да су и анимисти и фетишисти били једнобошци много пре Мојсија. – Хришћанско божанство је најпре замишљано страшним и осветљивим као Јехова, али и спаситељем и родитељем, што није био Јехова. И зато су мале српске немањићке цркве најтачније давале идеју о правом хришћанском храму. Биле су унутра окићене фрескама и сјајним олтарима, и све у блеску, али ипак као смерна молитва, речена у најлепше пробраним речима: молитва дубока колико и кратка. Српске су цркве биле смерније од византијских. Византија, то је био сукоб и сливање две расе: грчке и латинске; и три културе: грчке, латинске и азијске; према томе, нешто изванредно сложено, чудо какво се нигде можда пре није видело. – А српско православље је било сложено из славенске душевности и византијске духовности, нешто слично, и нешто које – да не беше Турака – требаше да унесе у културу Европе елеменат каквом му нигде досад није било примера.

Најлепши храм на земљи за мене је храм у Ангкору, у Индокини, недавно реконструисан у Паризу. Ништа свечаније и небескије! Чини ми се да су уопште храмови на азијском истоку по архитектури једини религиозни: а то зато што нису били нимало политички. Париска Богородичина црква изгледа велики политички и државни споменик. Тако и махом све готске катедрале и све базилике из ренесансе. Међутим, велики европски храмови су већином дизани да представе величину једног владара и једног режима, а не да служе за молитву и да прославе божанство. Откад је постало хришћанство, оно не престаје политизирати, било за рачун папе или за рачун краљева и тирана, пошто је црква свагда служила монархији већма него монархија цркви. – И стари грчки храмови су служили политици; јер су грчки олтари и жртвеници били по домовима грађана, а државни олтари по акрополама. И једни су од других били независни. Падали су или се дизали олтари према политичким срећама и несрећама: јер божанство које није помогло победу, губило је свој олтар...

Само на Далеком истоку су мирни Индијци певали увек богове независно од политичких победа и пораза. Они и немају других него легендарних краљева, ни хероја него само мудраце, ни друге књиге него само свештене књиге. И не постоји историја народа, него историја богова... А како нема политике у вери, нема је ни у архитектури. Зато стојите пред изгледом храма Ангкора као пред небеском приказом, а не као пред делом људских руку. Овај антички храм изгледа као ледена палата, која се сама изградила у сталактитима од кише која је лагано росила с неба. Према традицији, овај храм је зидан по наредби бога Индре, а градио га је божански грађевинар Брах Биснукор, за боравак Будагозе, на повратку са Цејлона. Ако су у овој цркви становали и краљеви, то су чинили само као гости бога Индре. Према томе, црква је била једно, а држава друго.

Силазио сам улицом цара Давида која најпре изломи ноге, изубија душу, замори очи. Двадесет и девет пута је рушен Јерусалим. Шта коме припада од овог камења?...

Наједном се нађох пред чувеним Зидом плача.

То је огромни бедем, за три човека у висину, са крупним камењем насумице поређаним, очевидно римским, ваљда из времена краља Херода; али су темељи, сасвим вероватно, делом зидине храма Соломоновог, једног од седам чудеса светских по величини и сјају. Како је данас био Дан плача, пред њим су, челом наслоњени, ридали и цвилели и плакали многобројни Јевреји, скупљени са свих страна света за ову тужну пригоду. О њиховом јаду не може бити сумње. Лице и бркови и браде и кошуље су биле поливене крупним сузама колике никад нисам видео. Кукање се чуло већ поиздаље. Несрећни народ! Увек сам ценио врлине и заслуге Јевреја, али им никад нисам праштао што су били не највећи мученици, него највећи робови; који су се дали не само мучити и сагоревати, него и пљувати и шамарати, што је још горе; пристајући да станују у туђим предграђима, као колерични; и да буду протеривани а да никад сами први не напусте земљу својих свирепих прогонитеља; и што никад не дигоше ниједан устанак; нити запалише ниједан кварт града, нити убише каквог цезара или папу! Да су на њиховом месту били Срби...

Један млад Јеврејин са црвеном брадом и модрим очима нарочито се много чуо и обливао сузама. Запитах га одакле је. „Из Забуња, у рускoj Пољскоj... или у пољскоj Русиjи..." одговори збуњено, не знајући коме говори. Питах га да ли овде плаче за себе или за кога другог. А он ми рече да га је одиста послао овамо један јеврејски богаташ из Пољске да плаче за њега... Ја сам био истински потресен овим чудним призором. Сетих се нашег српског плача за Косовом и за царством славних Немањића. Осетио сам зато, боље него остали Европљани, сузе ових невољних синова Израиља, који су ипак на свету учинили више добра него зла. Али сам се и питао: где ли ће наћи свој довољно велик Зид плача моја православна браћа Руси да се исплачу за оним што су им у земљи и у душама, потпуно недужним, порушили војници Карла Маркса, мало страшнији него легионари цара Тита, рушитеља Јерусалима.

Најзад се нађох пред Пилатовом палатом, где је суђен Христос.

Нарочито сам обилазио град да бих пао на ово место како бих се затим одавде пео истим путем којим се Спаситељ попео на Голготу да буде распет. Ништа није узбудљивије него та судница где се још чува балкон са којег је Пилат говорио Јеврејима како не види за какву кривицу треба судити Исуса сина Маријиног, а одоздо му довикивали Јевреји: „Распни!...“ Не знам – а не знају ни други више од мене – да ли је ова палата одиста из оног времена. Свакако, колико није, толико и јесте. Видео сам по свету доста и старијих и очуванијих античких грађевина него што је ова. Уосталом, ово је сасвим споредно. Човек који гледа верским очима, вероватно види даље него неверник; а он би се дао пре и сам распети него не поверовати у трагичну истинитост ових светих места. Без маште никад није било праве вере.

Пошао сам за светим Христовим стопама према Голготи.

Храм Светог гроба, подигнут на самој Голготи, нема са лица ничег што би кога задржало да га посматра. Али ко пређе његов праг, тај је прожман као копљем осећањем да је под кровом где се извршила смртна казна над творцем новог човечанства, којег су људи признали за Сина Божјег и за свог Спаситеља, што он, после тога, одиста и јесте. Са десне стране у цркви на осамнаест степеница висине, нека литица: ето, то је Голгота! Идући дубље у цркву, на једном месту, у огњу свећа и кандила, једна капелица: то је гроб Христов, узак и низак, са кога је Анђео некад одвалио плочу, и где је Марија Магдалина у рано јутро нашла гроб празан после васкрсења свог учитеља...

Какав је ово доживљај срца и ума! Мало дубље, гроб Јосифа из Ариматеје, лепог села Ариматеје, које сам јуче, полазећи из Синајске пустиње за Јерусалим, у сами освит нашао под истим мелодичним именом, целог увученог у сјајном зеленилу које је пламтело од раног сунца... Једини од ученика Христових који је овде легао, пошто је најпре успео да спасе тело мученика, да га окупа у мирису и завије у бело платно, и положи овде у гроб. Ништа нежније на свету! То је било после помрачења сунца и после страшних катаклизма којим је небо одговорило земљи за злочин над Сином Божјим. Плиније и сам уверава да је онај земљотрес из Августовог доба, о коме и Свето писмо тврди да је био у дане смрти Христове, био највећи који је запамтио свет до његовог времена. Дванаест важних азијских градова пало је том приликом у прах и пепео.

Што у овој цркви Гроба Христовог задивљује, то није њена архитектура ни орнаментика, него атмосфера којој ништа на земљи није равно. Пред овим гробом су столећа за столећима падале челом на мраморну плочу Христова гроба војске хаџија и крстоносаца. И веровали у хришћанску истину само зато што је тај гроб био празан! Од свих чудеса Христових, васкрсење је највеће. И свети Петар сматра да је васкрсење једино уверило свет о божанском пореклу Христовом. Свети Павле пише: „А ако се Христос проповиједа да устаде из мртвих, како говоре неки међу вама да нема васкрсенија мртвијех, то ни Христос не уста. А ако Христос не уста, узалуд дакле проповиједање наше, и узалуд и вјера ваша...“ А мало даље каже: „Јер ако мртви не устају, ни Христос не уста...“ Васкрсење, дакле, то је основица целог наука. То је веровање у бесмртност која је највећа магија људског духа.

Ове слатке речи, у преводу нашег Вука, јесу из посланице Коринћанима, која је, како кажу и Ренан и Кристијан Бауер, поред оне Римљанима и оне Галатима, једина аутентична проза светог Павла, док је сва друга сумњива или просто апокрифна. Васкрсење, дакле, то је средишна тачка божанског сведочења у хришћанској истини. Одиста, стојећи јутрос на овом месту, ја сам био без очију за ишта друго што је постојало или се догађало око мене... Како су ми данас сићушне изгледале египатске мистерије Изирине, или оне грчке у Елеузини, иако су њима присуствовали највећи мудраци античког света. Ситне према овима које се светкују око овог малог мраморног гроба, једва шездесет сантиметара високог, без икаквог украса, али где је усредсређена душа свих и најпросвећенијих континената који данас верују, и који очекују одавде своје спасење.

„А први дан недеље дође Марија Магдалина на гроб рано, још док се не беше расвануло, и виде да је камен одваљен од гроба...“ Нема хришћанина, веровао он дубоко или не веровао, да му нису свагда на уму ове речи изванредно блиставе, и ова јутарња визија очаравајућа и величином и нежношћу. Неки би скептик запитао: је ли могуће било на овом месту града Јерусалима замислити једно губилиште? Скоро у средишту једног одувек најнасељенијег његовог кварта?... Зашто не! У Фиренци су за целог цветања ренесансе славни Медичи вешали своје непријатеље за ноге о прозор на палати Барђелу, у срцу града, на фасади палате сењерије, чијој се монументалној лепоти и данас дивимо. А Лоренцо Величанствени тражио је чак од Леонарда да Винчија да му их наслика у том положају... Шпански краљеви су такођер ложили ломаче за спаљивање људи баш на главним својим пијацама Мадрида и Авиле, а сами су свечано, са целим двором, присуствовали том спаљивању... Зар није ово, дакле, нарочито могуће било и овде, у једном народу који је био најфанатичнији и најсвирепији од свих народа античког света! – Све се могућности, одиста, у Христовој легенди лако овде на месту провере и документују. Све што издалека изгледа невероватно, овде се показује као могуће и стварно. Немогуће је, дакле, ни за тренутак изневерити своје усхићење и своју љубав за ову највећу легенду коју је људско срце исткало и позлатило. Ничег нема да је оповргне, ничег да је доведе у сумњу.

V

Једног раног јутра пошао сам за пустињу Јудејску.

Путем сам мислио да је мој српски народ, по самој својој изградњи духа и идеала, највећи хришћанин међу народима. Пре свега, он је највећма од свих обожавао херојство и мучеништво, – један идеал грчки, а други идеал аријски, а обоје оличено у Христу. Он је ово двоје и опевао са подједнаким заносом и дивљењем у своја два епоса. Његови краљеви и цареви су у европској историји међу онима који су највише сазидали хришћанских задужбина. Две хиљаде, што до данас сачуваних цркава, што храмова у развалинама, налази се на српском тлу тако дубоко оданом Христу! Двадесет хиљада фрески из кичице немањићких сјајних сликара, налази се и данас очувано по српским богомољама наше старе царевине и старог господства... Где овако нешто слично постоји још игде око нас, источно или западно?...

Немањићи су потрошили све своје „куле гроша и дуката" да узвисе име Господње, и да украсе славу хероја, и да узнесу мученика са Голготе. Српски свети Сава, велики печат наше историје, јесте, по чистоти и непорочности његове личности, и по лепоти и обимности мисије, и по државничкој продорности и стварању, једна од највећих фигура европског XII века, богатог у мистицима, века светог Бонавентуре и Дантеа. Зато сам, поред Христа, мислио често овуда и на овог његовог српског изванредног светитеља. Он ме је пратио целим путем. Био је можда први од свих Срба који је овуд прошао својом краљевском ногом. Све што данас овде блиста на сунцу вечности, огледало се у плавим немањићким очима, очима тог нашег мудраца и писца, политичара и светитеља, без којег вероватно наша херојска нација или не би данас уопште постојала, или бар не са њеним данашњим овако изразито расним одликама.

Ниједан народ није имао заслужнијег човека. А потпуније, отменије, чистије и поноситије личности мислиоца, и мистика, не налазим нигде другде. Наша средњовековна житија, која су потекла из пера краљева и првосвештеника, и која се читају и данас са толико радости и користи, доказују дубоко хришћанство српског средњег века. А та су дивна житија писана сва по угледу на светитељево ремек-дело. Та житија су понос наше укупне националне културе. Одиста, изгледа да је и све друго што се стварало у нашем сјајном средњем веку било урађено у знаку овог изванредног духа и творца, – што је урађено и верски, и политички, и културно. Зато, омађијан његовим споменом, нисам се овуд одвајао од његове личности као изванредног светитеља којег сам стављао одмах после Христа.

Смисао и укус за величину коју су носили Немањићи у својој крви, дошли су и овамо до Палестине. Милош у Латинима је набројао неверницима сјајне српске задужбине поред река и планина у нашим земљама. Али је био изоставио да помене како је и у Палестини у то доба постојала, и то пре свих других словенских цркава, једна дивна задужбина краља Милутина, за кога знамо да је и сам долазио овамо као поклоник: манастир Светих Архангела, и то у самој средини Јерусалима, наслоњен на патријаршију. По забелешкама страних поклоника, пише један српски научник, тај манастир је био пример у богатству књига латинских, грчких и словенских. Затим са много зграда и за поклонике осталих словенских земаља, Руса и Бугара, који још нису имали овде своје манастире; и са пуно ћелија за саме његове калуђере. Према истом извору, шеф руске мисије у Палестини, Порфирије Успенски, назива ову српску задужбину: „најлепши манастир Светог Града..." И сам цар Душан, као доцније и син му цар Урош, наменили су овом манастиру и сав доходак који су примили продавши Дубровнику своје полуострво Пељешац и Стон, ову приморску малу српску престоницу побочне линије династије Немањића, синова Мирослава брата Немањиног. Овакву побожну везу са Палестином није у то време имао ниједан други словенски народ. Добро је ову чињеницу подвући као крупни докуменат за моралну историју српског народа.

За хришћанство смо ми Срби тукли и највеће битке које је икад Балкан дотле видео. Ми смо водили два потпуна крсташка рата, можда најимпозантнија, и то само о свом трошку и у својој крви. На Марици код Черномена је изгинула цела наша јужна војска, коју неки писци цене на осамдесет хиљада, а на њеном челу је погинуо и њен краљ Вукашин. На Косову је изгинула затим и наша северна војска, коју цене на шездесет хиљада, а на њеном челу је погинуо други српски владар, кнез Лазар, због тога назван царем!... Нема у историји света сличних примера да на челу својих војски, са мачем у руци, овако погину и сами њихови краљеви. У свему смо увек били тотални и апсолутни. Битка косовска је тако исто беспримеран случај по томе што су у њој погинули истовремено и српски и турски цар! Нешто, одиста, опет никад невиђено.

Додајте томе и оно што је најважније: на Марици и на Косову се нису биле две војске и две амбиције. Напротив: у та два крсташка рата су се бориле Европа против Азије, сила против насиља, култура против варварства, хришћанство против нехришћанства... То су биле истовремено две идејне битке које спадају у културну историју Европе. А идејне утолико више што је

Балкан, који се туде једино српском крвљу бранио, био у то време средиште цивилизације: ex Oriente lux! Бугарска је пала под Турке без своје Марице и свога Косова. Срби су, међутим, у тим двема биткама извршили историјски подвиг на Истоку, какав су само Франци извршили код Поатјеа у VIII веку, а Пољаци у XVII веку код Беча, на Западу. Поменимо ово са највећом гордошћу.

Срби и Турци су у једном тренутку били једини претенденти на византијски Цариград; а Турци су зато морали оборити Србију пре него што сами пођу на Цариград. Срби, уосталом, нису чекали да буду нападнути, него су сами први изишли пред непријатеља хришћанства, до на Марицу! Ондашњи Запад је добро знао величину побожног српског оружја. Није чудо што је Флорентинска Република честитала једном српском владару прву вест да је на Косову побеђен непријатељ еванђеља, и благословила мишицу српског властелина Обилића што је убио Антихриста... Најзад, додајмо овде да наша улога у повести просвећеног хришћанства бележи још и ову једну завидну славу: да је последњи цар Византије, који је као архангел погинуо бранећи хришћанске зидове цариградске, Константин X Драгаш, био по мајци Србин, син једне Српкиње из династије Дејановића, Ирине, нећаке цара Душана!

Осећање хришћанског идеала који су имали Срби види се и по том што су, по примеру светог Саве, скоро сви српски архиепископи били из редова највише властеле. Затим скоро сви владари који су били ктитори задужбина, били су од народа награђени проглашењем за хришћанске светитеље. Срби су тако исто својим мученицима дали венац светитеља хришћанских. Ово нико други од Словена није радио. У средњем веку је српство и хришћанство било дакле исти појам. Као документ за моралну садржину српског народа ови случајеви су несравњива и ненадмашна сведочанства.

Зато се нисам одвајао у Палестини од блажене успомене светог Саве.

У његовом малом књижевном ремек-делу, житију свог оца Немање, творца и уједнитеља наше старе државе, тај мистик записује ове слатке речи: „Продаде све што имађаше да купи бисер драгоценог Христа.“ Одиста, Немањићи су сазидали и Хилендар и мраморне Дечане, које нема нико око нас! Срби су затим дали у истој великој инспирацији два величанствена епоса, који, када би нестали, ничег више не би други балкански народи и хришћански Словени могли показати као достојан писмени документ о хришћанској трагедији тих векова! Срби су, дакле, били мач и слово Христово на овој страни Европе. Све је ово укупно величанствена афирмација Србина у његовом значењу европског грађанина и Христовог војника.

Са оваквим историјским наслеђем хришћанства, ми смо живели и војевали и трпели. Православље су израђивали грчки оци, који су у њега унели ведрину грчке мудрости и животну радост старе хелинске идеје о односима неба и земље; а светосавље је у њега унело чистоту односа између верника и државаанина, између националне државе и државне нације, и најзад између општег и личног; а обоје заједно је дало Србину да остане у духовном животу ослобођен од странаца. И да увек буде са Богом насамо! Требало је неизмерно мудрости и хришћанске силе светом Сави да између Цариграда и Рима, који су нас подједнако притискивали, пробије пут за спасење моралног интегритета и духовног јединства свом народу. У једном доцнијем моменту је, по наредби из Рима, шест година вођен у Босни против „шизматика“ крсташки рат до истребљења! Српски народ је имао против себе две најстрашније монархије, једну са истока и другу са запада, отоманску и аустријску; и две најискључивије религије, муслиманску и римску. Али је грађевина светог Саве остала ипак и даље моћна. Није чудо, дакле, што Срби који су на Балкану пали последњи, поново су се дигли први.

Силазећи са велике висине на којој се налази Јерусалим, доле ка Јудејској пустињи, сунце ме је данас срело пред Јерихоном.

Ја се овде опет сетих једне странице из побожног житија Симеуна Мироточивог. Свети Сава пише за свог оца да је био „диван и страшан, као владалац оним који владају, и као господар оним који господаре...“ И помиње: „Кад би јутро, и започе црквено појање, намах се осветли лице блаженом старцу; и подигав руке к небу, рече: 'Хвалите Бога ва светих јего, хвалите јего и на утврждениј сила јего...'“ На ово му свети Сава каже ове своје речи пуне еванђеоског меда: „Оче, кога виде кад тако говориш?“ – Према том опису, Немања је по сопственој жељи сахрањен тако да је положен на голу земљу и са хладним каменом под главом... Тај творац једне државе и једне династије! Тај чести победилац Византије! Тај силни владар орођен са императором Алексијем, царем Истока...

После Јерихона ће пут да иде све жутим и усијаним песком пуним трња.

Данас ћу потражити Христа онде где је, осим у Галилеји, највећма био у својој земљи. Кроз ову језиву покрајину смрти, све стазицом ка најславнијој реци која је икад протекла овим светом, ка Јордану, и ка месту Витавари. Овуда је вапио глас Јоанана пустињака када је објављивао месију и Христа, и најзад крстио код Витаваре Исуса сина Маријиног, творца новог човека. Видећу и место на једној литици где је Христос постио и молио четрдесет дана; и, преко пута, једно брдо међу Моабским бреговима, одакле је Мојсије гледао на Ханаан, у који му није било суђено да икад уђе. Провешћу овуд од јутра до дубоко у ноћ, по странпутицама и беспућима. Опраћу очи и лице у Јордану, на чијим разбијеним огледалима плови мученички лик Христов. И купаћу се у Мртвом мору, под којим лежи пет старозаветних градова, међ којима и Содома и Гомора...

А вратићу се најзад натраг, као онај блажени из еванђеља : чије су очи виделе чудеса.

ПИСМО ИЗ ЕГИПТА

КАИРО, 193*

I

Најпре небо почиње да све већма бледи и ишчезава, а велико море да постаје безбојно и плитко. То је већ афричко море. Затим се наједном прокаже на видику једна дугачка жута црта. Ето, то је Африка. И затим једна бела ватра на том жутом видику. А то је Нил. Али ничег више на домаку тих светлих обала. Зато и највише овде пренерази, у једном тренутку, та даља савршена празнина неба, земље и мора. И пренерази нас осећање: да је то троје сасвим довољно, макар и овако изгубљено у свеобимној пустоши. И да је све друго на свету споредно, чак и излишно.

Ово откриће Африке у светлости једног јутра траје свега неколико избезумљених часака. За људе који нису некад открили Америку, а који ни сада не откривају сваки дан по један континенат, овај проналазак Африке у пустом мору јесте велики празник срца. Већ сама помисао да за леђима остаје један свет, а да сад пред нама почиње други свет, јесте доживљај који омађијава. Тако исто и осећање да далеко иза нас остаде, прошле ноћи, такозвани стари свет, а да се пред нама појављује још старији и најстарији свет људски, представља за нашу памет неупоредиво збивање. Не помињем и чудно осећање које човек има мислећи да далеко већ осташе за нашим леђима бели људи, а да сада улазимо међу људе црне, са њиховим нарависма првог човека.

Већ само ово изгледа нам обест маште и визионарски парадокс. Јер Африка, у памети човековој, као год и у фантазији детета, то није, пре свега, Египат, земља старе изванредне културе; или Капланд, данас земља дијаманата. Африка најпре значи Судан или Конго, земље црнаца и зверова. Као и у нашем детињству, тако и данас кад на европској улици видимо црнца, чекамо да се иза њега види и палма, а затим и зачује лав. Наша чула увек и до краја остају детињаста; зато и сви први наши утисци увек су онакви, и по силини и по једноставности, какви су били првих наших година. Када се временом не би умешала у те утиске људска памет, затим и мудровање, и давала им своје облике и значења, ми бисмо до конца живота остали пред стварима у природи зачуђена и очарана деца.

Зар ми који смо пецали ситну рибу у каквом потоку нашег завичаја, или ловили ракове по нашим малим школьевима, зар можемо сад без узбуђења помислити како нас у Африци чекају реке у којима живе коњи и крокодили. И зар ми који смо гледали мирне заласке сунца над нашим малим долинама, где зачас смркне, можемо сада овде без извесног страха да уђемо у пустињу, са њеним фатаморганама и самумима. Све је у Африци најпре неизмерно и стравично; све у обести сунца и у понорима дубоких ноћи. – Најзад, Африка, то је од свега најчудније, најпримитивније, најудаљеније; ничег нема више овде од ранијег свакодневног човечјег живота и размишљања. За једног Американца, видети први пут Европу, то је као доћи у посету свом деди и својој баби. За Азијата, каквог Кинеза или Индијца, доћи у Европу, то је доћи код оних који су покрали све њихове стилове кућа, цркава, прозора, тканина. За Африканца, доћи у Европу, то је пре свега ужас од белог човека. Међутим, за Европљанина, ући у Африку, то је вратити се у доба препотопско, скоро предисконско. То је почети све изнова...

Африка, то првог дана изгледа не нови континент, него нова звезда; и то нова и незнана звезда која се стропоштала на усијано море, и запалила целу пучину. Међутим, сам Египат, у првом додиру, ничим нарочито не изненађује. Са равнице мора закорачимо у равницу земље, и то мирно, као да се тиме није ништа ни догодило. Египат изгледа земља без своје границе; где не улазимо на нека врата; где видимо неку земљу која нема, као све друге земље, свој почетак и свој свршетак. Већ са првим погледом, чини вам се да сте у Египту све одједном сагледали, обухватили, објаснили. Одиста, ова земља нема него свега два-три предмета, који се, увек истоветни, понављају до на крај света. Нешто неизмерно једнолико и празно, то је прво човеково осећање у Египту.

Египат је земља о којој пуно знамо, али који стварно не постоји. И не постоји земља на којој нема ничег усправног, и која је само празна плоча с једног краја на други. Нигде наше око да се на нечем задржи, ни ухо да ишта ослухне. У Египту постоји само небо, али и оно увек празно, и увек непомично, и свагда једне исте боје. Ниоткуд да се подигне прамичак магле, ни да небески свод ветар помути и потресе. То је врло уочљива разлика између ових мирних простора и наше панонске равнице или руске степе. Ако овде у једно доба године са мора наиђу облаци, големи као планине, то је само на њиховом проласку са мора за Етиопију. Онамо ће се затим једног дана сви ти облаци пролити у легендарне абисинске кише, које ће трајати месецима. Али овде у Египту неће ипак пасти ни кап росе, нити икад ветар залупити иједан прозор.

Ово је земља где се ништа не догађа.

Ко није видео Египат, тај ипак има једно чуло мање. Има један живот људски док се није видео Египат, а други пошто се је видео. Истина, не може бити речи о лепоти Египта, али може о безмерности и величанствености једне небеске фатаморгане. Египат је једна стварност која лежи далеко изван неба и земље. За Египат не знате шта је, ни по чему су повучене његове границе; јер он у нашем духу није оставио ничег стварног ни одређеног за што би се ухватила наша мисао, и на чему би се задржала наша успомена. Стотину година у Египту, то би опет и увек био једино онај први дан, када смо са пустиње мора закорачили у пустињу ове земље. То је увек тај први дан који није никад замркнуо, али никад се ни обновио.

Зато се сунца и месечине преко целе године смењују овде без ичег другог и новог. Цела лепота Египта састоји се одиста само у двема величинама: у његовом сунцу и његовом Нилу. Али и ово двоје је ипак довољно да ову земљу учине најлепшом и најраскошнијом земљом на свету. Све је овде у фантомима огња који замењују и градове, и људе, и вегетацију. Нису узалуд стари Египћани направили сунце главним божанством свемира, да би га тако направили и јединим становником Египта.

II

Такво је било моје прво осећање на уласку у Египат, а такво је и данас после неколико година боравка у тој земљи. Осећање неизмерне празнине преда мном, иза мене, изнад моје главе. Али ипак све довољно и за срце и за мисао човечију. Једна крива и танка палма на сунцу, са њеном плавичастом сенком на жутом песку! Како је то понекад довољно да замени све остало. Довољно је да у пустињи опазите пред собом само нешто, макар и сићушно, што живи као и ви, па да осетите да је ту и све друго. А две палме у пустињи, то је већ прашума! У Египту се очи тако навикну на празнину, и на један непоремећени и мирни простор, да се наша чула опчине као музиком и бојом. Чак се чудимо да смо некад уопште и могли уживати у посматрањима са куле у Пизи, са Ајфеловог торња у Паризу, са Ђаникула у Риму... Имајући пред собом њихове небројне кровове и куле, толико свега нагомиланог и претрпаног, зар може и бити речи о каквом утиску хармоније, јединства, синтезе?

Међутим, на овим валовима песка који на све стране допиру право до неба, човек остане први пут лице у лице са свемиром, потпуније него и на океану. Океан је море и небо који су непрестано у покрету, а пустиња је свет који је умро и окаменио се. Две безмерности и две самоће, али потпуно различне. У пустињи се осети све друго на свету излишним и сићушним, али и безбожним и нечистим. Спочетка је право херојство и отићи сам у пустињу, а временом одлази се онамо са радошћу, скоро са потребом. Страх је канда увек прво осећање човеково у додиру са сваком ствари. Ја верујем да је страх био и прво осећање човеково на земљи.

Осећање самоће је једно пијанство наших чула, које временом постаје што и свако пијанство. Самоћа и тишина као да човека врате себи, издвојивши га од свега оног што није никакав његов саставни део, значи од свега што је његово неорганско и његово недуховно. Нарочито од друштва, које је провалија у којој човек изгуби највећи део свог сопственог и себи најближег. Има људи који навикну на тишину осаме, да би за моменат човек напустио веру, одвојио се од отаџбине, развенчао се од жене. Хероји самоће, пустињаци, којих још има у овој земљи, изгледају одиста људи који не праве никакво насиље над собом, нити који ишта губе прекидајући са људима и њиховим градовима. Простор и самоћа, то су често две утопије које временом постану право лудило наших чула.

Али поред свих непрестаних приказа на земљи, и хиљадама фантома огња на Нилу, Египат остаје пре свега земља смрти. То је смрт која стварно испуњава сваки део овог простора, и сваки тренутак пустињског времена. Смрт се овде на сваком кораку испречила између света и човека: смрт тиха, резигнирана, безмерна, осунчана. Зато су стари Египћани имали идеју о смрти огромнију него икакву другу идеју. Човек би рекао да су идеју о смрти уопште измислили Египћани. Таква идеја је постала затим обожавање сасвим природно: јер је смрт одиста једино што је ненадмашно, једино апсолутно, једино коначно, једино решено.

Да ли су Египћани имали страх од смрти, која је увек неразговетно и неприступачно, али и битно осећање човеково? Или су имали страх од живота који је исто тако, ако не и више, увек непосредно и присутно осећање у човеку? Свакако, за сваки други народ би ово проживљавање било замршеније него што је то могло бити за становнике ове земље. Зато су Египћани смрт направили пролазном али и живот непостојећим. Као да је и на Нилу, као и у сваком великом духовном средишту, постојала његова нирвана као почетак и крај свију решења. – Живот је тако био за Египћане у промени и обнављању, значи у наизменичном падању и дизању, без ичег усталеног и човечјег! Према томе, све велико и мало било је у свести овог народа на крају крајева сматрано подједнако таштим. Смрт је ходник између једног живота и другог живота, из једног облика у други, из једне лепоте и ужаса у другу лепоту и ужас. Међутим, ми данас верујемо обратно: да је, напротив, живот тај ходник, и то ходник између две смрти – једне из које смо дошли и друге у коју ћемо отићи. Ходник кратак, и тесан, и таман.

Али и поред вечите опсесије смрти, овде је и вера била велика утопија човекова. Уосталом, та два осећања су увек и свугде била у људском уму и болу потпуно нераздвојна. Можда је овде једино из појма о смрти и поникао појам о божанству, што би представљало највећи парадокс човекове мисли. Сунце је један египатски Бог, који оживљава, али и прождире. То чудно и истовремено гледање Египћанина у Смрт и Сунце и Божанство, најзад изгледа као да је одиста све троје утопљено једно у друго. Човек има муке да их одвоји, а не само да их до краја разликује једно од другог.

III

Иначе, пустињу је довољно видети свега једном у животу. Пирамиде су само најжалоснији споменици охолости и тираније и глупости, које најзад омрзнете. Сфинкс је толико нагрђен временом и ударцима људских рука, да његово ћутање није више запечаћена загонетка, него крик очајања свих пропалих ствари на земљи.

За Европљане, пресићене својим безбројним лепотама грчког и хришћанског света, данашњи Египат најпосле постане земљом самих парадокса и апсурдума, најбогатије тло, а најсиромашнији народ! Најстарија култура и најнекултурније људство! Најбоља клима, а сви људи болесни! Земља са највише воде – пошто цео свет живи поред Нила – а најпрљавија чељад! Највише сунца, а највише прозеблих и ревматичних! Сви побожни, а сви зулумћари! И, најзад, свуда пустиња, а нигде самоће! – Јер где год има пута, не можете се пробити од навале људи, бивола, кола, камила, магаради. Ова зелена трака, бачена на жуту пустињу, а што се зове Египтом, то је најужурбанија земља на свету. А све ово изгледа да траје одувек, и да траје вечито. Све у праисконској граји и збрци, у дрању људи, и крику животиња. Како су у Египту сви сељаци обучени у беле кошуље до земље, а тако исто све сељанке само у црне кошуље до земље, место сваке друге одеће, на ливадама ове беле и црне приказе изгледају као некакви фантоми.

Макар по пољу и биле читаве војске на послу, или на проласку, нигде нема египатског села на видику. Сви главни путеви воде увек у неком другом правцу, а никад поред људских насеља. Ако се и поред каквог јарка појави каква кућа сељачка, то је колиба округла, и од земље, као изврнуто звоно, са једним јединим отвором кроз који улазе људи, стока и светлост. То је египатски дом, а за домом палма, и за палмом биволица – троје, које чине цео пејзаж египатски... Осим два или три велика града, који нас опомињу на Европу, чак на Енглеску, ничег другог великог по египатској земљи нема. Ово су насеља која опомињу на прве становнике ове земље. Посведневни рад робовски на памучним пољима, то је исти који се радио и пре хиљадама година у истоветном и немењивом таворењу и беди малог човека.

Одиста, за оне који траже чар истока у блеску предела, у лепоти жене, у обесној снази мушкараца, нема нигде већег разочарања него овде. Египатски сељак, фелах, откада се погурио још некад у фараонско доба, овако над сађењем памука, или разводећи прљаву воду по јарковима, никад се више није исправио ни дигао главу. У Египту је човек нешто најмање од свега што онде постоји.

Сама прошлост, макар и највећа, то је ипак и увек само једна провалија! Све славе и величине Египта већ су, уосталом, хиљадама година потопљене у овај врући песак; и требаће још пуно нових хиљада година да се тај мртвачки покров скине, и Египат фараонски поново покаже међу људима. Као први мореполовци по морима, овде групе учених истраживача сада тумарају пољима, и копају посведневно, и посведневно налазе делиће тог света под земљом, који неће да се прокаже него најсрећнијим међу њима. – Сваког часа, међутим, може да се прокаже читав један нови континент људске мисли, под пијуком, и у шаци песка! То је оно што залуђује већма него икакав наш модерни технички проналазак. Египат је преспавао под земљом хиљаде година, а тек наше столеће пошло је да га, као утопљени брод, извуче поново на сунце. За двадесет и пет последњих векова, нико ни од најчувенијих Европљана није знао друго о овој земљи него оно што су нам оставили грчки намерници, Херодот нарочито. А наше доба је после Шамполиона већ открило свих тридесет династија о којима је говорио прастари Манетон! Проговорили су на јероглифе са обелиска, са папируса и са стубова, фараони као Кеопс и Рамзес II и Псаметих. По гробницама су нађени старинске песме о љубави, старински романи о авантурама и стари свештени текстови поред најтачнијих докумената историјских. Ми данас говоримо са старим Египћанима њиховим језиком, и уживљавамо се у њихов скоро свакодневни живот. За неколико десетина година, половина тајне Сфинксове изгледа већ одгонетнута, или бар добро наслућена. Међутим, када можда Изида дигне цео свој вео, свет ће заблистати као стотином нових сунаца. Шта би тад урадила Европа, чије лепоте и чудеса знамо сви већ напамет, и које смо све забележили, класификовали, премерили, оценили?

Био сам једног дана са самим енглеским археологом мистер Картером у гробници младог фараона Тутанкамона, коју је сâм пре неколико година открио. Изгледало ми је да сам са Колумбом који ме води за руку да ми покаже Америку, сутрадан пошто је пронашао. Овај човек срећне звезде први је открио саркофаг од злата, и објавио фараона који непуне четири хиљаде година спаваше свој младићки сан у блеску који засењује као сунце, и чекаше свој повратак међу људе, обучен како није никад био ниједан владар ни Европе ни Азије. Човек, гледајући златарске и вајарске радове из његове гробнице, постане горд на своје људско порекло, и горд на ово ново сведочанство колико је људство живело одувек у трагању за лепотама и величинама. – Ја сам истински одвећ мало био охол на своје европејство, стојећи поред мумије овог царског младића у Долини краљева, или поред његове раскошне посмртне опреме изложене у Каиру. Зар је било могућно, питао сам се, да је изнад старе Атине било ишта љупкије и отменије, изнад старог Рима ишта поносније, изнад краљевског Париза ишта раскошније? Међутим, ко није видео Египат у његовој фараонској магији, тај нема целу идеју о животу. И ко није на месту видео египатску уметност, тај није имао целу идеју о људском генију. Мојих десет година проживљених у Атини и у Египту, то је златни век моје мисли... Отад сам најдубље поверовао и да Бог постоји.

Прошлост је ове земље зато толико засењујућа да је немогућно поред фараона сетити се египатских кедива и султана; а поред Амона и Озириса, опомињати се на Алаха. Ни Христос у овој земљи није ништа допринео. Арапски језик овде окрвави наше ухо. Само пустиња и рушевине враћају дах путнику. И само велика бојишта смрти и живота, која су овде раширена, учине да је Европљанин на овом тлу у узбуђењу и у усхићењу, које нигде другде није доживео. Зато Египат, то је једна Атлантида која није потонула у океан, него потонула у сунце и прашину.

IV

Каиро, иако највећа престоница у Африци, сасвим је споредна ствар у Египту. Чаробни град на Нилу, између две жуте пустиње, Либијске и Арабијске, то је звоно живота у једном пределу смрти. Али то је и половину Лондон а половину Самарканд, или Трапезунт, који Египту нити што одузима нити што додаје. Овде је сусрет Истока и Запада, значи онај апсурдум који увек у нашој памети и пред нашим очима направи збрку какву ништа друго није у стању направити. Постоји половина Каира са познатим муслиманским компонентама: џамијама, безистанима, текијама, чесмама, небројним широким гробљима... Али постоји и европска половина Каира, која се састоји од енглеских компонената: клубова, тениса, дансинга, вискија, викенда, и затим презирања сваког ко није Енглез. – Додајте још и да овде живи двaестина разних других народа, и толико исто разних раса, са свима нијансама њихове епидерме. То су иначе све укупно белосветске вране, које се зову страним колонијама, настањеним овде нарочито откад је турски грош заменила енглеска лира. Нико од ових грађана ни паучинастим концем није, у погледу духовном, везан за ову некадашњу славну паганску земљу. Нити један за другог хају, нити једно другом жели добра. Најмање га желе египатском народу, од свију њих најбољем и најпаметнијем! Најмањи потрес, и сви би се разбегли, свако на своју страну. Ово је велики брод који иде добро док прво звоно не зазвони на узбуну и на опасност од ватре.

Каиро данашњи није стога град као други градови, него једно случајно људско насеље. Стари Каиро, у којем је некада живео и умро философ јеврејски Мајмонид, и у који је чак Наполоен ушао, налази се, запуштен и безначајан, на истој обали Нила, неколико километара удаљен, где још Грци и Копти имају своје цркве и нарочито своја гробља.

Град, то ипак значи један расни менталитет, и једну националну културу, и један сопствени морал. Међутим овде је све друкче: Јевреји су овде народни новинари, Јермени су овде трговци, Талијани су адвокати, Французи професори, Грци банкари, Енглези чиновници, Американци археолози, Швеђани судије, Нубијанци послужитељи, Суданци вратари пред кућама, Црногорци гавази по банкама. Овде постоји иначе само господа и сиротиња, бегови и фукара, два сталежа која су, уосталом, једина у свакој муслиманској земљи. Међутим, Сиријанци се сматрају највећма домаћим и друштвеним. Египат још и данас даје слику Америке кад је тек почела бити насељавана.

Све сам у Египту затекао још у енглеским рукама. Египћани имају право да буду министрима, вернији енглеском Величанству него наследницима фараона. Египатска војска има право да носи пушке и гађа из топова, али без муниције. Египатско чиновништво бирају енглески шефови канцеларија и одељења. Египатско законодавство су израдили професори из Тулузе и Брисела са свима мерама опрезности да мешовити судови сачувају странцима прву реч и најбољу заштиту. Египатска аристокрација је турског порекла, заостала од турског режима, чак врло поносна што није фараонског наслеђа него турског...

Све је овде помешано, збркано, збуњено. Египћани су муслиманске вере и говоре арапским језиком, што изгледа највећа иронија према њиховој сопственој и ненадмашној народној историји. Две хиљаде последњих година страних вера и страних инвазија. Муслиманство, као и хришћанство, ширено огњем и мачем, овде је извршило најстрашније насиље, најпотпунији назадак, најцрње ропство, најнижу културу, најгори јавни морал. Иста збрка и са другим овдашњим народима. Сиријанци су по раси Семити, по вери православни, по језику Французи, по моралу Левантинци, по оделу и кухињи Арапи, по држављанству Египћани! Французи у Египту, то су левантијски Французи из доба Франсоа I и Сулејмана Величанственог. Они су донели на Исток свој сјајни језик, своју поносну мушкост, своју славну школу, свој витешки авантуризам, али и своју глад за новцем, и своју осорност и осионост, са нешто разводњеним моралом, и компликованим начинима. Они су се мешали са свима султановим судоперама и азијским подеротинама. Левантијски Француз, то је данас човек којем се не зна ни поднебље, ни епидерма, ни култура, ни морал, ни идеал, него његова банка и његова парохија. У општој левантијској смеси, он је изгубио оно што је код Француза битно: либерализам и духовност. То је лимун наврнут на наранчу, који даје грејпфрут. На Леванту, то је тип који изазива жаљење, као евнух макар постао и везиром. – Јевреји, то су овде свих седам племена Израиљевих, која имају и своје домаће бароне, и своје паше, и дворске даме. Талијани су овде народ са највише застава, кокарда, фанфара и револвера. Енглези, који настоје да се најмање виде, а нарочито најмање чују, извозе одавде највише египатску лиру као најсигурнији производ. Беч и Пешта шаљу овамо највише играчица и певачица, Праг своју менажерију, Турска своје пехливане, Швајцарци своје учитеље језика и гувернанте, наша Словеначка своје собарице, наша Србија своју стоку, а Грчка своје милионаре и своје славне коцкаре.

Ако овде нико никог не трпи, нико ником и не смета. Египат је једна вучица којој на свакој дојци сиса други народ; фелаху на селу остави само онолико колико други нису стигли да однесу. Господа египатска је задовољна што други за њих раде по канцеларијама, броје по банкама, мисле по факултетима, копају по античким развалинама, подижу куће, граде улице, засађују паркове... Срећни су што енглеска флота брани њине обале, и енглеска авијација носи њине богаташе преко мора на хладовину. Нико одиста није сигурније решио свој проблем. Фелах, међутим, живи згурен над памучним пољима, у кућама саграђеним од блата, музећи свако своју биволицу; а немајући него једно годишње доба, и то лето без кише, и јесен без магле, носећи само белу кошуљу и црну сукњу. Као можда пре десет хиљада година под првим својим фараонима. Фелах се и даље сам бори и са државом и са Нилом, и са сунцем, и са нилским коњима и крокодилима, са скакавцима и скорпијама, са гусеницама и црвима, и најзад са трахомом и сушицом. Египат би по томе изгледао најцрња љага на сунцу. Ништа на земљи нема одиста сићушније, скрушеније, незнатније, невидљивије него у египатском селу његов фелах.

Нема, одиста, ни веће лажи него што је такозвана чар Истока, коју су опевали европски романтици. Осим сунца ничег нисам нашао ни на азијским ни на афричким обалама, ни лепог ни паметног. Људи су најмудрији у Француској, најраденији у Немачкој, најозбиљнији у Енглеској, највеселији у Италији, најштедљивији у Швајцарској, најхрабрији у Србији. Колико су у Африци најлепше птице, толико су и у Европи најлепше жене; а права је срећа срести једну европску жену и на каквој источњачкој улици. На Истоку живе људи од неколико анегдота од Хоџе Насрадина, и неколико сура из Корана, које и не разумеју. Морални идеализам, истинска побожност, породична љубав, све је то дубоко одуховљено само у хришћанским земљама. А све је формалистично и непримењено на овом хришћанском Истоку. Арапски научници су сачували дела Аристотелова и геометрију Еуклида; а били су и сами велики астрономи и измислили алгебру. Али њихове масе народне нису ни тада знале ни да пишу ни да броје. Никад арапска ученост није сишла из школе у народ, ни постала његовом својином и потребом.

Нигде ни помисли о каквом идеалу или о каквој идеји. Херојство, то је овде само физички појам; лепота жене, то је такођер само једна физичка особина. Богатство, то је овде моћи живети не радећи, и нарочито не мислећи. Жене су дебеле и лене, послушне, махом ружне, и увек трудне. Такозване арапске улице су овде пуне тих ружних жена, болесне деце са туберкулозом и трахомом. Ожене се и удају пре зрелости, још у најранијем детињству, и чекају. Жена је без маште, канда и без спола, а свакако без љубави за човека, који је одувек био њен главни непријатељ. А зато што не воли, она и не пева; ако ли и запева, изгледа да горко јадикује и чемерно запомаже.

Левант, то је одиста најсићушнија реч. У Египту се Левант осећа више него и у Смирни, и у Бејруту, и у Цариграду, пошто је највише на раскрсници. Овде се сучељавају три континента; а египатска пристаништа су пуна само бродова са туђим заставама. Ово је стварно вечити каравансерај по духу и по судбини. Овде се такмиче све сујете и амбиције, сударају свачији интереси, измењују све епидемије.

О фараонском добу нико не зна ништа, о египатској уметности нико не разбија главу, а за египатску стару веру Египћани имају праву муслиманску одвратност. Ислам је овде све поравнио са земљом, као што би то урадило и хришћанство. Патриотизам египатски је ненационалан, пошто се ова мешавина народа, и она занемареност сељаштва, не може звати народом. Народ, то не значи заједничка земља, заједничко име, ни заједнички језик, него колективни дух, или још боље, колективна душа. Патриотизам је у Египту државни, везан за једну дугачку земљу којом нико од њих није до краја прошао јер се овде уопште и не путује; свако памти само имена најближих градова и насеља. Египћанин је био пре стотину година војник који је тукао Турке терајући их одавде до Коње близу Цариграда. Сада занемарује и успављује његов војнички дух Енглеска. Све друге европске силе сањају како да ову земљу покоре чим би се мало Енглеска помакла одавде. Нико се више не отима да овде прошири своју сопствену веру, него своје банке и индустрије, свој политички неморал и економско ропство. – У међувремену, овај добри и питоми народ, народ толиких славних наслеђа, подноси све стране изелице и обогаћује све светске гладнице. Енглези ће извесно једини овде оставити спомен просветитељâ; али осим што су изградили два града, и научили две генерације богаташа енглеском језику, ништа ни на њих неће сећати када оду одавде.

Изнад Каира стоји брег Мокатам. Чим дођете у овај град, пожурите да се попнете на тај његов брег, одакле се види сав источњачки карактер ове престонице, њене урођеничке махале које се зову арапски, и његове огромне џамије које имају тип индијски, његове каравансераје који имају тип персијски. Кажу да је Мокатам једна висораван која се пружа све до Кине, у једној геолошкој формацији увек истоветној, састављеној од фосила у којима се и данас добро разазнају све травке, шкољке, црви и инсекти, чак и скелети мушица. Али је Мокатам важан због творца данашње династије Мухамед--Алије, који је дошао са Балкана, и узео власт пошто је у овој тврђави, после једног доброг ручка, масакрирао све дотадашње велможе египатске, мамелуке, све осим једног који се са ове тврђаве заједно са коњем бацио у варош. Овај борџијевски ручак Мухамед-Алије је најузбудљивији на овом брегу, где се и данас налази запуштен његов конак и његова џамија у којој је сахрањен. У најчуднијем и можда највеличанственијем оквиру, најјезивија повест једне круне. Одозгор се Каиро увек види у сумаглици која је само облак прашине што мења сваки час своје боје.

Са Мокатама изгледа да се види цео Египат. Али се свакако виде три велике пирамиде у Гизеху, на почетку Либијске пустиње, а то је оно што надвишује и натпева све ово што се пред Мокатамом пружило до краја света.

Сви градови муслиманског Истока, од мароканског Феза до индијског Делхија, улазе у овакав изванредан и запрепашћујући оквир. Али ипак без чара за срце и памет просвећеног европског човека. Ништа се особитог већ десетинама векова није овде догодило: ни написало, ни извајало, ни насликало, ни изговорило. Каиро никад није био ни новим Мемфисом, ни новом Тебом, ни новим Саисом. Каиро нема своје историје, ни легенде, а најмање свога мита. Да нема Сфинкса и три пирамиде, не знам ко би ишао да Египат тражи.

Остаје и даље само фараонски Египат, који испуњава посматрача својим чудесним величинама. Египат, то су и данас Мемфис и Теба, који више не постоје, и за које овдашњи свет не зна ништа. То је можда и птоломејска Александрија, али свакако не арапски и космополитски Каиро, са пустињским језиком и пустињском вером у земљи где су Бог и Светлост били некад једно исто биће.

Требаће друга идеја о животу да Египат опет преобрази, и друкча култура да га опет приближи општем духовном животу. За данас ово је велики каравансерај на туђем путу. Значи, само по себи нешто непостојеће; и, поред све вечитости која је овде рођена, нешто тренутно и илузорно.

V

Мумија, то је оно што највећма живи у Египту.

Код Сакаре и Мемфиса видех цело једно поље песка кроз који су се видели још недирнути саркофази мумија што су вириле на овај свет. Како овде нема никад ни магле ни кише ни ветра, те мумије мирују несметано под тим њиховим жутим и танким покровом од песка. Нико од Египћана не помишља да их поново затрпа, а нико од Европљана није још стигао овамо да их потпуно открије и врати на сунце. У Доњем Египту код Долине краљица присуствовао сам откопавању мумија при једном брегу из небројених малих копаних пећина какве се виде и у Грчкој, у Делфима. Трагање за мумијама, то је лов какав се у нас не даје замислити. Кажу да су поред једне мумије недавно пронашли један папирус са непознатим строфама божанствене Сапфо, песникиње са Лезбоса. Код осталих су нађени сви свештени и књижевни документи. Код нових мумија ће се наћи нова изненађења. Мумије су зато још увек најговорљивији и најречитији остаци живота који нас везује за доба двадесет и девет династија фараонских; и оне су најрадосније наше наде и обећања да ће увек проговорити новим језиком о старим истинама, о којима је тако мало остало написано. Зато је мумија у Египту као светитељске мошти у Европи, које чине добро људској мисли, и повећавају људски живот и срећу везивањем неба и земље.

Одлазим понекад са пријатељем, француским археологом, који овде замењује свог славног земљака Шамполиона, да у Доњем Египту присуствујем археолошким откопавањима под његовом управом. То је чувени Фукар. То је велики и прождрљиви читалац јероглифа; он одозго до доле прочита брзо натпис фараонски на обелиску, као какав наш отачествени гурман свој јеловник. Седели смо нас двојица сатима заједно под крошњом бујног модрог сикомора у тебанском пољу, у житу; спавали смо под отвореним небом између два сфинкса код Карнака. Ови археолози живе једним животом какав европски плутократ, бирократ или аристократ не могу ни замислити. Од фараона до египатског археолога нема ни корак у погледу царског осећања живота и величине међу другим људима.

Ископан је ономад на моје очи један антички тро-струки храм код Карнака: троструки, пошто је један ње-гов део био фараонски, други птоломејски, а трећи це-зарски. Овакве ствари су сензације какве у средњем веку никакав откривач светова није могао имати. Ко-мад старог гранита или алабастра, на којима су јероглифи, а које за хиљаде година нико није пре нас прочитао, то је овде опојна музика која долази с ону страну света. Све бих друго, што сам раније проживео, дао за неколико дана проведених по оваквим рушевинама и гробљима. Одиста, ништа не живи тако силно као оно што је хиљаду пута умирало.

Код данашњег Каира, на месту где је био град и све-тилиште Хелиополис, постоји у пољу међу ливадама од свега бившег само један обелиск, исправљен на сунцу. Песак је покрио највеличанственије царство, најчуднија божанства, најсилније императоре, а обелиск и даље стоји. Овде је на овом пољу уништена највиша школа мудрости старог света где се мудровало пре Атине, и где су били на учењу и Солон и Платон. Ништа, нажа-лост, од те египатске мудрости није сачувано; а ни Хе-родот ни Платон нам не кажу ништа о тој мудрости о којој се толико говорило, а коју су они учили овде обо-јица на самом њеном извору. Грци су чак оставили спо-мена о том да се Египћани уопште нису ни пуно бавили науком. Кажу да је Демокрит рекао да у геометрији ни-је ништа ново научио од Египћана. А хришћански оци говорили су о египћанској сујевери и магији, не помиња-ћи тригонометрију твораца пирамида. Према целом из-гледу, колико су Грци страховали од теологије, толико су Египћани избегавали философију. Овде је вековима владала теократија, а фараон је био само играчка у ру-кама свештеника из Елеузине.

Већ после једног јединог столећа арапске власти над Египтом, све што није порушено било је запуштено, и

човек ове земље, најпре фараонски, а затим птоломеј-
ски и римљански, којег видите згрченог над радом у па-
мучним пољима, постао је оно што је он данас. Већ по-
сле једног јединог столећа након инвазије! Под ударцем
исте руке која је угасила у Византији ex Oriente lux и на
Балкан донела свој инстинкат рушилачки међу Србе –
који су по даровитости требали сменити онде античке
Грке – и у Египту је оборено паганско друштво које је
некад на овој обали давало Плотина и Филона, Аристи-
па и Теодора из Киренаике, философе и песнике са ко-
јим свршава стара мудрост и лепота. Никад историја
света није имала сличан пример исушивања свију изво-
ра људске мисли као у то доба превласти арапске над
старом философијом.

Што већ овде не стигоше оборити први носиоци еван-
ђеља, оборили су носиоци Корана. Јер као да је било за-
писано: за колико су се античке вере допуњавале, толи-
ко су се, напротив, нове вере све искључивале, чак се и
међусобно рушиле. Египат, више него и сама Грчка, сто-
ји зато као највеће разбојиште верског лудила и догма-
тичарске обести. Разорене зидове и полупане главе ста-
рим статуама које видите око Рамесеума и по тебанском
пољу, нису урадили војници, носиоци нове власти, него
мисионари, носиоци нове вере. Овај обелиск у Хелиопо-
лису, са јероглифима који и данас у сунцу певају вели-
чанство фараона Сезостриса I, и који је извесно бацао
своју сенку и на Херодота, и на Платона који је овде
учио тринаест година, затим на Александра, и на Цеза-
ра, и на Клеопатру, диже се данас усамљен на њиви, као
жалосни белег на граници двају најстрашнијих раздо-
бља и две најпротивуречније истине.

Овај Хелиополис који се звао Он на египатском је-
зику, налази се на противној обали од Мемфиса, на са-
мом Нилу.

Одавде је већ почињао Горњи Египат.

Нил је најлепша и најмирнија река на свету. Ништа величанственије не пролази по земљи него ова река увек зажарена од усијаног пустињског неба. На Нилу се очевидно догађају јутром и вечером исти фантоми светлости, као на океану. Нил изгледа, одиста, у човековој памети важнији него ишта друго под сунцем. Најлепши је Нил канда овде близу код Мемфиса, фараонске престонице прве династије, данас зараслог у травурине и утонулог у густе палме. Ничег данас што опомиње на прошлост. Campus ubi fuit Memphis... Најпотпунија пропаст нечег људског на земљи. Само Нил, увек фараонски, и у хиљадама нових ватара, пролази као река самог времена, широк, нечујан, равнодушан. – Као да све овде постоји само због њега. – Постоје још и мумије, и бројеви. Бројеви столећâ, то су овде као бела јата свештених ибиса, које нико не тамани нити узнемирује, и који чувају од инсеката засејана поља која је Нил оплодио. Бројеви свештени, хиљадама и стотинама давних година, разлећу се у небу и пролазе по земљи. То није у Египту једна мера умирања у сунцу, и под крупним руменим звездама, него једна мера рађања и вечног обнављања на Нилу и под влагом Нила. Хиљаде година живота, а ниједан дан смрти! Хиљаде људских колена су умирале, а само је Нил живео...

Поред старог града Тебе тече Нил невеселији, али увек царски и величанствен. Као да тече из једне славе у другу, и из једне бесмртности у другу бесмртност. Све друго је спрам њега делимично, сићушно, смртно, илузорно. Ни Мемфис ни Теба не изгледају рушени временом него анатемом... Нигде у Мемфису камена на камену, осим један огромни камени Рамзес II, у трави, где пасу биволице и магарци, а за који не знам зашто је овде заостао. – У Мемфису је чаробно и пуно живота брујање Нила у грању палмових шума, као фанфаре издалека, а који иначе доле поред обале, на неколико корачаји, тече потпуно нечујан. Уосталом, ја сам овај Нил, који нигде не пушта гласа од себе, чуо свугде у Египту где год сам изнад себе имао макар једну палмину лепезу, или једну тамну гранчицу сикоморе. Значи да Нил истовремено тече и у ваздуху као музика, докле по земљи тече као светлост.

НАПОМЕНА ПРИРЕЂИВАЧА

Дучић је „путничка писма" писао и дописивао више од четрдесет година. Почео је да их објављује 1900. у мостарској *Зори,* а као књигу, под насловом *Градови и Химере,* први пут штампао 1930. у *Сабраним делима,* да би им коначан облик дао тек у другом издању ове књиге – *Градови и Химере,* Српска књижевна задруга, Београд, 1940. Путописи објављени у часописима *Зора* (писма из Женеве) и *Српски књижевни гласник* (из Женеве, са Јонског мора, из Грчке, из Рима, из Атине итд.), потом у V књизи *Сабраних дела* из 1930, знатно се разликују од њихове коначне верзије из 1940. године. Дучић је до краја живота дорађивао и редиговао већину својих дела.

Будући да је Задругино издање – ако не „исправљено ауторовом руком" – зацело уређено под ауторовим надзором, а додата су му и два нова писма, из Палестине и Египта, за ово наше издање, као и досадашњи приређивачи, определили смо се за текст из 1940.

Учињене су само незнатне исправке, како би текст био усклађен са важећим правописом, и поправљене штампарске грешке. Обрисана је, дакле, понека сувишна запета, замењена непотребна велика слова, уједначено писање истих речи, посебно оних грчког и латинског порекла, и усаглашена транскрипција страних имена, географских и топографских назива. Исправке су извршене само онда кад су грешке биле очигледне или кад је то било нужно ради боље читљивости текста – в. у поговору уз VII књ.

Остављене су, међутим, карактеристичне језичко-правописне особености, трагови раздобља у коме је дело стварано, разлике између раних и позних радова и готово сви „некњижевни" изрази и регионализми као обележја пишчева језика и стила.

У издању СКЗ, 1940, нема раније посвете (дру Кости Кумануди́ју).

САДРЖАЈ

Дела Јована Дучића

Други том

ГРАДОВИ И ХИМЕРЕ

*

Главни уредник

НОВИЦА ТАДИЋ

*

Коректор

МИРОСЛАВА СТОЈКОВИЋ

*

Издавачи

ИП РАД
Београд, Дечанска 12

ДУЧИЋЕВЕ ВЕЧЕРИ ПОЕЗИЈЕ
Требиње

ОКТОИХ
Подгорица, Његошева 2

*

За издаваче

СИМОН СИМОНОВИЋ
ОБРАД ГАЏА
РАДОМИР УЉАРЕВИЋ

*

Припрема

Графички студио РАД

*

Штампа

Елвод-принт, Лазаревац

CIP – Каталогизација у публикацији
Народна библиотека Србије, Београд

886.1/.2-992

ДУЧИЋ, Јован

    Градови и химере / Јован Дучић ; [приредио Гојко Ђого]. –
Београд : Рад ; Подгорица : Октоих ; Требиње : Дучићеве вечери
поезије, 2000 (Лазаревац : Елвод-принт). – 319 стр. ; 21 cm. –
(Дела Јована Дучића ; т. 2)

Напомена приређивача: стр. 318.

ISBN 86-09-00715-4

1. Европа – Путописи
ИД=86904332